Tim Rohrmann, Peter Thoma

Jungen in Kindertagesstätten

Ein Handbuch zur
geschlechtsbezogenen Pädagogik

W0077889

Tim Rohrmann, Peter Thoma

Jungen in Kinder-tagesstätten

Ein Handbuch zur
geschlechtsbezogenen Pädagogik

Lambertus

Die Deutsche Bibliothek – CIP-Einheitsaufnahme

Rohrmann, Tim:
Jungen in Kindertagesstätten : Ein Handbuch zur
geschlechtsbezogenen Pädagogik / Tim Rohrmann ; Peter Thoma.
Freiburg im Breisgau : Lambertus, 1998
 ISBN 3-7841-1053-3

Gestaltung: Christa Berger, Solingen
Umschlagfoto: Uwe Stratmann, Wuppertal
Fotos im Text: Autoren, S. 10; Christa Berger, S. 98, S. 288;
Klaus Junge, S. 16, S. 191; Josef Kiepe, S. 175;
Gundula Nitschke, S. 291; Susanne Reinhard, S. 34, S. 93, S. 100,
S. 135; Wolfgang Schmidt, S. 52, S. 286
Herstellung: Druckerei F.X. Stückle, Ettenheim
ISBN 3-7841-1053-3

INHALT

11   VORWORT

KAPITEL 1
17   GESCHLECHTSBEZOGENE PÄDAGOGIK IM KINDERGARTEN
18   1.1 Bisherige Konzepte der Jungenarbeit
23   1.2 Arbeitsfelder von Jungenarbeit
25   1.3 Jungenarbeit in Kindertagesstätten?
28   1.4 Ziele geschlechtsbezogener Pädagogik –
           Was brauchen Jungen?
33   1.5 Vier Schritte der Veränderung

KAPITEL 2
35   METHODISCHE GRUNDÜBERLEGUNGEN
35   2.1 Bausteinprinzip
37   2.2 Lernziele
42   2.3 Ablauf und Prozeß von Fortbildungen
44   2.4 Leitung von Fortbildungen

KAPITEL 3
47   EINSTIEG: NATUR UND GESELLSCHAFT

KAPITEL 4
53   DER ERSTE SCHRITT: BEI SICH SELBST ANFANGEN
53   4.1 Wahrnehmen und Verstehen
54   Wahrnehmung
54   Wahrnehmung und Gefühle
57   Praxisübungen
61   4.2 Lebensgeschichte und Beruf
61   Erzieherin als Frauenberuf
64   Wie wirkt die Vergangenheit in die
               Gegenwart hinein?
71   Praxisübungen
77   Weiterführende Literatur
78   4.3 Erzieherinnen und Jungen
78   Kinder sind gleich – Jungen sind anders
79   Der Kindergarten als weiblicher Raum
81   Praxisübungen
85   Weiterführende Literatur

86	4.4 Männer im Kindergarten
88	Praxisübungen
90	Weiterführende Literatur
91	Exkurs: Fortbildung für männliche Mitarbeiter
94	Praxisübungen
97	Weiterführende Literatur

KAPITEL 5
99	DER ZWEITE SCHRITT: MEHR ÜBER JUNGEN WISSEN
101	5.1 Geschlechtsunterschiede
101	Biologische und medizinische Fakten
103	Im Dschungel der Begriffe
105	Die Kultur der Zweigeschlechtlichkeit
108	Unterschiedliche Geschlechtersysteme und Männlichkeiten
112	Praxisübung
113	Weiterführende Literatur
114	5.2 Geschlechtsbezogene Entwicklung
114	Das Selbst und die Anderen
116	Identität
118	Die Entdeckung des Geschlechtsunterschiedes
121	„Ich selbst werden": zwischen Abgrenzung und Identifikation
124	Geschlechtsidentität und soziale Zuschreibungen
129	Praxisübungen
131	Weiterführende Literatur
132	5.3 Leitbilder von Männlichkeit
132	Männlichkeitsideologien: Der Beschützer, der Versorger, der Liebhaber
136	Jungen und Männlichkeit
139	Mann-Sein im Umbruch
140	Jungen in geschlechtsbezogenen Gegensätzen
144	Leitbilder von Männlichkeit – Leitbilder für Jungen?
150	Praxisübungen
152	Weiterführende Literatur

KAPITEL 6

153   DER DRITTE SCHRITT: DEN ALLTAG BEWUßT GESTALTEN

153   6.1   Spiel

153   Jungenwelten und Mädchenwelten

155   Spielverhalten

156   Jungengruppen

158   Raufen und Toben

160   Gewalt im Spiel?

163   Kindliche Sexualität

165   Jüngere Jungen

167   Geschlechtstypisches Verhalten und
          Geschlechtertrennung

168   Jungen sind unterschiedlich

171   Praxisübungen

172   Weiterführende Literatur

173   6.2   Gleichbehandlung

173   Von den Schwierigkeiten der Umsetzung

176   Praxisübungen

178   Weiterführende Literatur

179   6.3   Märchen und Mythen

179   Brauchen Jungen Märchen?

182   Praxisübungen

191   Weiterführende Literatur

192   6.4   Medien

192   Zur Wirkung der „neuen Medien"

193   Spielzeug – Die Puppen der Jungen

197   Die Helden der Jungen

201   Empfehlungen zum Umgang mit Actionspielzeug

203   Praxisübungen

206   Kinderbücher

209   Checkliste für Bilderbücher und Kinderfilme

211   Praxisübung

211   Bilderbücher für Jungen

214   Weiterführende Literatur

215   6.5 Konflikte

216   Was ist Gewalt?

218   Gewalt und Männlichkeit

223   Wie reagieren Erwachsene auf Gewalt?

225	Beschimpfungen
228	Bedingungen für das „Austoben" von Kraft und Wut
231	Vom Streiten und Kämpfen
233	Sexuelle Übergriffe
235	Praxisübungen
242	Weiterführende Literatur

KAPITEL 7

243	DER VIERTE SCHRITT: NEUE WEGE EINSCHLAGEN
243	7.1 Ziele – und der Weg dahin
244	Gleichheit oder Differenz?
247	Das Gesetz
248	Geschlechtsbezogene Pädagogik – Schritte der Umsetzung
250	Schritte in den Alltag
251	Praxisübungen
252	Weiterführende Literatur
253	7.2 Veränderungen der Rahmenbedingungen
253	Räumliche Differenzierung ermöglichen
254	Zeit- und Aufsichtsregelungen lockern
255	Kompetenzerweiternde Aktivitäten anregen
256	Geschlechtstypisch weniger vorbelastete Spielorte schaffen
258	Praxisübungen
261	Weiterführende Literatur
262	7.3 Geschlechtsbezogene Angebote
263	Projekte
266	Körperorientierte Angebote
268	Patenschaften
268	Getrennte Jungen- und Mädchengruppen
271	Weiterführende Literatur
272	7.4 Den Eltern begegnen
272	Elternarbeit
276	Väterarbeit
281	Praxisübungen
282	Weiterführende Literatur

283   7.5 Zum Umgang mit Widerständen
283   Irritationen bei Kindern und Eltern
284   Umgang mit dem Träger
285   Zusammenarbeit im Team
287   Praxisübungen

       KAPITEL 8
289   AUSGANG

292   VERZEICHNIS DER PRAXISÜBUNGEN

294   LITERATUR
294   Literaturliste für Erzieherinnen und Erzieher
298   Verwendete Literatur

309   AUTOREN

Auch wenn wir wissen, daß die Qualität eines Essens nicht von der Anzahl der Kochbücher abhängt, die im Regal der Küche stehen...

... legen wir ein Handbuch zur geschlechtsbezogenen Pädagogik mit Jungen im Kindergarten vor.

Um bei uns selbst anzufangen: Wir sind Männer, wir waren Jungen, einer von uns hat Söhne, der andere noch nicht. Unsere Lebenserfahrung hat uns zu Experten gemacht für die Fragen *Was ist ein Mann – was brauchen Jungen?*

Keine Experten sind wir für die Antworten – zumindest was unsere Praxis betrifft.

Für uns wie für viele Männer, die sich um eine Veränderung des Geschlechterverhältnisses bemühen, waren es zunächst Auseinandersetzungen mit frauenbewegten Frauen, die den Anstoß gegeben haben, sich mit der Situation von Jungen und Männern zu beschäftigen. Dabei wurde deutlich, wie wenig wir über Jungen und männliche Entwicklung wissen. Die Orientierung pädagogischen Handelns und Forschens an „Kindern" hat nicht nur die besonderen Belange der Mädchen übersehen, sondern auch die der Jungen. Erst in den letzten Jahren kam es zu einem wachsenden Interesse an Fragen der Jungenentwicklung und zur Suche nach neuen Formen der pädagogischen Arbeit mit Jungen.

Vor diesem Hintergrund führten wir von 1994 bis 1996 eine empirische Untersuchung zum Thema „Manns-Bilder– Jungen in Kindertagesstätten" durch. Dieses vom Land Niedersachsen (AGIP) unterstütze Projekt erkundete zum einen die Situation der Jungen in einem von Frauen dominierten Lebensraum, zum anderen die Alltagssituation der Erzieherinnen und ihre Sicht des Verhaltens von Jungen. Die Idee, ein Forschungsprojekt zu Jungen in Kindertagesstätten durchzuführen, ergab sich zum einen aus der großen Bedeutung, die den ersten Lebensjahren für die weitere Entwicklung beigemessen wird, zum anderen daraus, daß ein wichtiger Teil dieser Lebenszeit nicht in der Familie verlebt wird, sondern in öffentlichen Einrichtungen der Kinderbetreuung. Dabei ging es uns darum, die damit verbundenen

Chancen zu nutzen und neue Erkenntnisse in die Praxis zurückzutragen. Daher gehörte die Entwicklung eines Konzepts für die Fortbildung von Erzieherinnen und Erziehern zu den ursprünglichen Zielen des Projektes.

Unsere Studie stieß auf ein für uns unerwartet großes öffentliches Interesse. Der Abschlußbericht war trotz eines Nachdrucks binnen kurzer Zeit vergriffen. Wir vermuten aber, daß das anhaltende Interesse eher auf die konkrete Praxis und die Möglichkeiten einer geschlechtsbezogenen Pädagogik gerichtet ist. Dazu legen wir nun dieses Handbuch vor, das Theorien zur Entwicklung von Jungen und ihrer Situation im Kindergarten vorstellt und eine Vielfalt von Anstößen und Methoden zur pädagogischen Arbeit in Aus- und Fortbildung, für Fachberatung sowie für den Alltag in der Kindertagesstätte gibt.

Wir beziehen uns dabei zum einen auf die zwischenzeitlich umfangreichen Erfahrungen mit verschiedenen Formen berufsbezogener Fortbildung zu geschlechtsbezogenen Themen aus Literatur, Berichten von KollegInnen und unserer eigenen Arbeit. Zum anderen sind die im Rahmen des Forschungsprojekts erarbeiteten theoretischen Grundlagen und die Auswertung unserer Beobachtungen und Befragungen Bestandteil dieses Handbuches. Die Ergebnisse des Projekts werden zudem gesondert im Anhang zusammenfassend dokumentiert. Ein wesentliches Problem in der Entwicklung von Jungen (und Mädchen!) ist der Mangel an männlichen Bezugspersonen in der Erziehung von kleinen Kindern. Die sich daraus ergebende Forderung Mehr Männer in die Kindertagesstätten! hat jedoch weitreichende gesellschaftspolitische Folgen, deren Preis jetzt und in absehbarer Zeit nur wenige zu zahlen bereit sind. Sie setzt eine gesellschaftliche Neubewertung der Tätigkeiten von Mann und Frau voraus und verlangt von Männern (und Frauen!) neue Orientierungen. Dennoch bleibt die politische Forderung nach mehr Männern im Erziehungsbereich weiterhin ein Fernziel. Im Alltag der Kindertagesstätten werden Jungen jedoch weiterhin mit Frauen zu tun haben – und Frauen mit Jungen. Aus dieser Situation ergibt sich für uns die paradoxe Situation, als Männer im Interesse der Jungen Fortbildungen für Frauen zu entwickeln und durchzuführen.

Angesichts der alltäglichen Arbeitsbelastungen von Erzieherinnen und einer zunehmenden Tendenz, die öffentliche Erziehung mit der Behebung von Problemen zu betrauen, die ihre Wurzeln in der Familie oder in allgemeinen gesellschaftlichen Entwicklungen haben, möchten wir daher zunächst deutlich machen, daß wir den Mitarbeiterinnen keine weiteren Erziehungsaufträge aufladen wollen. Erzieherinnen sollen nicht Jungen zu Männern machen – das ist nicht nur unmöglich, sondern wäre angesichts des mangelnden Engagements von Männern im Kindergarten auch eine Zumutung. Uns geht es auch nicht darum, zu sagen, „wie Frauen richtig mit Jungen umgehen sollen", sondern darum, Erzieherinnen (und Erziehern) zu helfen, sich selbst und Jungen besser zu verstehen.

Unser Handbuch richtet sich in erster Linie an Frauen und Männer, die in der Ausbildung, Fortbildung und Fachberatung von Erzieherinnen tätig sind. Es ist aber auch für Erzieherinnen und Erzieher und andere Fachleute interessant, die sich intensiver mit geschlechtsbezogenen Fragen befassen wollen. Neben der Vermittlung von Wissen zu geschlechtsbezogener Entwicklung ist für uns dabei die Beschäftigung mit dem eigenen Wahrnehmen und Erleben und der persönlichen Lebensgeschichte zentral.

Dieses Buch stellt dazu eine nach dem Baukastenprinzip aufgebaute und somit vielfältig einsetzbare Materialsammlung bereit. Neben der umfassenden Darstellung von Forschungsergebnissen und theoretischen Erklärungsansätzen geben wir eine Vielzahl von Anregungen für die Praxis in Kindertagesstätten. 75 Praxisübungen unterstützen die Vermittlung und Bearbeitung der Themen im Rahmen von Aus- und Fortbildung. Die Themen und Elemente eignen sich für:

- verschiedene Veranstaltungsformen: Vorträge, Studientage, längere Fortbildungen, Arbeitsgruppen, Fachberatung usw.;

- verschiedene Arbeitsbereiche: Kindergarten, aber auch Krippe, Hort, offene Kinderarbeit, z.T. auch Grundschule und Heime; Institutionen der Fortbildung;

- verschiedene Berufsgruppen: neben Erzieherinnen und Erzieher, SozialarbeiterInnen, SozialpädagogInnen, LehrerInnen, PsychologInnen, TherapeutInnen und BeraterInnen im Bereich der psychosozialen Versorgung von Kindern und Jugendlichen;

- verschiedene Zielgruppen: reine Frauengruppen, geschlechtsgemischte Gruppen, reine Männergruppen;
- verschiedene Themen: neben Jungen in Kindertagesstätten z.b. auch für Themen wie Jungen und Mädchen, geschlechtsbezogene Erziehung, Umgang mit Konflikten und „Gewalt", Medienpädagogik, Kindergarten als Lebensumfeld...

Wenn wir in diesem Handbuch die Aufmerksamkeit auf Jungen und männliche Entwicklung lenken, so nicht, weil wir meinen, die Beschäftigung mit Mädchen sei weniger wichtig. Daß die Auseinandersetzung mit geschlechtsbezogenen Fragen im Kindergarten insgesamt am Anfang steht und die Beschäftigung mit den Belangen der Mädchen – anders als in der Jugendarbeit – daher kaum einen Vorsprung hat, wurde uns erst während der Arbeit am Thema klar. Es scheint zum Teil sogar umgekehrt zu sein. Zumindest erschien in den letzten Jahren über Jungen im Kindergarten mehr Literatur als über Mädchen.

Sowohl die theoretischen als auch die praktischen Elemente unseres Konzepts lassen sich zum Teil auch auf die Beschäftigung mit Mädchen übertragen. Wenn wir uns dennoch auf Jungen konzentrieren, so hat das drei Gründe:

- Die gleichzeitige Beschäftigung mit Jungen und Mädchen, Frauen und Männern kann eine Überforderung darstellen. Werden differenzierte Fragestellungen auf beide Geschlechter angewandt, besteht die Gefahr, beiden nicht gerecht zu werden.

- Die parallele Betrachtung von Jungen und Mädchen kann zu Polarisierungen verleiten: wenn Jungen so und so sind, können Mädchen nicht auch so sein usw. Die Defintion von männlich als „alles, was nicht weiblich ist" ist aber gerade ein Problem männlicher Entwicklung. Uns geht es darum, bei der Betrachtung von Jungen solchen Polarisierungen zu entkommen und Jungen umfassender wahrzunehmen.

- Schließlich und vor allem sind wir Männer, die aufgrund unserer eigenen Erfahrung eher in der Lage sind, die Situation von Jungen nachzuempfinden und zu reflektieren.

Dennoch ist es wichtig, die Lebensgeschichte, Situation und Entwicklungsmöglichkeiten von Mädchen und Frauen nicht zu vernachlässigen (wer schreibt ein Buch über Mädchen im Kindergarten?).
Auf die Fragen nach dem Mann-Sein und dem Frau-Sein gibt es keine endgültigen Antworten. Unsere Sichtweisen ändern sich, auch durch unsere Zusammenarbeit, manchmal schneller, als wir schreiben können... Ein Buch wie dieses kann daher nie „fertig" sein: es muß zur Hand genommen, verwendet und verändert werden. In diesem Sinne verstehen wir unser Handbuch als Hilfe für die Praxis.
Auch wenn wir wissen, daß die Qualität des Essens nicht von der Anzahl der Kochbücher abhängt, die im Regal der Küche stehen...

Völlenbach, im Februar 1998
Tim Rohrmann, Peter Thoma

KAPITEL 1
GESCHLECHTSBEZOGENE PÄDAGOGIK
IM KINDERGARTEN

Das zunehmende Interesse an der Situation von Jungen (und Erzieherinnen) in Kindertagesstätten hat verschiedene Ursachen. Zum einen ist die Kindergartenzeit ein entscheidendes Alter für die Prozesse geschlechtlicher Differenzierung. In diesem Alter beginnt für Jungen wie Mädchen die Suche nach Antworten auf die Frage was ist ein Mann – was ist eine Frau? Wer sich für die Entwicklung von Jungen zu Männern interessiert oder sich für ein verändertes Verhältnis der Geschlechter einsetzt, findet im Kindergarten dafür wichtige Ansatzpunkte. Zum anderen wird auch den Fachkräften zunehmend die Tatsache bewußt, daß es sich bei „auffälligen" und „schwierigen" Kindern im Kindergarten meist um Jungen handelt. Unverständnis und Probleme im alltäglichen Umgang mit Jungen sind für viele Erzieherinnen daher oft eine entscheidende Motivation, an einer Fortbildung zu Fragen geschlechtsspezifischer Sozialisation teilzunehmen.

Andererseits stößt das Thema oft auch auf Unverständnis. Beim Stichwort „Jungenarbeit" wird nicht selten gemutmaßt, es ginge dabei darum, Jungen und Mädchen zu trennen oder gar die gemeinsame Erziehung von Jungen und Mädchen wieder abzuschaffen. Die Diskussionen um Mädchenarbeit, später dann auch Jungenarbeit, die in der sozialen Arbeit mit Jugendlichen seit über einem Jahrzehnt geführt werden, sind an den meisten Kindertagesstätten vorbeigegangen. Für viele ErzieherInnen sind diese Fragen noch neu. Ihr Umgang damit ist von einem Alltagsverständnis geprägt, das durch ihre Lebensgeschichte als Frau sowie durch ihren Berufsweg in einem von Frauen dominierten Arbeitsfeld bestimmt ist. Die Vorschulpädagogik ist nach wie vor am „Kind" orientiert, und in der Ausbildung werden geschlechtsbezogene Fragen kaum behandelt. Auch neuere Konzepte berücksichtigen sie kaum. Zudem fehlt Erzieherinnen der Austausch mit männlichen Kollegen, die es im Kindergarten kaum gibt.

In den letzten Jahren nahm das Interesse an geschlechtsbezogenen Themen im Kindertagesstättenbereich zu. Neben einigen Forschungsvorhaben kam es geradezu zu einem Fortbildungsboom, wobei die bisherigen Angebote oft erste Versuche sind, das Thema überhaupt zugänglich zu machen, und den Blick nicht selten einseitig auf „aggressives" Verhalten von Jungen richten. Einen theoretischen Hintergrund und fundierte Konzepte für pädagogische Arbeit mit Jungen im Kindergartenalter gibt es bislang kaum. Beim Versuch, einen solchen Ansatz zu entwickeln, sind drei Aspekte zu berücksichtigen:

- Es gibt im Kindertagesstättenbereich keine Jungenarbeit, wie sie in anderen Praxisfeldern entwickelt worden ist. Eine Übertragung derartiger Konzepte ist aus verschiedenen Gründen weder möglich noch notwendig.
- Vor der Entwicklung neuer pädagogischer Handlungsformen steht die Erweiterung der Wahrnehmung. Gemeint ist damit die Entwicklung eines anderen Blicks auf Jungen. Die Erweiterung der Selbst- und Fremdwahrnehmung wirkt sich unmittelbar auf das pädagogische Handeln aus.
- Auf dieser Grundlage lassen sich Ansatzpunkte für einen anderen pädagogischen Umgang mit Jungen finden. Dies schließt die Möglichkeit jungenspezifischer oder jungenorientierter Angebote mit ein.

Bevor wir unsere eigenen Zielvorstellungen entwickeln, geben wir einen kurzen Überblick über Praxis und Arbeitsfelder von Jungenarbeit sowie die vorliegenden Ansätze geschlechtsbezogener Pädagogik in Kindertagesstätten.

1.1 BISHERIGE KONZEPTE DER JUNGENARBEIT

Seit einigen Jahren gibt es verschiedene Ansätze, bewußte Jungenarbeit zu gestalten. Ihre Entstehung und Entwicklung war zunächst meist eine Reaktion auf Angebote der Mädchenarbeit. Diese war eine Konsequenz feministischer Kritik an der Koedukation vor allem in der Jugendarbeit, aber auch in der Schule. Der Hauptkritikpunkt: die Benachteiligung der Mädchen. „Jugendarbeit" wurde als Jungenarbeit entlarvt. Als geschlechtsneutraler Begriff, so die gängige Argumentation, verschleiere er nicht nur die *Unterschiedlichkeit* beider Geschlechter, sondern er zementiere auch bestehende *Ungleichwertigkeiten.*

Feministisch orientierte Mädchenarbeit gibt es seit Ende der siebziger Jahre. Sie rückt die besonderen Lebenslagen und -fragen von Mädchen in den Vordergrund und versucht, in einer männerdominierten Gesellschaft Freiräume für Mädchen zu schaffen. Obwohl gesellschaftliche Benachteiligung und Diskriminierung von Mädchen und Frauen fortbestehen, hat sich hier in den vergangenen Jahren einiges bewegt.

Sobald Mädchenarbeit aus den Nischen heraustritt, sich nicht als zusätzliches Angebot zum „normalen" Programm versteht, sondern als Alternative, bleiben auf der anderen Seite Jungen und Männer irritiert zurück. In dieser Situation kam es Mitte der achtziger Jahre zu ersten Veröffentlichungen zur Arbeit mit Jungen. Inzwischen gibt es eine Reihe von Konzepten, vor allem aber eine sehr breit gefächerte Praxis, in der geschlechtsbezogene Arbeit mit Jungen Fuß gefaßt hat. Allerdings hinkt die theoretische Reflexion dieser Praxis hinterher.

Daß es für Jungenarbeit bislang nur wenige klare Konzepte gibt, liegt vor allem daran, daß sich viele Männer damit schwertun und oft erst durch die Arbeit mit Jungen auf diese Fragen gestoßen werden.

Winter & Willems beklagten beim Zusammenstellen des ersten Sammelbandes zum Thema (1991) das Theoriedefizit sowie den Mangel an positiven und modernisierten Männerbildern. Dies führte dazu, daß Männer, die mit Jungen arbeiten wollten, zunächst einen eigenen Zugang suchen mußten, um sich dann einen passenden theoretischen Rahmen für ihre Arbeit „zusammenzubasteln". Dies gilt noch immer: „Bis heute leiden viele Konzepte der Jungenarbeit darunter, daß es nicht (rechtzeitig) gelang, selbstbezogen eigenständige Ansätze aus einer Jungenperspektive zu entwicklen, welche Optionen eines gelingenden, positiven Junge- bzw. Mann-Seins offenhalten" (Winter 1996, S. 379).

Die Vielzahl unterschiedlicher Begriffe, die im Zusammenhang mit geschlechtsbezogener Pädagogik mit Jungen von den einzelnen Ansätzen verwendet werden, stiftet Verwirrung und überfordert interessierte Neueinsteiger. Verschiedene Begriffe stehen im Raum und werden von Kritikern meist mit ganz anderen Bedeutungen belegt als von denen, die sie zur Beschreibung des eigenen Ansatzes verwenden. Die Rede ist von „antisexistischer", „reflektierter", „emanzipatorischer", „erlebnisorientierter", „parteilicher", „geschlechtsspezifischer" oder gar „feministischer" Jungenarbeit. Inzwischen wird allerdings zunehmend über Inhalte gesprochen und nicht mehr über Begrifflichkeiten gestritten.

Der im Umfeld der Heimvolkshochschule „Alte Molkerei Frille" entwickelte Zugang der antisexistischen Jungenarbeit beruht auf einer ausdrücklich gesellschaftskritischen Sichtweise. Sein Motto „so parteilich wie möglich, so antisexistisch wie nötig" bedeutet eine Arbeit auf Seiten der Jungen, die das Ziel eines gleichberechtigten Zusammenlebens von Männern und Frauen nicht aus dem Blick verliert. Anders als bei anderen Ansätzen wurden in Frille parteiliche Mädchenarbeit und antisexistische Jungenarbeit gleichzeitig begonnen und im Austausch eines gemischtgeschlechtlichen Teams entwickelt. Jungen werden einerseits mit ihren Problemen, Sorgen und Nöten wahrgenommen, andererseits werden sie auch als Profiteure der gesellschaftlichen Dominanz von Männern angesehen. Diese Ausgangssituation verlangt von den Männern klare Stellungnahme gegen Sexismus, männliches Machtstreben und Gewalt auch in der Arbeit mit Jungen. Vor diesem Hintergrund wurde 1988 das erste deutschsprachige Konzept von Jungenarbeit vorgelegt (HVHS „Alte Molkerei Frille" 1988).

Kritisiert daran wurde nicht nur die Negativdefinition des Begriffs *antisexistisch*, sondern auch eine vermeintlich zu große Anpassung an feministische Forderungen und eine „defizitäre" Sichtweise von Jungen und Männern, die deren Mängel, Fehler und Probleme zu sehr in den Vordergrund stellt. Zudem würde übersehen, daß auch Jungen und Männer Opfer der gesellschaftlichen Verhältnisse sind. In seiner neuen Veröffentlichung spricht das Frille-Team von *geschlechtsbezogener Pädagogik* (1994), begründet aber das Beibehalten des antisexistischen Ansatzes damit, daß die einseitige Hervorhebung des „Betroffenheits"-Aspekts von Junge-Sein wesentliche gesellschaftliche Realitäten vernachlässigt und das Herrschaftsverhältnis zwischen Männern und Frauen zementiert (vgl. Karl 1994, S. 146).

Sielert veröffentlichte 1989 das erste *Praxishandbuch der Jungenarbeit*. Sein Ansatz der *reflektierten Jungenarbeit* baut auf Vorstellungen vom „archetypischen" männlichen und weiblichen Prinzip auf. Die kritische Kraft zur Selbstreflexion – daher auch der Begriff – ist für ihn oberster methodischer Zugang zu seinem Hauptziel: Jungenarbeit „muß einsichtig machen, daß es sich lohnt, Männlichkeit anders zu begreifen, als das unreflektiert erfahren wird." Sie muß dem „Anspruch auf Reflexion, vor allem auf Selbstreflexion von Jungen und Männern gerecht (werden)" (1989, S. 38). Er stellt damit Brüche,

Widersprüche, aber auch positive Aspekte des Junge- und Mannseins auf dem Hintergrund der jeweiligen Sozialisation und Lebensbewältigung in den Mittelpunkt. Männlichkeit in fortschrittlichem Sinn baut für ihn auf dem „männlichen" Prinzip auf, schließt aber „weibliche" Eigenschaften mit ein. Letztere „müssen aber mühsam wiederentdeckt und freigelegt werden, weil sie unter dem zum „Männlichkeitspanzer" geronnenen männlichen Prinzip verschüttet liegen" (1989, S. 21f). Für Sielert ist „erklärtes Ziel einer bewußten Jungenarbeit (...) die Erweiterung der Verhaltensmöglichkeiten von Jungen um jene Anteile, die ihnen ein ganzheitlicheres Ausleben ihrer Persönlichkeit ermöglichen, die sie in der gängigen Jungensozialisation (...) nicht oder nur ansatzweise ausprägen konnten" (1989, S. 28). Andere Herangehensweisen stellen mehr die Unsicherheiten, Nöte und inneren Befindlichkeiten von Jungen in den Vordergrund (vgl. z.B. Schenk 1991). Die Konfliktlinien verlaufen dabei nicht entlang der Frage, ob Jungen und Männer auch Opfer sind, sondern in welchem Ausmaß Männer „Produkte" ihrer Umwelt und biographischer Prozesse sind. Es geht um eine Positionsbestimmung zwischen den Extremen „Jungen bzw. Männer sind an allem schuld" und „Jungen bzw. Männer sind selbst arm dran" (Winter 1991, S. 174). Statistische Informationen über Probleme und Auffälligkeiten von Jungen, die diese als „schwieriger", labiler und verunsicherter als Mädchen erscheinen lassen (Schnack & Neutzling 1990), lösen dabei nicht nur Überraschung, sondern manchmal auch Widerstand und Zweifel aus. In seinem identitätsorientierten Ansatz unterscheidet Winter zwischen *Männlichkeiten* im Sinne von gesellschaftlich bestimmten Männlichkeitsideologien und *Junge- bzw. Mann-Sein* mit seinen „subjektiven und handlungsbezogenen Seiten" (Winter 1996, S. 380). Gemeint ist damit das Handeln, das Selbstbild und das alltägliche Lebensgefühl von Jungen und Männern. Zudem haben die gesellschaftlichen Veränderungen der letzten Jahrzehnte zu einer Vielfalt von Lebenslagen geführt, so daß Aussagen über „die" Jungen zunehmend absurd werden. In der Jungenarbeit gehe es darum, „hinter dem männlichkeitsorientierten Verhalten des Jungen sein Junge-Sein wahrzunehmen" (ebenda, S. 383). Daß in unserer Gesellschaft das Junge-/Mann-Sein und Männlichkeit immer weiter auseinanderklaffe, öffne die Chance für ein „anderes" Junge- und Mann-Sein, das für Winter ein wichtiger Orientierungspol von Jungenarbeit ist.

Trotz unterschiedlicher Ausrichtung der einzelnen Ansätze besteht Übereinstimmung darüber, daß geschlechtsbezogene Pädagogik mit Jungen keine Kopie von Mädchenarbeit sein kann. In der Praxis der Jungenarbeit ist die Stoßrichtung der verschiedenen Ansätze oft ähnlich. Im Vordergrund steht der Versuch, eingeengte Vorstellungen von Männlichkeit zu erweitern und Jungen eine ganzheitliche Persönlichkeitsentwicklung zu ermöglichen. Dabei stehen Jungenarbeiter parteilich auf der Seite der Jungen. Andererseits ist ihre Arbeit auch am Ziel eines gleichberechtigten Umgangs von Männern und Frauen ausgerichtet. In welcher Form sich dies realisieren läßt, hängt entscheidend von der jeweiligen Zielgruppe und den Rahmenbedingungen ab.

Überwiegende Übereinstimmung gibt es in der methodischen Zuordnung der geschlechtsbezogenen Pädagogik mit Jungen. Jungenarbeit wird nicht als neue „Methode" angesehen, sondern im Vordergrund steht der andere Blick auf Jungen und der geschlechtsbewußte Umgang mit ihnen. Dabei wird in vielen Ansätzen der Arbeit mit dem körperlichen Erleben ein hoher Stellenwert gegeben. Konkret handelt es sich bei Jungenarbeit in der Regel um die pädagogische Arbeit von *Männern* mit *Jungen*, häufig noch begrenzter um die Arbeit *männlicher* Sozialpädagogen mit *Gruppen männlicher Jugendlicher*.

So schreibt Ottemeier-Glücks: „Jungenarbeit ist die Begegnung eines erwachsenen Mannes mit einem Jungen, der ein Mann werden will. Der Ältere soll dem Jüngeren Hilfestellung bei der Mannwerdung sein und geben" (1994, S. 104). Daher nimmt die Auseinandersetzung mit der eigenen männlichen Identität und der Lebensgeschichte als Junge und Mann in Wegen zur Jungenarbeit einen zentralen Platz ein.

Die Unterschiede liegen im Detail, liegen vor allem in der konkreten Umsetzung, die weit mehr von der Lebensgeschichte und vom persönlichen Erfahrungshintergrund des einzelnen Pädagogen als von dem dahinterstehenden Konzept abhängt.

1.2 Arbeitsfelder von Jungenarbeit

Darüber, wie die allgemeinen Ziele von Jungenarbeit in die Praxis umgesetzt werden, gibt es, von wenigen Ausnahmen abgesehen, nur wenig konkrete Angaben. Hier liegt ein generelles Defizit vor. Die praktische Umsetzung muß viele Aspekte berücksichtigen:

- die jeweiligen Zielgruppen (unterschiedliche Altersgruppen, Lebenslagen und ethnische Zugehörigkeit),

- die jeweiligen Rahmenbedingungen der verschiedenen Berufsfelder mit ihren Einrichtungen,

- die Möglichkeiten von geschlechtshomogenen und von geschlechtsgemischten Gruppen,

- die personellen Kompetenzen und Qualifikationen der Mitarbeiter und Teams.

Sielert (1989) bietet in seinem *Praxishandbuch der Jungenarbeit* eine Vielzahl praktisch-konzeptioneller Hilfestellungen an. Sie umfassen eine Situationsanalyse der Einrichtung, zu beachtende Rahmenbedingungen, die Motivierung und Initiierung von Jungenarbeit innerhalb des Mitarbeiterteams und des Trägers, die Fähigkeit zur Leitung von Gruppen sowie den Umgang mit Konflikten und Störungen sowohl mit den Jungen als auch innerhalb des Arbeitsfeldes. Zudem bietet er eine breite Palette ausgearbeiteter didaktischer Anregungen, wie über bestimmte Themen (Jungenbilder und Jungengeschichten, Körperbewußtsein, Idole und Vorbilder, Gewalt, Kindererziehung und Haushalt, Technik, neue Medien...) Jungenarbeit durchgeführt werden kann.

Die Beiträge in Brenner & Grubauer (1991) geben eine Reihe von Anregungen insbesondere für die Arbeit in geschlechtsgemischten Gruppen. Konkrete Angaben finden sich auch in Glücks & Ottemeier-Glücks (1994) und in Winter & Willems (1991). Es wird aber auch darauf hingewiesen, daß Jungenarbeit viel auf vorhandene Methoden der Sozialpädagogik und der Arbeit mit Kindern und Jugendlichen zurückgreift.

Inzwischen hat Jungenarbeit ihren Exotenstatus verloren und ist dabei, sich in immer mehr Praxisfeldern auszubreiten. Einen festen Platz hat Jungenarbeit in der Jugendarbeit gefunden: In der offenen Arbeit in Jugendzentren, in der Bildungsarbeit mit Jugendlichen und vor allem in der verbandlichen Jugendarbeit. Dabei handelt es sich meist um gezielte Angebote von Männern für Jungen (vgl. Willems & Winter 1991 sowie die im vorigen Abschnitt aufgeführten Autoren; für die verbandliche Jungenarbeit Kindler 1993). In der Regel stehen solche Angebote neben der meist schon länger etablierten Mädchenarbeit. Austausch, Zusammenarbeit oder gar gemeinsame Konzeptentwicklung finden dabei nicht immer statt. Im Moment herrscht die Ansicht vor, daß Jungenarbeit Männersache, Mädchenarbeit Frauensache ist. Ansätze einer geschlechtsbezogenen Pädagogik mit geschlechtsgemischten Gruppen sind seltener (z.b. Brenner & Grubauer 1991). Am weitesten entwickelt sind Ansätze der Sexualpädagogik (z.b. Herrath, Richter, Sielert & Wanzeck-Sielert 1994; Riederle 1995a; Winter 1993).

In der Schule wird von feministischer Seite zunehmend die Koedukation in Frage gestellt. Ansätze für geschlechtsbezogene Pädagogik im Unterricht gibt es (von der Sexualpädagogik abgesehen) bislang allerdings kaum; eher wird die Frage an die Schulsozialarbeit delegiert. Im Vordergrund steht dabei meist das störende, aggressive und manchmal gewalttätige Verhalten von Jungen und die Benachteiligung von Mädchen. Darüberhinaus geht der aktuelle Sammelband von Kaiser (1997), in dem Möglichkeiten sozialer Jungenförderung in der Schule diskutiert werden (vgl. Büttner & Dittmann 1992; Enders-Dragässer & Fuchs 1990).

Im Beratungswesen, vor allem in der Jugend- und Erziehungsberatung, gibt es erste Ansätze einer Reflexion darüber, daß die Mehrheit der auffälligen Kinder Jungen sind. Obwohl die Geschlechtsidentität in Entwicklungspsychologie und Psychotherapie eine wichtige Rolle spielt, fehlt es bislang an jungenspezifischen Beratungsansätzen. Am häufigsten wird in diesem Zusammenhang die Arbeit mit den Vätern thematisiert (z.B. von Rebstock 1993). Außerdem hat das zunehmende Bewußtsein für die Problematik des sexuellen Mißbrauchs auch von Jungen hier zur Entwicklung einer spezifischen Herangehensweise geführt (vgl. Bange & Enders 1995).

Weitere Ansätze oder zumindest erste Überlegungen liegen für Problemfelder vor, in denen Jungen besonders dominieren. Dies ist der Fall für den Heimbereich (vgl. Arbeitsgruppe Jungenerziehung 1991; Engelfried 1991), die Straßensozialarbeit mit jugendlichen Strichern (vgl. Bader & Lang 1991) und vor allem für die Arbeit mit gewaltbereiten und rechtsradikal orientierten Jugendlichen. Im letztgenannten Bereich ist es allerdings erstaunlich, wie wenig die Problematik des Mannwerdens in der Flut von Veröffentlichungen zum Thema berücksichtigt wird. Obwohl mit Jungen gearbeitet wird und auch jungenspezifische Probleme behandelt werden, scheint hier ein entsprechendes Bewußtsein häufig zu fehlen.

1.3   JUNGENARBEIT IN KINDERTAGESSTÄTTEN?

Es liegt auf der Hand, daß es *Jungenarbeit* im üblichen Sinne in Kindertagesstätten kaum geben kann. Erstens steht durch den hohen Frauenanteil unter den Fachkräften die Beziehung *zwischen Frauen und Jungen* im Mittelpunkt. Zweitens orientieren sich viele der im vorherigen Kapitel genannten Ansätze an Jugendlichen und jungen Männern, Lebensphasen also, in der andere Fragen im Vordergrund stehen als im Kleinkindalter. Auch in den Ansätzen, die sich mit Geschlechterfragen im Kindergarten beschäftigen, geht es nicht um Jungenarbeit im Sinne einer Arbeit mit reinen Jungengruppen, sondern um einen geschlechtsbezogenen Umgang mit Jungen im Alltag der Kindertagesstätte. Im folgenden sprechen wir daher nicht von Jungenarbeit, sondern von *geschlechtsbezogener Pädagogik mit Jungen*. Dieser vom Frille-Team verwendete Begriff trifft die Zielrichtung der meisten vorliegenden Ansätze im Kindertagesstättenbereich und auch unseres eigenen Konzepts besser.

Zunächst kann gefragt werden, welche elementarpädagogischen Ansätze günstige Voraussetzungen für die Berücksichtigung geschlechtsbezogener Fragen im Alltag bereitstellen. In diesem Zusammenhang verdienen einerseits die verschiedenen offenen Ansätze Beachtung, insbesondere der Funktionsansatz. Größere Wahlmöglichkeiten, großzügige Bewegungsangebote und vielfältige Nischen und Rückzugsräume können wichtige Rahmenbedingungen für die Berücksichtigung geschlechtstypischer Bedürfnisse und Anfragen darstellen.

Andererseits könnte die in den letzten Jahren im Kindertagesstätten-bereich zunehmend populär gewordenen Psychomotorik zu einem wichtigen Bestandteil geschlechtsbezogener Arbeit werden. Hierfür spricht unter anderem, daß Körpererfahrung und Körperarbeit zen-traler Bestandteil der meisten vorliegenden Konzepte von Jungenarbeit ist. Dazu müßte allerdings zunächst eine differenzierte ge-schlechtsbezogene Sichtweise in die Elementarpädagogik eingeführt werden. Sonst besteht die Gefahr eines unreflektierten Aktionismus: Toberäume für Jungen können eine tolle Sache sein, stellen aber nicht unbedingt eine befriedigende Antwort auf die Suche von Jungen nach Männlichkeit dar.

Praxisberichte und Ansätze für eine gezielte geschlechtsbezogene Päd-agogik mit Jungen in Kindertagesstätten liegen bislang nur vereinzelt vor (vgl. Blank-Mathieu 1996a; Büttner & Dittmann 1992; Riederle 1995b; Verlinden 1995; drei Beiträge in Willems & Winter 1991). In den letzten Jahren kam es vermehrt zu Fortbildungen zum Thema Jungen sowie zu einer wachsenden Anzahl von Beiträgen in Fach-zeitschriften (vgl. z.B. Bichsel 1994; Jungen als Schwerpunktthema in *Welt des Kindes* 1/95 und einzelne Beiträge zum Schwerpunktthema Gewalt in tps 3/95).

Das zuerst 1990, dann 1995 in neuer Überarbeitung erschienene Buch von Verlinden, *Mädchen und Jungen im Kindergarten*, geht auf Unter-suchungen zurück, die in den Jahren 1983 bis 1986 durchgeführt wur-den. Offenere Geschlechtsrollen, Chancengleichheit im Miteinander von Jungen und Mädchen und gegenseitiges Verständnis der Ge-schlechter stehen im Vordergrund der ausführlichen praktischen An-regungen.

Blank-Mathieu veröffentlichte 1996 das erste Praxisbuch nur über *Jungen im Kindergarten* für Erzieherinnen. Neben einer verständlichen Einführung in Theorien zur Sozialisation und Identitätsentwicklung gibt sie eine Vielzahl von Denkanstößen und konkreten Anregungen für den Alltag.

Eine 1994 abgeschlossene Studie des Deutschen Jugendinstitutes er-forschte das Geschlechterverhältnis von Mädchen und Jungen in Betreuungseinrichtungen – allerdings für Schulkinder. Bereits erpro-bte Ansätze für die emanzipatorische Arbeit in der Gruppe sowie für die Fortbildung und Fachberatung von Erzieherinnen werden vorge-stellt (Permien & Frank 1995). Mit ähnlichen Fragestellungen arbei-

tete das Modellprojekt *Mädchenarbeit im Hort* des Deutschen Roten
Kreuzes (Klees-Möller & Budde 1997).

Die meisten vorhandenen Ansätze geschlechtsbezogener Pädagogik in
Kindertagesstätten nennen Gleichberechtigung und geschlechtsfle-
xible Erziehung als zentrales Ziel (vgl. Fried 1990). Feministisch orientierte Ansätze stellen dabei die Überwindung von tatsächlichen
oder vermeintlichen Benachteiligungen von Mädchen in den Vordergrund ihrer Bemühungen. *Mädchenarbeit* im engeren Sinne wird dabei
allerdings eher selten vorgeschlagen (z.b. von Permien & Frank 1995).
Andere Autoren stellen die Erweiterung des Verhaltensrepertoires
beider Geschlechter und das Miteinander von Jungen und Mädchen
in den Vordergrund. So lauten die Schwerpunkte des Konzepts von
Verlinden für beide Geschlechter gleichermaßen *Selbstvertrauen stärken, Gruppenverhalten entwickeln, Konflikte lösen lernen* sowie *Gefühle
ausdrücken und verstehen* (vgl. Verlinden 1995, S. 30). In einer nach-
träglichen Anmerkung zur Neuauflage betont Verlinden allerdings,
daß es ihm nicht darum geht, „Mädchen und Jungen um jeden Preis
für gemeinsame Veranstaltungen zu gewinnen", und schlägt neben geschlechtsübergreifenden Angeboten auch gezielte Arbeit in geschlechtshomogenen Gruppen vor (vgl. ebenda, S. 84).

Obwohl es auch Blank-Mathieu vor allem darum geht, was Erzieherinnen tun können, „um die Verfestigung der gesellschaftlich vorgegebenen Geschlechterrolle im Kindergarten nicht weiter voranzutrei-
ben" (1996a, S. 9), wird sie der besonderen Situation von Jungen eher
gerecht. Ihr geht es um die „Ausgestaltung einer individuell gelebten
Männlichkeit und Weiblichkeit" und nicht um ein quasi „geschlechts-
neutrales" Verhalten. Dabei thematisiert sie klar die im Kindergarten
üblichen „weiblichen Strukturen" und stellt die Reflexion der eigenen
Verhaltensweisen der Erzieherinnen in den Vordergrund (vgl. ebenda,
S. 81).

Ähnlich sehen Büttner & Dittmann ihren Sammelband als „Plädoyer
für eine geschlechtsspezifische Erziehung (...), die von wechselseitiger
Achtung und Mut zur Auseinandersetzung mit der Fremdheit des
jeweils anderen Geschlechts getragen ist" (1992, S. 7). Ihr in diesem
Rahmen vorgestelltes Fortbildungskonzept thematisiert geschlechtsbezogene Fragen auf einem tiefenpsychologischen Hintergrund. Die
Auseinandersetzung mit Phantasien und dem (unbewußten) Grup-
penprozeß nehmen dabei wichtigen Raum ein (vgl. ebenda, S. 164ff.).

Alle AutorInnen sind sich darin einig, daß es mehr männliche Mitarbeiter in Tageseinrichtungen für Kinder braucht. Die Situation männlicher Mitarbeiter ist allerdings oft nicht einfach. Pesch (1993) und Seubert (1995) berichten hierüber und fordern spezifische Fortbildungen für Männer. Hier befinden sie sich im Einklang mit dem Netzwerk der Europäischen Kommission für Kinderbetreuung, die bereits 1993 die „Entwicklung einer Tradition und Kultur der Kinderbetreuungsarbeit als Berufstätigkeit" und in diesem Zusammenhang auch besondere Fortbildungen für männliche Mitarbeiter forderte.

1.4 ZIELE GESCHLECHTSBEZOGENER PÄDAGOGIK – WAS BRAUCHEN JUNGEN?

Bei der Entwicklung eines Konzepts für geschlechtszogene Arbeit mit Jungen in Kindertagesstätten läßt sich an den vorhandenen Ansätzen der Jungenarbeit ansetzen. Jungenarbeit hat zum Ziel, das Selbstwertgefühl der Jungen zu verbessern und ihre Verhaltensmöglichkeiten zu erweitern. Ein „anderes Junge-Sein" schließt das Aufspüren von ungelebten Seiten ein, die in traditionellen Männlichkeitsbildern keinen Platz haben. Jungen werden dabei mit Neuem und Unbekanntem konfrontiert. Sie werden darin unterstützt, ihren Körper zu spüren und anzunehmen. Erlebnisräume werden geschaffen, in denen Jungen zärtlich und liebevoll, gefühlvoll und verbindlich sein können, ohne ihr Gesicht zu verlieren. In diesem Zusammenhang wird auch das Verhalten von Jungen untereinander thematisiert und ihr soziales und kommunikatives Verhalten gefördert. Sie lernen, mit Grenzerfahrungen umzugehen und schädigendes und förderliches Verhalten zu unterscheiden. Und schließlich wird ihre Fähigkeit zur Selbstverantwortung gefördert.

Wegner entwirft neun Thesen für Jungenarbeit, die viele der Gemeinsamkeiten bestehender Ansätze aufgreifen, diese aber noch um einige wichtige Aspekte ergänzen. Die von ihm genannten Grundsätze gelten auch für unser Verständnis der Arbeit mit Jungen in Kindertagesstätten:

- „Wichtigstes Werkzeug von Jungenarbeit ist der Pädagoge selbst.
- Jungenarbeit greift in Strukturen ein.
- Den Einheitsjungen gibt es nicht. Jungenarbeit muß für die Vielfalt männlicher Identitäten offen sein.
- Jungenarbeit darf Einflüsse von Klasse oder Ethnizität nicht vernachlässigen.
- Jungenarbeit bietet Jungen einen Rahmen an, in dem sie sich selbst – „anders" – erfahren können.
- Jungenarbeit ist eine Entdeckungsreise zum eigenen Körper.
- Jungenarbeit muß Jungen auch als Handelnde in Geschlechterverhältnissen betrachten und darf dabei die Machtfrage nicht zudecken.
- Jungenarbeit gibt Anreize, um Beziehungen unter Jungen vielfältiger zu gestalten.
- Jungenarbeit kann Formen untergeordneter Männlichkeit, insbesondere Homosexualität, aufwerten" (Wegner 1995, S. 169ff.).

In den Diskussionen über Jungenarbeit stehen zwei Aspekte im Vordergrund. Zum einen werden die Jungen mit ihren Stärken, aber auch mit ihren Schwächen und Unsicherheiten akzeptiert und ernstgenommen. Es wird nicht nur an Problemen und Defiziten von Jungen angesetzt, sondern auch an ihren Stärken. Zum anderen hat Jungenarbeit das Ziel eines gleichberechtigten Miteinanders von Mädchen und Jungen, von Männern und Frauen.
Diese Zielvorstellung läßt sich auf den Kindertagesstättenbereich übertragen. Im Alltag können die beiden Teilziele miteinander in Konflikt geraten. Dies bedeutet eine ständige Balance zwischen dem Eingehen auf die Befindlichkeiten der Jungen ("Parteilichkeit") und dem Einbringen von Zielvorstellungen, die in Widerspruch zum herrschenden Geschlechterverhältnis stehen ("Gleichberechtigung"). Diese Balance kann nicht durch Konzepte von Jungenarbeit vorab sichergestellt werden, sondern ist eine fortlaufende *persönliche Integrationsleistung* der pädagogisch Tätigen.
Eine Integrationsleistung müssen aber auch die Jungen erbringen. Schon im Kindergarten, spätestens aber in der Schule drängen gesell-

schaftliche Erwartungen an die Ausdrucksformen ihrer Männlichkeit auf sie ein. So können "fortschrittliche" Eltern oder Erzieherinnen wollen, daß sie "keine typischen Männer" werden, während andere Erwachsene, Mädchen und Jungen sowie viele Medien die traditionellen Bilder vermitteln. Dies kann Jungen in zusätzliche Konflikte bringen und ihre Orientierungsprobleme noch verstärken. Geschlechtsbezogene Pädagogik soll ihnen Hilfestellung auf der Suche nach Identität geben und ihnen damit ermöglichen, diese Konflikte zu bewältigen.

Aus der Sicht der Erzieherinnen stellt sich die Situation etwas anders dar. Im Vordergrund steht für sie die hohe Arbeitsbelastung, die für zusätzliche Themen nur wenig Energie und Zeit übrig läßt. Wie unsere eigenen Untersuchungsergebnisse zeigen, wirken sich die Rahmenbedingungen der jeweiligen Einrichtungen massiv auf das Verhalten von Jungen und Erzieherinnen aus. Dazu gehört natürlich in erster Linie das Fehlen von Männern in den Einrichtungen. Frauen für Jungenthemen zu interessieren, ist vor diesem Hintergrund nicht unproblematisch, weil diese damit möglicherweise (wieder einmal) unter Druck geraten, Probleme aufzufangen, die von der Abwesenheit von Männern herrühren. Andererseits schließt ein aktuelles Verständnis von gemeinsamer Erziehung auch die Tatsache ein, daß Jungen nicht nur Männer, sondern auch Frauen brauchen (und umgekehrt auch Mädchen Männer). Daß sich Frauen mit Jungen beschäftigen, ist nicht nur eine Notlösung angesichts fehlender Männer!

Wenn wir es im Alltag mit Jungen zu tun haben, wird manchmal mehr der Junge als Kind, manchmal mehr das Kind als Junge in den Blick geraten. Geschlechtsbezogene Pädagogik bedeutet zunächst nichts anderes, als in der Erziehung bewußt geschlechtsbezogene Fragen aufzugreifen. Es bedeutet *nicht*, die Geschlechter trennen zu wollen oder alles Verhalten auf Geschlechtsunterschiede zurückzuführen. Ziel einer solchen Pädagogik ist die Fähigkeit, Jungen in ihrer Entwicklung angemessen begleiten zu können. Dazu gehört, mehr als bisher in Betracht zu ziehen, daß ihre Befindlichkeiten und Verhaltensweisen etwas mit ihrem Junge-Sein und den damit verbundenen Fragen zu tun haben.

Eine geschlechtsbezogene Pädagogik sollte nach unserem Verständnis von vier Grundsätzen ausgehen:

● *Jungen werden zunächst so akzeptiert, wie sie sind* – auch, wenn wir ihr Verhalten manchmal nicht verstehen oder uns darüber ärgern.

● *Jungen werden umfassender wahrgenommen* – auch die versteckten Seiten, die oft hinter Lärm und Getobe verborgen sind.

● *Jungen machen nicht nur Probleme, sie haben auch Probleme* – und müssen damit ernst genommen werden.

● *Jungen haben auch besondere Stärken* – daran gilt es anzusetzen und Freude an der Beschäftigung mit Jungen zu gewinnen.

Von diesen Grundsätzen ausgehend, orientieren wir uns an *acht Zielen*. Diese Ziele gelten für Jungen und für Mädchen. Weil es aber Unterschiede zwischen Jungen und Mädchen gibt, bedeuten diese Ziele für Jungen und Mädchen manchmal etwas anderes. Daher sprechen wir im Folgenden von Jungen.

● *Selbstwertgefühl und Selbstvertrauen stärken*
Jungen sollen sich selbst mit den eigenen Schwächen und Stärken akzeptieren. Sie sollen sich offen und mutig mit neuen Situationen auseinandersetzen und das Anderssein anderer akzeptieren. Sie sollen dabei selbstbewußt sein, aber nicht als „kleine Helden" dastehen müssen. Sie benötigen daher Hilfestellung auf der Suche nach Identität. Dazu gehört auch die zunehmende Beschäftigung mit der Bedeutung ihres Männlich-Seins („Suche nach Männlichkeit"). Hierfür brauchen sie auch männliche Ansprechpartner.

● *Ein gutes Körpergefühl entwickeln*
Jungen sollen sich in ihrem Körper wohl fühlen. Sie sollen darin unterstützt werden, ihren Körper zu spüren und anzunehmen. Sie brauchen dafür sowohl Möglichkeiten für Aktivität und Bewegung als auch für Ruhe und Entspannung.

● *Gefühle ausdrücken und verstehen*
Jungen sollen ihre Gefühle vielfältig ausdrücken können. Dazu müssen sie mit ihren unterschiedlichen Gefühlen ernstgenommen und verstanden werden – ob sie liebevoll und zärtlich, wütend und aggressiv oder traurig und verletzt sind. Dann lernen sie, andere Menschen auch dann zu akzeptieren, wenn diese anders empfinden als sie selbst. Für Jungen ist es dabei wichtig zu erfahren, daß auch Angst und Hilflosigkeit zu (werdenden) Männern „gehört".

- *Soziale Fähigkeiten entwickeln*
Die sozialen und kommunikativen Fähigkeiten von Jungen sollen gestärkt werden. Sie sollen lernen, miteinander Regeln zu entwickeln und Absprachen zu treffen, aber auch, Regeln und Gewohnheiten kritisch zu prüfen. Sie sollen sich sowohl für ihre eigenen Interessen einsetzen als auch die Situation von anderen Kindern (und Erwachsenen) berücksichtigen. Besonders wichtig ist die Weiterentwicklung des Miteinanders in Jungengruppen, wenn diese von Hierarchien, Konkurrenz und Ausgrenzung geprägt sind.

- *Konflikte lösen lernen*
Jungen sollen ihre eigenen Grenzen schützen können und die Grenzen anderer respektieren lernen. Konflikte sollen sie nicht durch das „Recht des Stärkeren" lösen, sondern nach anderen konstruktiven Möglichkeiten suchen. Dabei ist es wichtig zu sehen, daß es bei Konflikten nicht nur um Ärger und Macht, sondern auch um Schmerz und Ohnmacht geht.

- *Verhaltensmöglichkeiten erweitern*
Jungen brauchen erweiterte Verhaltensmöglichkeiten. Sie brauchen Raum für „jungentypische" Verhaltensweisen – großräumige Bewegung, Fußballspielen, Raufen und Toben usw. Sie brauchen auch Ermutigung für „jungenuntypische" Verhaltensweisen – sich schön machen, mit Puppen spielen, für andere sorgen usw. Jeder Junge soll die Möglichkeiten finden, die seinen individuellen Bedürfnissen entsprechen.

- *Gleichwertigkeit und Verschiedenheit von Jungen und Mädchen akzeptieren*
Jungen sollen sich gut damit fühlen, ein Junge zu sein, ohne Mädchen ablehnen oder abwerten zu müssen. Sie sollen Unterschiede zwischen Jungen und Mädchen, Männern und Frauen wahrnehmen und verstehen, ohne damit eine Bewertung als „besser" oder „schlechter" zu verbinden. Sie benötigen dafür Unterstützung bei ihren Fragen nach der Bedeutung des Geschlechtsunterschiedes.

● *Ein gleichberechtigtes Miteinander von Jungen und Mädchen entwickeln.*
Jungen und Mädchen sollen sich miteinander wohl fühlen. Sie sollen sich miteinander absprechen und einigen können und Konflikte fair lösen. Sie sollen untereinander Hilfe annehmen und anbieten können. Wenn Jungen und Mädchen in der Kindertagesstätte lernen, gleichberechtigt miteinander umzugehen, bringt sie das in Widerspruch zu vielen Bereichen der Gesellschaft. Um sie dazu zu befähigen, sich damit auch „draußen" zu behaupten, muß daher das Selbstbewußtsein auch der Jungen gestärkt werden.

1.5 VIER SCHRITTE DER VERÄNDERUNG

Auch wenn der Wunsch nach schnellen Lösungen und konkreten Handlungsanweisungen groß ist: ein anderer Umgang mit Jungen kann nicht per Programm eingeführt werden. Geschlechtsbezogene Pädagogik liefert keine „Gebrauchsanleitung", sondern ist Teil der alltäglichen Beziehung zwischen Erzieherin und Kind. Wenn aber die eigene Person der Erziehenden ihr wichtigstes „Handwerkszeug" ist, dann bedeutet Fortbildung in unserem Zusammenhang immer auch *Arbeit an der eigenen Person.* Die Arbeit an Geschlechterfragen braucht daher Zeit und die Bereitschaft zur Selbstreflektion.
Vor jeder *Veränderung,* sei es der eigenen Person, sei es im Umgang mit Jungen, liegt daher das *Verstehen,* und vor dem Verstehen liegt die *Wahrnehmung* dessen, was ist, und zwar auf beiden Seiten der Beziehung. Um die konkreten Möglichkeiten zur Veränderung der Situation von Jungen und Erziehenden im Alltag von Kindertagesstätten in den Blick zu bekommen, schlagen wir für Aus- und Fortbildung daher *vier Schritte* vor:

● *Der erste Schritt: Bei sich selbst anfangen*
Zunächst geht es um den Blick der Erzieherin auf sich selbst. Wie erlebt sie Jungen im Alltag, was für Gefühle löst das in ihr aus? Wie sie mit Jungen umgeht, hängt entscheidend auch mit früheren Lebenserfahrungen zusammen. Jungen wollen Männer werden – ErzieherInnen sind meist Frauen und waren einmal Mädchen. Das bleibt nicht ohne Folgen. Darum ist die Beschäftigung mit den eigenen Gefühlen und der eigenen Lebensgeschichte wichtig.

- *Der zweite Schritt: Mehr über Jungen wissen*
  Um Jungen besser verstehen zu können, ist es nötig, mehr über die besonderen Lebensfragen und die Entwicklung von Jungen zu erfahren. Das bedeutet, alte Wahrnehmungs- und Erklärungsmuster in Frage zu stellen: Jungen und Mädchen sind nicht „gleich", aber Unterschiede sind auch nicht einfach „biologisch vorgegeben".

- *Der dritte Schritt: Den Alltag bewußt gestalten*
  Angemessen mit Jungen und Mädchen umzugehen bedeutet, im Alltag geschlechtsbezogene Aspekte des Zusammenlebens nicht zu übersehen. Es bedeutet, im Blick zu behalten, daß Befindlichkeiten und Verhaltensweisen von Jungen etwas mit ihrem Junge-Sein zu tun haben, ob im Spiel, beim Aufräumen, im Umgang mit Medien oder in Konflikten.

- *Der vierte Schritt: Neue Wege einschlagen*
  Über die bewußte Gestaltung des Alltags hinaus will geschlechtsbezogene Pädagogik Anstöße für Veränderungen geben. Das bedeutet zunächst, sich über die eigenen Ziele klarzuwerden. Sodann geht es darum, neue Ideen für die Gestaltung von Räumen und Material, für gezielte pädagogische Angebote und für den Umgang mit Vätern und Müttern zu entwickeln.

KAPITEL 2
METHODISCHE GRUNDÜBERLEGUNGEN

as vorliegende Handbuch stellt eine umfassende und praxisbezogene Materialsammlung zu Fragen einer geschlechtsbezogenen Pädagogik im Kindergarten dar. In diesem Kapitel werden zunächst der Aufbau dieses Handbuchs sowie einige grundsätzliche methodische und didaktische Aspekte unserer Arbeit erläutert und die Lernziele unseres Konzeptes genauer benannt. Anschließend werden unterschiedliche Möglichkeiten der Bildungsarbeit zum Thema vorgestellt und einige spezifische Probleme der Leitung von Fortbildungen zu geschlechtsbezogenen Fragen angesprochen.

2.1 BAUSTEINPRINZIP

Um den vielfältigen Anforderungen unterschiedlicher Bildungsprozesse gerecht werden zu können, wurde das vorliegende Handbuch nach dem Prinzip eines Baukastens entworfen. Ein Baukasten enthält viele verschiedene Steine, große und kleine, mit denen sich je nach Bedürfnis und Fähigkeit spielen läßt. Es können größere oder kleinere Einheiten gebaut werden, es können alle Steine benutzt werden oder auch nur einige wenige, die besonders gut in das eigene Konzept passen. Die Übernahme dieses Prinzips in ein Handbuch der Aus- und Fortbildung ermöglicht unterschiedliche thematische Schwerpunktsetzungen, das Eingehen auf die jeweiligen Wünsche und Vorkenntnisse der Zielgruppe sowie die Anpassung an unterschiedliche zeitliche und organisatorische Rahmenbedingungen.

Entsprechend der dargestellten vier Schritte von Veränderungen ist unser Handbuch neben dem einführenden bzw. abschließenden Kapitel in vier große Themenblöcke untergliedert. Jeder Themenblock besteht aus mehreren Bausteinen, die jeweils einen Aspekt des Themas zum Schwerpunkt haben.

Jeder Baustein des Handbuchs ist gegliedert in *Theorie, Praxisübungen und Literaturhinweise*. Die theoretischen und praktische Elemente können je nach Interesse gewichtet und ausgewählt, verändert und neu zusammengestellt werden. Zwischen den einzelnen Bausteinen und Elementen gibt es eine Vielzahl von Querbezügen. Entsprechende Verbindungen werden durch Querverweise (➜) angezeigt.

Auf diese Weise geben die einzelnen Bausteine und ihre Elemente interessierten Fachleuten eine flexible und in unterschiedlichsten Zusammenhängen einsetzbare Arbeitshilfe an die Hand.
Die einzelnen Elemente beginnen mit einer *theoretischen Darstellung.* Diese liefert in kurzer, zusammenfassender Form Grundinformationen über wissenschaftliche Ansätze und empirische Ergebnisse. Die

Texte haben zum Teil einführenden Charakter, zum Teil sind sie eher vertiefend oder enthalten theoretische Grundlagen für AusbilderInnen und LeiterInnen von Fortbildungen. Uns geht es dabei nicht in erster Linie um eine systematische Theorie, sondern darum, die Vielfalt von Sichtweisen wiederzugeben, die die derzeitige Diskussion um Geschlechterfragen kennzeichnet. Einige der Texte sind mit dem Symbol ⬧ gekennzeichnet. In diesen Texten haben wir versucht, schwierige und z.T. kontroverse Theorieansätze in eine alltagsnähere Sprache zu übersetzen. Sie eignen sich daher auch als schriftliche Unterlagen für Fortbildungsteilnehmerinnen.

Im Anschluß an die theoretischen Ausführungen werden sog. *Praxisübungen* vorgeschlagen. Sie enthalten Anregungen dafür, wie die jeweiligen Theorien in konkreten Bildungssituationen persönlich erfahrbar gemacht und vermittelt werden können. Die Übungen basieren auf vielfältigen methodischen Herangehensweisen und enthalten unter anderem themenzentrierte Gespräche, Rollenspiele, Phantasiereisen und andere Anstöße zur Selbsterfahrung. Sie sind in erster Linie auf die Verwendung im Rahmen von Fortbildungen für Erzieherinnen ausgerichtet.
Die Praxisübungen sind durchnumeriert und in einem eigenen Verzeichnis aufgeführt (siehe S. 292). Die Zuordnung der Praxisübungen zu den Bausteinen folgt unserer inhaltlichen Struktur und legt nicht die Reihenfolge ihres Einsatzes fest. Manche Praxisübungen, die wir zu einem späteren Zeitpunkt einführen, lassen sich auch als Einstieg in eine Fortbildung verwenden usw.

Wo es angebracht ist, werden die einzelnen Elemente mit Hinweisen auf *Weiterführende Literatur* abgeschlossen. Hier werden sowohl die wichtigsten Quellen der theoretischen Ausführungen genannt als auch einführende bzw. vertiefende Texte für das Selbststudium von FortbildungsteilnehmerInnen angeführt. Eine Übersicht über einführende und weiterführende Literatur für Teilnehmerinnen findet sich auf S. 293.

Obwohl der Schwerpunkt unseres Konzepts sich auf die Situation von Jungen und Erzieherinnen bezieht, betreffen die Inhalte häufig Jungen und Mädchen gleichermaßen. Sowohl die theoretischen Erörterungen als auch die Praxisübungen thematisieren daher zum Teil ausdrücklich beide Geschlechter. Da wir uns als Männer mit Jungen beschäftigt haben, sprechen wir in vielen Übungen von Jungen, auch wenn die Inhalte Jungen und Mädchen betreffen. Die Übungen lassen sich aber durch entsprechende Veränderungen der Aufgabenstellung leicht umgestalten. Darüber hinaus eignen sich viele Übungen nicht nur für die Arbeit mit Frauengruppen, sondern auch mit gemischten Gruppen und reinen Männergruppen.

In einer besonderen Situation befinden sich die wenigen männlichen Mitarbeiter in Kindertagesstätten. Hinsichtlich der Entwicklung von Jungen sind sie vor allem als gleichgeschlechtliche Identifikationsfigur wichtig, was unter dem Stichwort „Jungen brauchen Männer/männliche Erzieher" auch zunehmend auf gesellschaftliche Zustimmung stößt (wenn auch nicht auf die Bereitschaft zu einer entsprechenden Bezahlung). Bei der Fortbildung und Beratung von männlichen Erziehern stellt die Beschäftigung mit Jungen aber nur ein Thema unter mehreren dar. Vorrangig ist die Auseinandersetzung mit dem eigenen Mann-Sein und der beruflichen Situation als Mann in einem „Frauenbereich". Vor diesem Hintergrund wurde ein Abschnitt über Fortbildung für männliche Mitarbeiter als Exkurs aufgenommen.

2.2 LERNZIELE

Praxisorientierte Bildung zielt auf Wissen und Können. Lernen kann daher nicht nur „im Kopf" stattfinden. Erstaunlicherweise wird Lernen immer noch und in letzter Zeit wieder zunehmend auf einen kognitiven Aneignungsprozeß reduziert. Dies ist insbesondere da unsinnig, wo die zu vermittelnden Inhalte viel mit dem persönlichen Erleben der Lernenden zu tun haben.

Wie bereits ausgeführt, begründen unsere Überlegungen zu einer geschlechtsbezogenen Pädagogik keine neue Methode oder gar eine bestimmte Technik im Umgang mit Jungen. Wir verstehen Arbeit mit Jungen in erster Linie als *Beziehungsarbeit*. Eine so verstandene Pädagogik spiegelt sich auch in unserer Konzeption der Fortbildung wieder. Der Bildungsprozess im Rahmen von Aus- und Fortbildung umfaßt daher sowohl kognitive als auch emotionale und pragmatische Lernziele.

Die Teilnehmerinnen sollen am Ende von Fortbildungen

- etwas *wissen*,

- etwas in seiner emotionalen Bedeutung *erlebt* und in ihre Person *integriert* haben,

- etwas *können*, d.h. fähig sein, das Wissen und Erleben in ihrem Alltagshandeln umzusetzen.

Kognitive Ziele

Im kognitiven Bereich steht die Erschließung und Vermittlung von Wissen über die Entwicklung und Sozialisation von Jungen im Vordergrund. Das schließt drei Bereiche ein:

- Eigene Erfahrungen sowie „Alltagstheorien" von geschlechtstypischer Entwicklung und geschlechtstypischem Verhalten,

- Ergebnisse von empirischen Untersuchungen,

- theoretische Modelle.

Bereitgestellt werden empirische Ergebnisse und theoretische Erklärungen zu folgenden Bereichen:

- Soziologische und psychologische Konzepte zum Verständnis von Männlichkeit und Weiblichkeit (Kultur der Zweigeschlechtlichkeit, Hegemoniale Männlichkeit, Männlichkeitsideologien);

- tiefenpsychologische Modelle der Identitätsentwicklung der ersten Lebensjahre;

- Theorien zur geschlechtsbezogenen Entwicklung von Jungen (Geschlechtsrollenlernen, geschlechtsschematisches Verarbeiten, „Suche nach Männlichkeit");

- geschlechtstypisches Verhalten in Kindertagesstätten;

- Medienwirkung und geschlechtstypischer Umgang mit Medien;,

- Hintergründe und Erklärungen für „problematische" Verhaltensweisen von Jungen.

Die Entwicklung in der Familie, die für die Ausbildung der Geschlechtsidentität und die Ausprägungen geschlechtstypischen Verhaltens zentral ist, liegt weitgehend außerhalb der Einwirkungsmöglichkeiten von Erzieherinnen. Sie steht daher nicht im Mittelpunkt unserer Darstellung; wir verweisen auf weiterführende Literatur.

Der Schwerpunkt des Handbuchs liegt stattdessen auf den im pädagogischen Alltag von Kindertagesstätten auftauchenden geschlechtsbezogenen Fragen. Hierbei finden Ergebnisse unseres Forschungsprojektes „Manns-Bilder", insbesondere die Beobachtungen in den einzelnen Kindergärten, Berücksichtigung. Im Vordergrund steht immer wieder die Frage, wie Wahrnehmung und Erwartungen der Erwachsenen die Entwicklung und das Verhalten von Jungen beeinflussen und bestimmen. Die Mitarbeiterinnen von Kindertagesstätten sollen dabei immer wieder ermutigt werden, ihre eigenen Erfahrungen ernst zu nehmen und sie zu den vermittelten Wissensinhalten in Beziehung zu setzen.

Die Arbeit an der eigenen Person der Erzieherinnen schließt Wissen um Prozesse weiblicher Sozialisation sowie das Verständnis innerpsychischer Vorgänge der Projektion, Übertragung und Gegenübertragung ein. Im Vordergrund steht dabei ein Verständnis der Zusammenhänge mit den eigenen Erfahrungen, nicht der Begrifflichkeiten. Zudem werden hier Ergebnisse aus unserer Befragung von Erzieherinnen berücksichtigt.

Schließlich muß der Umsetzung geschlechtsbezogener Pädagogik die Auseinandersetzung mit Voraussetzungen, Rahmenbedingungen und Zielvorstellungen institutionalisierter Kindererziehung vorausgehen. Dabei handelt es sich um:

- gesetzliche Grundlagen,

- pädagogische Ansätze und ihre Umsetzung in die Realität,

- Analyse der Bedingungen der jeweiligen Einrichtungen,

- Ziele geschlechtsbezogener Pädagogik.

Erzieherinnen sollen dabei unterstützt werden, sich mit ihrer aktuellen beruflichen Situation auseinanderzusetzen, eigene Wert- und Normvorstellungen zu entwickeln und Ziele geschlechtsbezogener Pädagogik kritisch zu überprüfen.

Emotionale Lernziele

Im emotionalen Bereich steht das persönliche Erleben und die Selbsterfahrung der Mitarbeiterinnen im Vordergrund. In Fortbildungen soll der gegenseitige Austausch von Erfahrungen zunächst emotionale Unterstützung bringen, indem den Teilnehmerinnen die Möglichkeit gegeben wird, über aktuelle berufliche Belastungen zu sprechen und sie gemeinsam mit Kolleginnen zu reflektieren. Es muß deutlich werden, daß Fortbildung nicht mit zusätzlichen Anforderungen an die Tätigkeit der Erzieherinnen verbunden ist, sondern dazu dient, sie in ihrer täglichen Arbeit zu unterstützen. Angesichts der hohen beruflichen Anforderungen an Erzieherinnen ist eine solche Entlastung notwendiger Ausgangspunkt für neue Lernprozesse. Die Teilnehmerinnen sollen darüber hinaus Zusammenhänge zwischen der eigenen Lebensgeschichte und ihrem aktuellen Verhalten entdecken und reflektieren. Dies kann sowohl über die direkte Beschäftigung mir Aspekten der eigenen Biographie als auch über die Arbeit an akuten Konflikten geschehen. Es soll dabei ein (nicht nur kognitives) Verständnis dafür geweckt werden, wie lebensgeschichtlich frühe Erfahrungen, Projektionen und Übertragungen unser aktuelles Verhalten beeinflussen können. Ziel dieses Vorgehens ist

- eine Sensibilisierung für den eigenen „geschlechtsgetrübten" Blick,

- eine Erweiterung der Fähigkeit, sich in Jungen einzufühlen,

- eine verbesserte Wahrnehmung von Übertragungsprozessen im Umgang mit Jungen,

- eine Stärkung des Selbstwertgefühls und der Sicherheit bezüglich der eigenen Kompetenz,

- ein klareres Gefühl für die eigenen Grenzen, insbesondere im Umgang mit Jungen,

- eine Ermutigung zu Verhaltensweisen, die traditionell als „unweiblich" gelten,

- ein verbesserter Umgang insbesondere mit eigenen aggressiven Anteilen.

Im Vordergrund steht hier also die wachstumsorientierte Arbeit an der eigenen Person. Ein derartiges Vorgehen bewegt sich im Zwischenbereich von Bildung, Supervision und Therapie. Es ist deshalb darauf zu achten, Grenzen zu respektieren und in Fortbildungen die „Tiefe" des Vorgehens an die jeweiligen Bedingungen anzupassen.

Pragmatische Lernziele

Die direkte Umsetzung von durch Wissenserwerb und Selbsterfahrung gewonnenen Erkenntnissen in konkrete Praxis ist bekanntermaßen schwierig. Prozesse persönlichen Wachstums brauchen Zeit. Diese simple Erkenntnis widerspricht jedoch in der Regel der von Zeit- und Problemdruck geprägten Erwartungshaltung von Fortbildungsteilnehmerinnen. Daher muß zu Beginn von Veranstaltungen deutlich gemacht werden, daß selbst eine praxisorientierte Fortbildung nicht nur keine Rezepte liefern will, sondern auch nicht den Anspruch erheben kann, in kurzer Zeit Lösungen für aktuelle Probleme bereitzustellen. Veränderungen von Einstellung und Verhalten brauchen daher neben Zeit auch Vertrauen in das Gelingen.

Dennoch ist die Fortbildungskonzeption, die unserem Handbuch zugrundeliegt, praxisorientiert in dem Sinn, daß sie vom beruflichen Alltag der Teilnehmerinnen ausgeht und Ansatzpunkte für die konkrete pädagogische Praxis vermittelt. Dazu gehört zunächst die grundlegende Fähigkeit und der Wille, eigene Interessen für eine Verbesserung der Arbeitsbedingungen durchzusetzen. Darüber hinaus geht es darum, die zur Realisierung einer geschlechtsbezogenen Pädagogik notwendigen Bedingungen (z.B. Veränderung von Regelungen, Umgestaltung von Innen- und Außenräumen, Anschaffung von Materialien) einzufordern.

Die Erzieherinnen sollen zudem Anstöße dafür erhalten, wie sich ein geschlechtsbezogener Blick auf Jungen im Alltagshandeln umsetzen läßt. Vor dem Versuch, neue Verhaltensweisen anzuregen und pädagogisch zu fördern, steht ein Akzeptieren der Jungen in ihrem So-Sein, also auch mit ihren geschlechtstypischen Bedürfnissen. Dies bedeutet, an den Stärken von Jungen ansetzen, aber auch auf Schwächen und Unsicherheiten von Jungen angemessen reagieren zu können. Darüber hinaus sollen Erzieherinnen

- die sozialen und kommunikativen Fähigkeiten von Jungen fördern und sie bei Konfliktlösungen unterstützen können;

- in der Lage sein, Jungen Grenzen zu setzen, wo es nötig ist, und Freiräume zu geben, wo es möglich ist;

- Jungen in der Entwicklung ihrer Körperlichkeit unterstützen;

- Jungen zu kompetenzerweiternden und auch „jungenuntypischen" Aktivitäten anregen;

- Gleichwertigkeit und Verschiedenheit von Jungen und Mädchen akzeptieren, d.h. gleichberechtigtes Miteinander fördern, ohne Unterschiede durch „Gleichbehandlung" zu verwischen.

Schließlich muß möglichen Widerständen ein besonderes Augenmerk gegeben werden. Eine veränderte geschlechtsbezogene Herangehensweise muß nicht nur mit Irritationen auf Seiten der Kinder, sondern vor allem auch mit Widerständen von KollegInnen, Vorgesetzten und Eltern rechnen. Möglichkeiten des Umgangs mit derartigen „Stolpersteinen" sind im Rahmen von Fortbildungen, vor allem aber auch in der den Alltag begleitenden Fachberatung zu thematisieren und praktisch einzuüben.

2.3 ABLAUF UND PROZEß VON FORTBILDUNGEN

Die Rahmenbedingungen von Fortbildungen sind je nach Träger und dessen finanziellen Möglichkeiten sehr unterschiedlich. Möglich sind:

- einführende Veranstaltungen,

- fortlaufende Arbeitsgruppen,

- einrichtungsübergreifende Fortbildungen,
  eintägige Veranstaltungen,
  mehrtägige Blockveranstaltungen,
  mehrteilige Veranstaltungen,

- einrichtungsinterne Studientage.

Die Gestaltung des vorliegenden Handbuchs als „Baukasten" ermöglicht es, für den jeweils gegebenen Rahmen die geeigneten „Bauelemente" zusammenzustellen. Dabei sollten im Regelfall alle vier Schritte des Fortbildungskonzeptes Berücksichtigung finden, wobei die jeweiligen Schwerpunkte je nach Möglichkeit und Bedarf unterschiedlich sein werden.

Obwohl nicht selten das Bedürfnis nach unmittelbarer „Hilfe für die Praxis" bei den Teilnehmerinnen groß ist, sollte dieses Anliegen nach unserer Erfahrung nicht am Anfang der Auseinandersetzung mit geschlechtsbezogenen Fragen stehen. Ist der Zeitrahmen auf wenige Stunden beschränkt, wird in der Regel der einführende Vortrag und die Vermittlung eines „anderen Blicks" auf Jungen im Vordergrund stehen. Die von den Teilnehmerinnen mitgebrachten Fragen dienen eher dazu, auf die Bedeutung des Themas zu verweisen; sie geben Anstöße zum Nachdenken und regen zur weiteren Beschäftigung mit dem Thema an.

Weitergehende Selbstreflexion ist schon bei eintägigen Studientagen möglich. Sie sollte aber eher am „Hier und Jetzt" des pädagogischen Alltags ansetzen. Es muß dabei von Beginn an deutlich gemacht werden, daß der Zeitrahmen eines Tages nur einen Einstieg in die Thematik erlaubt. Abgewogen werden muß zwischen dem Bedürfnis nach Vertiefung inhaltlicher Fragen einerseits, der Behandlung von konkreten Problemen aus der Praxis andererseits.

Einrichtungsinterne Studientage ermöglichen auch bei kürzerer Veranstaltungsdauer ein intensiveres Arbeiten. Sinnvoll ist hier die Arbeit zu den in der Einrichtung geltenden Regeln und den jeweiligen materiellen Gegebenheiten. Die Arbeit an persönlichen Themen der Teilnehmerinnen hängt dagegen vom Klima der Einrichtung ab; es ist oft einfacher, sich Menschen persönlich mitzuteilen, mit denen man nicht jeden Tag zusammenarbeitet. Von Vorteil ist es, wenn im Team gemeinsam die Weiterarbeit an bestimmten Fragen vereinbart werden kann.

Eine tiefergehende Bearbeitung lebensgeschichtlicher Bezüge braucht einen sicheren zeitlichen und persönlichen Rahmen. Hierfür sollten drei bis fünf Tage angesetzt werden. Insbesondere bei intensiven persönlichen Prozessen kann die Rückkehr in den Alltag und die Übertragung des Erarbeiteten vor besondere Herausforderungen stellen. Dies muß bei der Planung des Abschlußtages unbedingt berücksichtigt werden.

Fortlaufende Arbeitsgruppen und mehrteilige Fortbildungen ermöglichen am ehesten den Transfer in die Praxis und die Überprüfung des Gelernten im pädagogischen Alltag. Andererseits kommt es hier zu Verlusten durch vermehrte „Anlaufzeiten", und aufgrund der Unterbrechungen gelingt es nicht jeder Teilnehmerin, sich auf persönliche Prozesse einlassen.

2.4 Leitung von Fortbildungen

Personenorientiertes Lernen im Allgemeinen, das Arbeiten am eigenen Frau- bzw. Mann-Sein bzw. an der Beziehung zwischen Mann und Frau im Besonderen ist im hohen Maße von Dynamik, Widerstand und Konflikt geprägt. Hinzu kommt, daß Leiter und Leiterinnen von Fortbildungen sich nicht distanziert, gleichsam technisch-pädagogisch zum Thema verhalten können. Sie sind immer auch selbst Betroffene und als Personen durch ihr Auftreten und Verhalten Teil der zu verhandelnden Thematik.

Nach unserer Erfahrung sollte bei mehr als eintägigen Fortbildungen das Leitungsteam in der Regel aus einem Mann und einer Frau bestehen (wobei die Ausnahme von dieser Regel nicht weniger interessante Erkenntnisse liefern kann). Ein gemischtes Team läßt sich im Sinne einer „Anwaltsfunktion" für die Jungen einerseits, für die Frauen andererseits begründen:

Der männliche Leiter vertritt während der Fortbildung in erster Linie die „Männerseite". Allein schon seine Anwesenheit sorgt für ein Gegenbild zu dem gewohnten weiblich dominierten Berufsalltag.

Insbesondere ist er Anwalt der abwesenden Jungen, deren Bedürfnisse, Sorgen und Nöte durch ihn als Mann zur Sprache gebracht werden. Er gibt Einblicke in das, was sich „hinter der Mauer" des anderen Geschlechts verbirgt und was in der Regel aufgrund eigener geschlechtsbezogener Schranken bzw. unter dem Handlungsdruck belastender Arbeitssituationen nicht wahrgenommen werden kann. Er versucht, Antworten zu geben auf die Frage „Was ist bloß mit den Jungen los?" und zwar sowohl durch das, was er sagt, als auch dadurch, wie er sich verhält.

Damit ist auch seine Rolle als Leiter angesprochen. „Leiten" ist in unserer Gesellschaft noch immer eine eher männertypische Tätigkeit

und steht so in Gefahr, ein mit der Fortbildung häufig assoziiertes
Mißverständnis zu reproduzieren: „Mann sagt (mal wieder), was Frau
besser machen soll". Problematisch ist dabei, daß Erzieherinnen es
häufig gewöhnt sind, daß Männer über sie bestimmen. Sie haben insbesondere gegenüber formal höher qualifizierten Männern oft nur ein
geringes Selbstbewußtsein, tragen Konkurrenz nicht direkt aus und
neigen dazu, Konflikte und Widerspruch nicht offen zu äußern.
Damit die Situation nicht in dieser Weise als „Übertragungsfalle"
funktioniert, muß bei dem männlichen Leiter ein gewisses Maß an
Bewußtheit und Empathie vorausgesetzt werden. Er realisiert so auch
Teile eines eher frauentypischen Verhaltens.
Der pädagogische Umgang mit den Teilnehmerinnen ist daher auch
und wesentlich Arbeit an der Beziehung. „Beziehungsarbeit" ist daher
nicht nur Gegenstand der Fortbildung, sondern zugleich ihr Medium.
Die Anwesenheit einer weiblichen Leiterin scheint ein Stück weit
selbstverständlicher. Sie vertritt bewußt die „Frauenseite". Sie ist zunächst Anwältin der anwesenden Frauen wie auch der abwesenden
Mädchen der Kindertagesstätte. Als Leiterin fördert und fordert sie
die Neugierde der Teilnehmerinnen und ermutigt dazu, Fragen zu
stellen – zur eigenen Biographie ebenso wie hinsichtlich ihres Ver-
hältnisses zu Jungen (aber auch zu Vätern, männlichen Vorgesetzten
und Kollegen).
Auch für sie gilt, daß sie Modell ist sowohl durch das, was sie sagt als
auch dadurch, wie sie sich verhält. Gelingt es ihr dabei noch, die
Freude an Auseinandersetzungen und eine notwendige Portion
Aggression kreativ ins Spiel zu bringen, so könnte das für die Teilnehmerinnen ein Anstoß sein, eigene aggressive Potentiale im
Umgang mit Jungen (und anderswo) zu entwickeln. Die Leiterin realisiert so auch Teile eines eher männertypischen Verhaltens.
Die Doppelfunktion der Leiterin als „Anwältin" der Frauen *und* der
Mädchen ist nicht unproblematisch, was noch stärker zum Tragen
kommt, wenn es in einer Fortbildung um Jungen *und* Mädchen gehen
soll. Interessen und Bedürfnisse von Erzieherinnen und Mädchen sind
nicht immer deckungsgleich. Im Gegenteil: Erfahrungen zeigen, daß
Erzieherinnen Mädchen häufig kritischer und negativer bewerten als
Jungen. So kann es sein, daß manchmal männlicher Leiter *und* weibliche Leiterin die „Mädchenseite" vertreten müssen.

Hieran wird deutlich, daß die Idee der „Anwaltsfunktion" zwar eine persönliche und methodische Hilfestellung darstellen kann, aber nicht als Festschreibung der Aufgaben und Funktion des männlichen Leiters bzw. der weiblichen Leiterin gemeint ist. Die mit der Anwaltsfunktion verbundene Parteilichkeit kann auch zum Problem werden. Damit sie nicht zum Störfaktor innerhalb des Leitungsteams oder gar der ganzen Gruppe wird, gilt es, den Geschlechterkonflikt als Realität anzuerkennen, ihn offen zum Thema zu machen und schließlich kreativ und kooperativ zu gestalten, d.h. ihn als Chance für alle Teilnehmerinnen und Teilnehmer der Fortbildung zu begreifen.

Oft wird es aber schon aus finanziellen Gründen nicht möglich sein, ein gemischtgeschlechtliches Leitungsteam bereitzustellen. Daher wird es für männliche Leiter in erster Linie darum gehen, die „Männerseite" geschlechtsbezogener Fragen zu verdeutlichen. Ein männlicher Leiter kann sich manchmal besser als Frauen in Jungen einfühlen und diese „Innensicht" – als Erwachsener – im Gespräch verständlich machen – im Gegensatz zu den Jungen, die sich oft nur über ihr Verhalten mitteilen. Insbesondere bei Fortbildnern, die selbst nicht als Erzieher gearbeitet haben, ist es wichtig, die Kompetenz der Erzieherinnen für Alltag und pädagogische Praxis nicht in Frage zu stellen („Ich trete nicht in Konkurrenz zu Ihnen, denn Sie haben die Praxiserfahrung; ich kann aber etwas mitteilen, worüber Sie weniger wissen"). Zu Beginn einer Fortbildung sollte daher klargestellt werden: Ziel der Fortbildung ist nicht, zu sagen, „wie Frauen richtig mit Jungen umgehen sollen", oder weitere Erziehungsaufträge auf die Erzieherinnen abzuladen, sondern zu helfen, sich selbst und Jungen besser zu verstehen.

> Auf jeden Fall kann man, wenn ein Gegenstand sehr
> umstritten ist – und jede Frage, die mit dem Ge-
> schlecht zu tun hat, ist das – nicht darauf hoffen, die
> Wahrheit zu sagen. Man kann seiner Zuhörerschaft
> nur Gelegenheit geben, ihre eigenen Schlüsse zu zie-
> hen, indem sie die Beschränkungen, die Vorurteile ...
> des Redners wahrnimmt.
>
> Virginia Woolf

Wenn es heute um Jungen geht, sind zwei Einstellungen weit ver-
breitet. Auf der einen Seite steht das Ideal der Gleichberechtigung. Damit verbunden ist die Vorstellung, daß allen Kindern, Jungen
wie Mädchen, grundsätzlich die gleichen Möglichkeiten zur Entfaltung ihrer Persönlichkeit gegeben werden sollten. Mädchen und Jungen sollen die gleichen Chancen bekommen, sollen gleich behandelt
werden und, so die Hoffnung, sie sollen auch die gleichen Fähigkeiten entwickeln.

Mädchen sollen stark sein dürfen, Jungen schwach.
Mädchen sollen mit Autos spielen und einen Beruf erlernen.
Jungen sollen in die Puppenecke dürfen und im Haushalt helfen.
Mädchen sollen Spaß mit dem Hammer, Jungen mit der Strickna-
del haben.
Jungen sollen zum Ballett, Mädchen zum Fußball gehen...

Das Bemühen um die Förderung kindlicher Entwicklung, unabhängig vom Geschlecht, beruht auf der Ansicht, daß Kinder *von Natur aus
gleich* sind. Danach gilt das im Alltag zu beobachtende geschlechtstypische Verhalten von Jungen und Mädchen als im Grunde erlernt
und als Resultat der jeweiligen Erziehung.
Nur leider klappt das nicht so ganz. Trotz der Veränderungen der
Rollen von Mann und Frau in der Gesellschaft, trotz des Drucks
einer Unmenge von Ratgeberliteratur und trotz der individuellen
Bemühungen vieler Eltern um eine Gleichbehandlung ihrer Kinder
scheint letztlich vieles beim Alten zu bleiben.

Jungen toben herum und prügeln sich.
Mädchen stehen in der Ecke und flüstern sich Geheimnisse zu.

Kein länglicher Gegenstand, der nicht schon vom kleinsten Knirps zum Bum-Bum machen benutzt wird.
Die Jungen bauen die Hütte, die Mädchen richten sie ein.
Mädchen machen sich hübsch, die Jungen sich schmutzig.

Die Enttäuschung ist groß, und so kommt nach einer Zeit des Bemühens um Gleichberechtigung wieder die andere Ansicht hervor, die sagt: „Jungen sind nun einmal so". Kinder sind eben *von Natur aus verschieden*, Jungen brauchen nun einmal mehr Raum, sie müssen toben und kämpfen und brauchen Monster und Actionhelden. Was stimmt nun?

Eine allgemeingültige und wissenschaftlich gesicherte Antwort auf diese Frage gibt es nicht und kann es auch nicht geben. Zu komplex ist das Problem, und zu unterschiedlich sind die Positionen und Perspektiven, von denen aus eine Antwort gesucht wird. Wir schlagen daher vor: beide Ansichten haben nicht ganz Recht.

Jungen sind nicht einfach so – sie *werden* so. Die typischen und auffälligen Verhaltensweisen von Jungen sind nicht von Natur aus vorgegeben – so viel ist sicher. Auf der anderen Seite aber übersieht der Wunsch nach Gleichberechtigung einiges und blendet tatsächlich vorhandene Unterschiede aus.

Gesellschaftliche Einflüsse wirken schon früh auf Kinder ein. Eine *Kultur der Zweigeschlechtlichkeit durchdringt* unsere Gesellschaft auf allen Ebenen. Sie bestimmt den öffentlichen Bereich und die gesellschaftliche Arbeitsteilung ebenso wie das individuelle „private" Verhalten der Geschlechter, den Umgang mit dem eigenen Körper, die Sprache, die Interessen.

Oft wird „sozial/gesellschaftlich bedingt" mit „durch Erziehung beeinflußbar" gleichgesetzt. Dabei wird übersehen, daß gesellschaftliche Anforderungen als Rahmenbedingung die Entwicklung früh und wirkungsvoll prägen. Sowenig wir unser biologisches Geschlecht leugnen können, so wenig können wir uns als Erwachsene den frühen Prägungen und gesellschaftlichen Erwartungen an geschlechtskonformes Verhalten entziehen (und wollen es oft auch gar nicht). Um so stärker sind Kinder der herrschenden Zweigeschlechtlichkeit und dem damit verbundenen Druck zu einer eindeutigen Zuordnung ausgesetzt.

Neben unseren bewußten Bemühungen stehen unsere unbewußten Einstellungen und Verhaltensweisen. Hier werden wir, oft mehr als uns lieb ist, von früheren Lebenserfahrungen bestimmt. Nicht selten bestimmen diese Erfahrungen unsere Erziehungspraxis mehr als die später mühsam erworbenen Konzepte und Ideale. Besonders unsere *Wahrnehmung* des Verhaltens von Jungen und Mädchen wird dadurch verzerrt.

Für Jungen selbst ist es wichtig, herauszufinden, was ihr Mann-Sein bedeutet. Jedes Kind sucht *aktiv* und durchaus eigenständig nach Antworten auf die Frage, was es bedeutet, ein Geschlecht zu haben, und was es bedeutet, in dieser Gesellschaft ein Junge bzw. ein Mädchen zu sein.

Äußere, gesellschaftliche Einflüsse und innere biologische sowie entwicklungsbedingte Notwendigkeiten wirken immer zusammen. Kein Aspekt menschlicher Entwicklung läuft unabhängig von der jeweiligen Umwelt ab, selbst „harte" biologische Fakten (z.B. das Körperwachstum oder der Beginn der Pubertät) werden durch Umweltbedingungen beeinflußt. Aber auch äußere Einflüsse können nur dort wirksam werden, wo es innere Bereitschaften und Notwendigkeiten gibt, diese Einflüsse aufzunehmen. Dies gilt in besonderem Maße für die geschlechts-spezifische Entwicklung und Sozialisation.

PRAXISÜBUNGEN

Für den praktischen Einstieg in eine Fortbildung gibt es verschiedene Möglichkeiten – je nach zur Verfügung stehender Zeit, Teilnehmerinnenkreis und persönlicher Vorliebe. Sollte der Blick zunächst auf die Jungen, mit denen die Mitarbeiterinnen im Alltag zu tun haben, gerichtet werden, dann bietet sich folgende Übung an:

Praxisübung (1): Ich und ein Junge, der mich stark beschäftigt

Als ungewöhnliche Form einer Vorstellungsrunde können die Teilnehmerinnen zu Beginn gebeten werden, kurz die Augen zu schließen und sich einen Jungen vorzustellen, der sie im Moment stark beschäftigt.

Schließen Sie die Augen. Stellen Sie sich die Jungen in Ihrer Gruppe vor. Wählen Sie einen aus, der Sie gerade besonders beschäftigt. Was für einen Gesichtsausdruck hat er? Gibt es für ihn eine typische Bewegung, eine typische Bemerkung? Wie würde er hier auf dem Stuhl sitzen, wenn er hier wäre? Würde er überhaupt sitzen? Vielleicht können Sie sich einmal selbst so hinsetzen und spüren, wie sich das anfühlt?

Auswertung
Die genannten Jungen werden zusammen mit den Angaben über die eigene Person in der Runde vorgestellt. Dies hat den Vorteil, daß von Beginn an die Jungen „mit im Raum sind".

Variante
Wenn wenig Zeit ist, kann die anschließende Vorstellung auf zwei Sätze beschränkt werden:

- ein Wort oder Satz für den Jungen (z.B. Holger ist oft so aggressiv...)
- ein Wort oder Satz für die eigene Reaktion (... *und ich fühle mich dann so hilflos*).

Im weiteren Verlauf der Fortbildung kann auf die Fallgeschichten Bezug genommen werden.

Sollen eher die Vorstellungen der Teilnehmerinnen von Männlichkeit und Weiblichkeit als Ausgangspunkt für die Arbeit besprochen werden, kann folgende Übung gewählt werden:

Praxisübung (2): Was ist männlich, was ist weiblich?

Den typischen Mann oder *die* typische Frau gibt es nicht. Was es gibt, ist das *Bild* des typischen Mannes oder der typischen Frau *in unseren Köpfen.* Um diese Bilder geht es in der folgenden Übung.

Die Teilnehmerinnen sammeln männliche und weibliche Stereotype. Dies kann in der Großgruppe an einem Plakat oder auch in Kleingruppen mittels großer Körperumrißbilder erfolgen. Die gesammelten Stereotype können Ausgangspunkte für erste Diskussionen und Grundlage für weiterführende Einheiten sein.

Auswertung
Im freien Gespräch werden die gefundenen Eigenschaften auf die folgenden Fragen hin untersucht:

● *Warum sind uns die Stereotype so präsent, obwohl wir von Ausnahmen wissen?*

● *Wie werden männliches und weibliches Stereotyp bewertet?*

● *Welche Gefühle lösen sie in uns aus?*

Aufgabe zur Vertiefung
Trennung von „guten" und „schlechten" (problematischen) stereotypen männlichen und weiblichen Eigenschaften.

Wird ein Einstieg eher über die Theorie gewählt, so kann auch mit einer Praxisübung begonnen werden, die zum Ziel hat, das vorhandene Wissen der Teilnehmerinnen zusammenzutragen:

Praxisübung (3): Woher kommen die Geschlechtsunterschiede?

Die Teilnehmerinnen diskutieren in der Gesamtgruppe oder in Kleingruppen die Frage nach dem Ursprung der Geschlechtsunterschiede. Anschließend werden die Ergebnisse dem Plenum vorgestellt. Dies kann in Form von Kurzreferaten, Thesen oder mit Hilfe von bildhaften Darstellungen geschehen. Wenn die Zeit knapp ist, kann dies den Vortrag des Referenten weitgehend ersetzen. Der Referent faßt lediglich zusammen und ergänzt.

KAPITEL 4
DER ERSTE SCHRITT:
BEI SICH SELBST ANFANGEN

> Wenn man bloß auf sich selber aufpaßt, dann soll ein
> Beobachter genug haben an fünf Männern und fünf
> Frauen und zehn Kindern, um alle möglichen Seelen-
> zustände zu entdecken. Was ich zu sagen haben
> könnte, würde wohl auch seine Bedeutung für jeden
> haben, der mit Kindern zu tun oder irgendein Ver-
> hältnis zu ihnen hat.
>
> Sören Kierkegaard

Im ersten Schritt geht es darum, bei sich selbst zu beginnen und zu
erkennen, wie die eigenen Erfahrungen und Sichtweisen die Wahrnehmung von Jungen und die Gestaltung von Beziehungen im Kindergarten beeinflussen. Am Beginn steht dabei der Austausch über die
eigenen Erfahrungen und Einstellungen zu Jungen und dem Geschlechterverhältnis.

4.1 WAHRNEHMEN UND VERSTEHEN

Die Verläßlichkeit unserer Wahrnehmung und die Gewißheit einander zu verstehen, bestimmen über weite Strecken den Alltag unserer
Beziehungen.
Ob und wie wir aber jemanden verstehen, bestimmt letztlich unser
Verhalten. Dies gilt auch für das Verhalten von Erzieherinnen gegenüber den Kindern. Der Prozeß des Verstehens läßt sich in dem folgenden einfachen Schema darstellen:

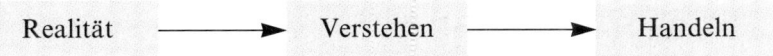

Eine Frau kennt ihren Ehemann und versteht ihn, Eltern kennen ihre
Söhne und Töchter und verstehen sie, die Erzieherin kennt ihre Kinder und versteht sie. Aber stimmt das wirklich? Wir spüren sofort:
Nicht wenige Begegnungen mit anderen Menschen lassen uns an
unserer Wahrnehmung zweifeln und überfordern unsere Fähigkeit zu
verstehen. Sich gegenseitig nicht „richtig" wahrzunehmen und das
Eingeständnis, den Anderen nicht zu verstehen, sind die zentralen

Merkmale vieler sozialer Konflikte. Dies gilt auch für zahlreiche Probleme im Kindergarten, für die vielen kleinen und großen Konflikte zwischen Erzieherinnen und Kindern.

Wahrnehmung

Verstehen ist nicht selbst-verständlich. Der andere Mensch ist uns nur selten unmittelbar verständlich. Verstehen ist meist das Ergebnis eines mehr oder minder mühsamen innerpsychischen Prozesses.

Wenn wir uns fragen, wodurch unser Verstehenshorizont begrenzt wird, stoßen wir als erstes auf die Art und Weise unserer Wahrnehmung. Da wir nur verstehen können, was wir wahrgenommen haben, können wir von der Wahrnehmung auch als einem ersten Filter für das Verstehen sprechen.

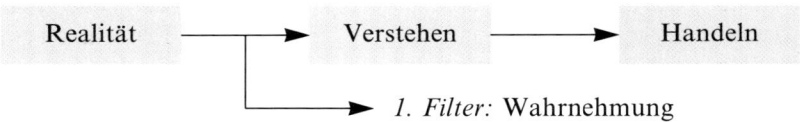

Wahrnehmung ist keine einfache Aufnahme von außen kommender Reize, keine passive Abbildung äußerer Wirklichkeit. Wenn wir „wahr nehmen" findet vielmehr ein aktiver „Erkundungsprozess" statt, der von vielen Faktoren bestimmt wird, vor allem durch unsere Aufmerksamkeit sowie durch das vorhandene Wissen bzw. die im Gedächtnis bereits gespeicherten Informationen.

Wahrnehmung und Gefühle

Neben der Wahrnehmung gibt es noch einen weiteren Filter, der das Verstehen anderer Menschen erschwert: die Gefühle.

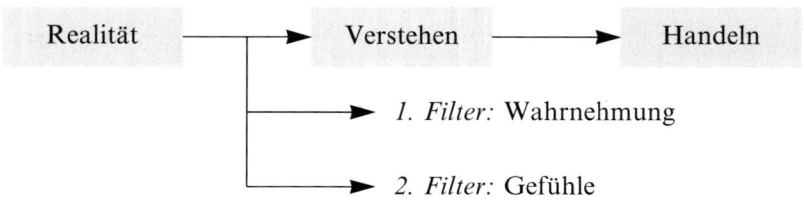

Jede Information, gleichgültig ob wir es bemerken oder nicht, löst ganz bestimmte Gefühle bei uns aus. Was ein Kind sagt oder tut, macht uns froh, traurig, ärgerlich, wütend und manchmal auch ängstlich. All diese Gefühle spielen auch im Alltag des Kindergartens eine wichtige Rolle und bestimmen, meist unbewußt, nicht nur unsere Wahrnehmung, sondern sie fördern oder behindern unsere Bereitschaft, Kinder zu verstehen.

Im täglichen Miteinander bleibt dieser Zusammenhang meistens relativ unbemerkt und wird kaum problematisiert. Daß er dennoch auch im pädagogischen Alltag eine wichtige Rolle spielt, zeigt sich nicht zuletzt im Verhältnis zwischen Erzieherinnen und Jungen. Je nach Verhalten wird ein Junge ganz unterschiedliche Gefühle bei einer Erzieherin auslösen. Ihre innere Einstellung wird wiederum darüber entscheiden, inwieweit sie bereit ist, genauer hinzusehen und ihre Wahrnehmung zu erweitern, oder nur noch das sieht, was sie an ihm stört oder ärgert. Solche Prozesse sind meist mit im Spiel, wenn aus Kindern „Problemkinder" werden.

Wir können festhalten, daß, wenn wir uns mit Jungen beschäftigen, verschiedene Ebenen zu unterscheiden sind:

- *Jungen sind so (Verhalten).*
  Was ist im Verhalten von Jungen zu beobachten?
  Wie drücken sie Wünsche, Bedürfnisse und Nöte aus?

- *Ich sehe Jungen so (Wahrnehmung).*
  Wie nehme ich Jungen wahr? Was fällt mir besonders auf?
  Welche Verhaltensweisen neige ich zu übersehen?

- *Was lösen Jungen bei mir aus (Gefühle)?*
  Was für Gefühle lösen bestimmte Verhaltensweisen von Jungen in mir aus,
  wie bewerte ich sie?

- *Jungen sollen so sein (Erwartung).*
  Wie hätte ich Jungen gern? Was für Verhalten wird von Jungen erwartet – von Eltern, Kolleginnen, anderen Kindern, „der Gesellschaft"?

- *So gehe ich mit Jungen um (Beziehung).*
  Wie verhalte ich mich gegenüber Jungen? Was mache ich für Angebote, welche Gefühle bringe ich ihnen entgegen?

● *Jungen sind keine Männer.*
Sehe ich in Jungen auch das bedürftige und relativ machtlose Kind,
oder nehme ich sie eher als „kleine Männer" wahr?

Diese Ebenen zu unterscheiden, ist für viele Erzieherinnen keine leichte Aufgabe. Wie sind Jungen „wirklich", was wird ihnen nur zugeschrieben? Wie beeinflussen unsere eigenen Erwartungen, unser eigenes Verhalten gegenüber Jungen das, was wir von ihnen mitbekommen? Hierauf muß genau geachtet werden. In der Erzieherinnenausbildung wird bei der Schulung der Beobachtung auf Selbstbeobachtung nur wenig Wert gelegt. Sind diese Unterscheidungen aber nicht klar, so führt es bei weiteren Aufgaben zu Verwirrung.

In Gesprächen über Jungenverhalten kommt es – nicht nur bei Erzieherinnen – oft zu einer weiteren Verwechslung: Die Feststellung Jungen sind keine Männer ist nicht so banal, wie sie klingt. Wo geht es um Jungen, wo geht es um Männer? Die Kinder- und die Erwachsenenebene geraten bei Geschlechterfragen leicht durcheinander. So kann sich die Wahrnehmung von Jungen mit Erfahrungen vermischen, die Frauen mit Männern gemacht haben. Darauf muß immer wieder hingewiesen werden. Dies ist auch eine Begründung dafür, die eigene Lebensgeschichte in die Reflexion einzubeziehen.

Dies kann sich so anhören, als ob die subjektive Wahrnehmung problematisch sei, weil sie oft das „wirkliche" Verhalten des Kindes verzerrt. Wahrnehmen ist aber auch die Grundlage allen emotionalen Lernens: Indem sich Erwachsene darum bemühen, Kinder möglichst vollständig wahrzunehmen, kann es auch den Kindern gelingen, sich selbst umfassender wahrzunehmen, d.h. ihre eigenen Gefühle zu akzeptieren und verstehen zu lernen. Dieses Lernen findet immer in Beziehungen statt. Es geht daher nicht darum, die subjektive Wahrnehmung zu objektivieren, sondern sie bewußter und weiter zu machen.

Nach unserer Erfahrung ist es hilfreich, die genannten sechs Sätze und Schlagworte auf Plakaten zu visualisieren. Sie können sichtbar aufgehängt und im weiteren Verlauf der Fortbildung als Bezugspunkte aufgegriffen werden.

PRAXISÜBUNGEN

Wie sehr die Wahrnehmung der Jungen im Kindergarten von der inneren Haltung bestimmt wird, kann schon bei → *Praxisübung (1): Ich und ein Junge, der mich stark beschäftigt* deutlich werden. Auch in den folgenden Übungen geht es darum, wie Erzieherinnen Jungen im Alltag wahrnehmen und erleben.

Praxisübung (4): Wie erlebe ich Jungen im Alltag?

Die folgende Übung, die sich auch gut als Einstieg in eine Fortbildung eignet, wird in der gesamten Gruppe durchgeführt.

● *Stellen Sie sich der Reihe nach jeden Jungen Ihrer Gruppe vor.*

● *Schreiben Sie zu jedem Jungen drei Sachen auf, die Ihnen einfallen (wesentliche Eigenschaften, Auffälligkeiten; Besonderheiten; Typisches; was Sie mögen oder nicht mögen).*

● *Zusätzliche Frage:*
Welcher Junge fiel Ihnen nicht oder nur schwer ein?

Auswertung
Die Eigenschaften werden auf einem Plakat gesammelt. Die Liste wird bei den meisten Erzieherinnen zeigen, daß die Wahrnehmung von Jungen sich zunächst eher auf wildes und aggressives Verhalten richtet. Warum ist das so

● weil Erzieherinnen mit diesen Seiten Probleme haben?

● oder weil sie die anderen Seiten bei Jungen weniger wahrnehmen?

Im Austausch darüber können sehr unterschiedliche Erfahrungen mit, Bewertungen von und Reaktionen auf Jungen deutlich werden.

Quelle: Riederle 1995b.

Variante
Die Teilnehmerinnen können auch aufgefordert werden, jeden Jungen jeweils mit der *ersten* Eigenschaft zu charakterisieren, die ihnen einfällt. In einem zweiten Durchgang sollen die Teilnehmerinnen ihre Liste in der Weise ergänzen, daß sie jeweils die gegenteilige Eigenschaft hinzufügen.
Hier kann deutlich werden, inwieweit nicht auch das Gegenteil des ersten Eindruckes für die einzelnen Jungen zutrifft. Es geht dabei um eine Differenzierung zwischen dem „typisch männlichen" und dem konkreten einzelnen Jungen.

Ein umfassenderes Bild der Beziehungen der Teilnehmerinnen in ihrem Arbeitszusammenhang wird durch die Erstellung eines Beziehungsnetzes oder Soziogramms ermöglicht. Ein „richtiges" Soziogramm einer großen Gruppe darzustellen ist eine Aufgabe, mit der selbst die Forschung ihre Probleme hat. Einzelne Aspekte können aber durchaus symbolisch erfaßt werden und damit als Grundlage für Austausch und Reflexion dienen.

Praxisübung (5): Ich und die Kinder in meiner Gruppe

Jede Teilnehmerin erhält ein großes Blatt Papier. In die Mitte zeichnet sie ein Symbol für sich selbst. Um diese Mitte herum ordnet sie die Kinder aus ihrer Gruppe an, wobei für Mädchen und Jungen verschiedene Symbole oder Farben verwendet werden.

Variante 1
Die Beziehung zwischen Kindern und Mitarbeitern kann dann durch verschiedene Formen von Verbindungslinien verdeutlicht werden:

● *Wen mag ich? Zu wem habe ich eine besonders gute Beziehung?*

● *Mit wem habe ich große Schwierigkeiten?*

Natürlich kann auf ein Kind auch beides zutreffen.

Variante 2
Um diesen Mittelpunkt werden zwei Kreise gezogen. In diese Kreise werden jetzt alle Kinder der Gruppe mit einem kleinen Kreuz eingezeichnet, wobei die Nähe bzw. der Abstand zur Mitte die Sympathie bzw. Antipathie ausdrückt.

Auswertung
Die Darstellungen können entweder zu zweit bzw. in Kleingruppen besprochen oder auch in der Gesamtgruppe vorgestellt werden. Die Übung eignet sich besonders für einrichtungsinterne Studientage.

Praxisübung (6): Mein Team und ich

Mit derselben Methode wie in der vorhergehenden Übung können die Teilnehmerinnen auch ihr Team darstellen. Für Männer und Frauen werden dabei verschiedene Symbole verwendet. Anschließend werden gute und schwierige Beziehungen durch unterschiedliche Verbindungslinien dargestellt. Dabei kann eine Beschränkung auf die Beziehungen der Teilnehmerinnen erfolgen, oder es kann eine Einschätzung der Beziehungen im gesamten Team vorgenommen werden.

Diese Übung ist möglicherweise brisant, wenn aus einer Einrichtung Leiter(in) und Mitarbeiterinnen anwesend sind, und eignet sich dann nicht als Einstieg.

Praxisübung (7): Was mag ich, was stört mich an Jungen und Mädchen?

Die Teilnehmerinnen zeichnen in Kleingruppen von 4-6 Personen zwei Körperumrisse auf Rollenpapier, einen für Mädchen und einen für Jungen. Ein Umriß wird in die Mitte gelegt, und die Teilnehmerinnen tragen in den Umriß alle Eigenschaften ein, die sie mit Jungen verbinden: was mag ich, was stört mich an Jungen? Es gibt auch Eigenschaften, die mal stören, mal positiv gesehen werden; auch diese können eingetragen werden. Danach wird die Frage für Mädchen beantwortet (oder umgekehrt!).

Auswertung
Die gesammelten Eigenschaften werden noch in den Kleingruppen mit *positiv, negativ* und *ambivalent* bewertet und auf den Plakaten entsprechend gekennzeichnet. Anschließend werden die Ergebnisse in der Gesamtgruppe diskutiert.

Oft wird dabei die Erfahrung gemacht, daß Erzieherinnen Mädchen negativer bewerten als Jungen – obwohl ihnen überwiegend Jungen einfallen, wenn sie von Problemen mit „Kindern" berichten (→ S. 78. Diese Erfahrung kann sehr eindrücklich sein. Die Übung kann gut als Einstieg in ein Gespräch über geschlechtstypische Sozialisation dienen.

Quelle: Permien & Frank 1995, S. 133.

Praxisübung (8): Der Junge, wie er ist – der Junge, wie er sein soll

Wie in der vorhergehenden Übung zeichnen die Teilnehmerinnen in Kleingruppen jeweils zwei Körperumrisse auf Rollenpapier. Sie sollen dann nacheinander zwei Fragen beantworten:

● *Wie sind Jungen in meinem Alltag?*

● *Wie wünsche ich mir Jungen?*

Alle Teilnehmerinnen erhalten einen Stift und schreiben gleichzeitig. Die zweite Frage wird erst nach Beantwortung der ersten gestellt.
Für die Beantwortung der ersten Frage stehen fünf bis zehn Minuten zur Verfügung. Es soll keine Einigkeit erzielt werden; widersprüchliche Aussagen sind zulässig. Wichtig ist, dafür Sorge zu tragen, daß *spontan* geantwortet wird. Es geht nicht darum, ein möglichst differenziertes, „korrektes" Bild zu erstellen, sondern darum, sich die eigenen inneren Bilder bewußt zu machen:

„*Den* typischen Jungen gibt es nicht – was es gibt, ist das *Bild* des typischen Jungen *in unseren Köpfen*". Daher ist es sinnvoll, die Teilnehmerinnen zu ermutigen, alles aufzuschreiben, was ihnen in den Sinn kommt – auch „Vorurteile" oder Aussagen, die „eigentlich so nicht stimmen". Bei der zweiten Frage kann mehr Raum für Austausch, Auseinandersetzung und möglicherweise die Suche nach gemeinsamen Aussagen gegeben werden.

Auswertung
Die Umrisse werden in der Gesamtgruppe gemeinsam betrachtet und besprochen. Dabei sollte nicht nur auf Gemeinsamkeiten und Unterschiede in der Wahrnehmung geachtet werden, sondern auch auf das, was übersehen wurde oder „fehlt" (kommen z.B. in Idealbildern auch aggressive Anteile vor?).

Die Kleingruppen können auch aufgefordert werden, ihre Ergebnisse der Gesamtgruppe in Form von „Standbildern" („lebende Skulpturen") zu präsentieren.

Variante 1
Die Übung läßt sich gleichermaßen auf Mädchen beziehen. Um eine Gegenüberstellung von Jungen- und Mädchenbildern zu ermöglichen, kann jede Kleingruppe zwei Jungen- und zwei Mädchenbilder erstellen. Hier muß zunächst die erste Frage für beide Geschlechter gestellt werden, bevor die zweite Frage eingeführt wird. Beim Idealbild kann es hier dazu kommen, daß nur ein Idealbild für Jungen und Mädchen entsteht (was nicht bedeutet, daß es wirklich „geschlechtsneutral" ist!). Insbesondere bei großen Gruppen entsteht bei diesem Vorgehen allerdings so viel Material, daß die anschließende Auswertung in der Gruppe sehr aufwendig wird.

Stattdessen könnten jeweils eine oder zwei Gruppen Mädchen beschreiben, die andere(n) Jungen.

Variante 2
Interessante Möglichkeiten ergeben sich für gemischte Gruppen, die für diese Aufgabe nach Geschlechtern getrennt werden können.

Variante 3
Anstelle von Real- und Idealbild wird ein Negativbild entworfen, z.B. „der Macker" und/oder „die Zicke".

Praxisübung (9): Puppen bauen

Die Teilnehmerinnen erhalten die Aufgabe, aus Kinderkleidung sowie entsprechendem Näh- und Füllmaterial in vier Gruppen je eine Puppe zu bauen: das liebste Mädchen, das schrecklichste Mädchen, der liebste Junge und der schrecklichste Junge.
Die Kleingruppen entscheiden selbst darüber, wie sie „ihr Kind" den übrigen Teilnehmerinnen vorstellen. Möglich ist die Vorstellung der Figur mit einer kleinen Szene.

Quelle: Büttner & Dittmann 1992, S. 167ff.

4.2 LEBENSGESCHICHTE UND BERUF

> Du kannst den Teufel aus Deinem
> Garten verjagen, doch im Garten
> deines Sohnes findest du ihn wieder.
> Heinrich Pestalozzi

Ein wichtiger Ausgangspunkt für ein besseres Verständnis der Situation von Erzieherinnen und Jungen in Kindertagesstätten ist die Beschäftigung mit der weiblichen Sozialisation der Erzieherinnen und mit der Tatsache, daß der Erzieherinnenberuf ein typischer Frauenberuf ist.

Erzieherin als Frauenberuf

Kleinkinderziehung ist in unserer Gesellschaft ein typischer „Frauenbereich". Während in der Lebensumwelt vieler Familien Väter zumindest noch vorkommen, fehlen sie in den *Institutionen* der Kleinkinderziehung oft ganz. Das *Geschlechtersystem* (→ S. 108) in der Kindertagesstätte unterscheidet sich daher von anderen Lebensbereichen erheblich. Die Kindertagesstätte nimmt dabei eine eigentümliche Zwischenposition zwischen „Frauenwelt" und „Männerwelt" ein (→ *Die Kultur der Zweigeschlechtlichkeit*, S.105ff.). Sowohl die äußere Gestaltung der Kindertagesstätte als auch die Gestaltung der Beziehungen ist in großem Ausmaß durch typisch weibliche Muster geprägt (→ *Erzieherinnen und Jungen*, S. 78). Andererseits ist sie auch eine „Männerwelt", weil sie für die Erzieherinnen ein Arbeitsplatz ist – schließlich werden sie für ihre Tätigkeit bezahlt – und sie in ihrer beruflichen Tätigkeit auch männertypische Verhaltensweisen entwickeln (müssen). Zudem sind männliche Mitarbeiter oft Leiter, und Entscheidungen werden letztlich von oben und vielfach von Männern getroffen (→ *Praxisübung (32): Der Garten der Frauen*).
Der Beruf der Erzieherin als Teil der sozialen Arbeit wurde im 19. Jahrhundert aus einem „Geist der Mütterlichkeit" geboren, denn seit den Anfängen der Sozialarbeit waren es Frauen, die im Rahmen einer von bürgerlichen Männern definierten Vorstellung von Mütterlichkeit soziale Arbeit leisteten. Innerhalb der bürgerlichen Geschlechtsstereotype beschränkten sich die Aufgaben von Frauen auf die Zuständigkeit für Erziehung und Haushalt. Die Tätigkeit in der sozialen Arbeit diente alleinstehenden Frauen als Kompensation für Ehe,

Mutterschaft und Familie. Erst nach dem zweiten Weltkrieg setzte ein verstärkter Wandel hin zu stärkerer Professionalisierung ein. Im Zuge der aufkommenden Frauenbewegung wurden dann die mütterlichen Anteile innerhalb eines gewandelten weiblichen Selbstverständnisses neu bestimmt. Mütterlichkeit wurde dabei zwar aufgewertet, aber auch mit zusätzlichen Anforderungen belastet, da die Erfüllung kindlicher Bedürfnisse und die umfassende Förderung ihrer Entwicklung zu zentralen Aufgaben der Erziehung geworden sind. Erzieherinnen sind damit nach wie vor mit dem Anspruch konfrontiert, „bessere Mütter" sein zu müssen, auch wenn dieser Anspruch modernere Formen angenommen hat (vgl. Hege 1994). Die gesellschaftlichen Erwartungen an den Beruf der Erzieherin stellen eine besondere Verdichtung „typisch weiblicher" Aufgabenzuschreibungen dar: sozial, einfühlsam und integrativ sein und Kinder friedlich und glücklich machen. Wie kommt es dann, daß sie manchmal trotzdem nur wenig einfühlsam mit Jungen (und Mädchen) umgehen? Möglicherweise müssen sie ihre „Zuständigkeit" für Gefühle und Beziehungen zum Teil abgeben, wenn sie die Kindertagesstätte betreten, um den Anforderungen der Berufsarbeit gerecht werden zu können. Was in der Familie oder in Zweier- und Dreierkonstellationen noch geht, funktioniert nicht unbedingt in der großen Gruppe. Untersuchungen zeigen, daß Frauen im öffentlichen Raum und in Institutionen eher einen typisch männlichen Kommunikationsstil entwickeln. Die überwiegende Zuständigkeit von Frauen für die öffentliche Erziehung von Kindern ist auch vor diesem Hintergrund zu betrachten.
Frauenspezifische Aspekte des Erzieherinnenberufs werden auch im Rahmen der aktuellen Diskussion um Professionalisierung diskutiert. Nicht nur Außenstehende, sondern auch Erzieherinnen selbst sind nicht selten der Ansicht, eigentlich keine „richtige" Arbeit zu verrichten. Sie stellen oft die eigenen Interessen für andere zurück und sind voller Schuldgefühle und schlechtem Gewissen, weil das helfende Dasein für andere immer weniger gelingt (vgl. Wildt 1993, S. 15). Geduld, Aufopferungsbereitschaft, Belastbarkeit und Anpassungsfähigkeit als typisch weibliche „Tugenden" von Erzieherinnen und oft geringes Selbstbewußtsein stehen substantiellen Veränderungen ihrer oft belastenden und manchmal unzumutbaren Arbeitssituation entgegen (vgl. Ebert 1994).

Mutterschaft ist heute nicht mehr einziger Bezugspunkt weiblicher Identität, sondern, wenn überhaupt, nur eine Lebensphase unter vielen. Ausbildung und Erwerbsarbeit sind für viele Frauen selbstverständliche Bestandteile ihrer Biographie. Mütterlichkeit und Weiblichkeit werden von Frauen heute anders und unterschiedlich definiert als noch vor wenigen Jahrzehnten. Erzieherinnen müssen sich daher mit ihrem Selbstverständnis als Frau beschäftigen – in Bezug auf sich selbst, auf Erwartungen der Gesellschaft, im Umgang mit Müttern und im Umgang mit Kindern.

Die Beschäftigung mit Jungen in Kindertagesstätten verlangt daher nicht nur die Auseinandersetzung mit männlicher Sozialisation und Identitätsentwicklung, sondern auch eine Beschäftigung mit dem Lebensweg und Selbstverständnis von Frauen (vgl. dazu Berty et al. 1990; Glücks & Ottemeier-Glücks 1994).

Der folgende Text kann Grundlage für ein Gespräch zum Zusammenhang von aktuellen Erlebnissen mit lebensgeschichtlichen Erfahrungen sein. Die ungewohnten Begriffe dienen dabei als Verständigungshilfe. Entscheidend ist dabei, daß genügend Zeit für Rückfragen bleibt und alle Zusammenhänge durch Beispiele verständlich gemacht werden. Dies geschieht am besten dadurch, daß die Mitarbeiterinnen selbst Beispiele aus ihrer eigenen Lebenserfahrung und ihrem Berufsalltag suchen.

WIE WIRKT DIE VERGANGENHEIT IN DIE GEGENWART HINEIN?

Unsere Lebensgeschichte hat uns so gemacht, wie wir heute sind, unsere Erziehung hat uns "geprägt" – manchmal mehr, als uns lieb ist. Dabei gibt es noch eine tiefere Ebene als die des alltäglichen Verhaltens. Unser Umgang mit Kindern ist stark von unserer Haltung zu dem "Kind in uns", dem Kind, das wir einmal waren, bestimmt (vgl. Bernfeld 1967, S. 141). Vieles davon ist uns nicht bewußt. So kann es passieren, daß Erlebnisse aus der Vergangenheit uns heute "dazwischenfunken", obwohl wir uns bewußt ganz anders verhalten wollen. Oft tragen wir damit zur Entstehung von Konflikten bei, ohne es zu bemerken. Mit dem Zusammenwirken von Vergangenheit und gegenwärtigem Erleben hat sich die Tiefenpsychologie, vor allem die Psychoanalyse, beschäftigt. Im Folgenden werden vier psychoanalytische Begriffe eingeführt, die uns helfen können, solche Situationen besser zu verstehen: *Übertragung, Gegenübertragung, Widerstand* und *Regression*.

Übertragung

Übertragung bedeutet, daß wir von Erfahrungen, die wir mit Menschen in früheren Situationen gemacht haben, auf neue Situationen schließen. Übertragungen können "positiv" oder "negativ" sein: wenn Paul die Erzieherin besonders freundlich anlächelt, kann sie daraus schließen, daß er sie mag – oder sie kann annehmen, daß er sich bei ihr einschmeicheln will. Und umgekehrt kann Paul aus ihrem Lächeln schließen, daß die Erzieherin ihm wohlgesonnen ist – oder befürchten, daß sie als nächstes etwas von ihm fordert. Übertragungen können Ausgangspunkt von Begegnungen und Verstehen sein. Dazu gehört das unmittelbare Vertrauen, das Kinder einem Fremden (meist) entgegenbringen. Dazu gehört auch die Reaktion "Das kenne ich auch" – auf ein kurzes Stichwort hin kommen wir zu der (nicht immer zutreffenden) Annahme, der/die andere habe die gleichen Ansichten oder die gleichen Erfahrungen gemacht wie man selbst.

Im engeren Sinne sind Übertragungen die Vergegenwärtigung von "alten" Atmosphären und Szenen in der Art und Weise, daß die Gegenwart verstellt wird und die Realitäten des anderen nicht gesehen werden können. In der Übertragung werden Situationen, Gefühle und Gedanken aus ungelösten Erlebnissen aus unserer Lebensgeschichte wieder wach, ohne daß uns das bewußt ist. Sie werden am Gegenüber so erlebt, als ob er oder sie Ursache oder Ziel dieser Gefühle oder Gedanken ist. Übertragungen sind so unterschiedlich wie Lebensgeschichten. Zwischen Erzieherinnen und Jungen können zum Beispiel die folgenden Situationen auftreten:

- Eine Erzieherin identifiziert sich unbewußt mit einem Kind. Durch ihr fürsorgliches (manchmal auch überfürsorgliches) Verhalten will sie an ihm etwas wiedergutmachen, was ihr gefehlt oder wehgetan hat, als sie selbst noch ein Kind war. „Ich möchte, daß es dir besser geht als mir."

- Eine Erzieherin kann bestimmte Seiten an einem Kind nicht akzeptieren, die an ihr als Kind nicht akzeptiert worden sind und die sie deshalb auch an sich selbst nicht leiden kann. „Ich mag das nicht an mir und ich mag es auch nicht an dir."

- Eine Erzieherin handelt oder spricht zu einem Kind in einer Art, unter der sie selbst als Kind gelitten hat. "Ich tue anderen an, was mir angetan worden ist".

- Eine Erzieherin ist unbewußt neidisch auf ein Kind, das es heute besser hat, als sie selbst es einmal hatte – zum Beispiel auf einen Jungen, dem Dinge erlaubt sind, die ihr selbst verboten waren. „Du darfst nicht, was ich nicht durfte."

- Eine Erzieherin fühlt sich einem Jungen gegenüber so hilflos, wie sie selbst als kleines Kind ihren Eltern gegenüber war – oder als Mädchen den größeren oder stärkeren Jungen gegenüber. "In bestimmten Situationen fühle ich mich hilflos wie ein Kind."

Auch Kinder haben bereits prägende Erfahrungen mit ihren ersten Bezugspersonen gemacht und bringen ungelöste Konflikte und Gefühle von zu Hause mit. Sie werden im Kindergarten zunächst immer wieder auf die Erfahrungen in der Familie zurückgreifen und erwarten, daß die Menschen sich hier genauso verhalten, wie sie es von zu Hause kennen. Ein Kind kann z.B. immer wieder die Mutter und die Erzieherin „verwechseln", obwohl sein Verstand durchaus zwischen den beiden unterscheiden kann. So ist es möglich, daß sich in einem Streit eines Jungen mit der Erzieherin berechtigter Ärger mit Wut mischt, die aus früheren Ohnmachtserfahrungen mit den Eltern herrührt. Umgekehrt werden manchmal auch schöne und zärtliche Momente besonders genossen, weil sie an alte und gute Erfahrungen mit der Mutter erinnern. Schließlich gibt es auch Übertragungen unter Kindern: So kann hinter den Aggressionen eines Jungen gegen ein Mädchen in der Kindergruppe Neid auf eine kleinere Schwester stecken, die zu Hause alle Aufmerksamkeit erhält.

Konflikthafte Übertragungen insbesondere von kleinen Kindern sind meist unspezifisch und „überflutend" und werden auf mehrere Bezugspersonen gleichermaßen gerichtet. Häufig werden sie wiederholt. Solche "Wiederholungszwänge" lassen sich nicht durch Erklärungen auflösen. Wichtiger ist, daß die Wiederholung entlastend wirkt. Erzieherinnen haben die Freiheit, anders als die Eltern zu reagieren. Möglich ist eine "Deutung" durch ein neues Spiel oder eine Veränderung durch "alternative" Abläufe.

Übertragungen lassen sich nicht vermeiden, und es bedeutet kein „Versagen", in eine Übertragungssituation hineinzugeraten. Uns allen passiert das ständig. Jeder Mensch hat nur ein bestimmtes Spektrum an gefühlsmäßigen Reaktionen und Verhaltensweisen zur Verfügung. Unbewußte Übertragungen sind dabei nicht an ein "passendes" Alter gebunden und auch nicht an das Geschlecht des Gegenübers. Dennoch liegt auf der Hand, daß die gegengeschlechtliche Beziehung von Erzieherinnen und Jungen bestimmte Übertragungen eher nahelegt oder

66

ermöglicht als andere. Sie ist zunächst der Mutter-Sohn-Beziehung ähnlich. Sie ist aber auch eine Umkehrung des gesellschaftlichen Machtverhältnisses zwischen Männern und Frauen. Wenn sich Jungen als „kleine Macker" aufführen oder von Frauen so wahrgenommen werden, dann liegen Übertragungen vor – auf beiden Seiten.

Gegenübertragung

Von der Übertragung zu unterscheiden ist die Gegenübertragung. Hiermit ist eine bestimmte Weise des Sich-Einfühlens in andere gemeint, eine innere „Resonanz" auf Ausdruck und Gefühle des Gegenübers. Wenn es gelingt, durch die Reflexion der eigenen Lebensgeschichte, uns der eigenen Übertragungen klar zu werden, liegt eine große Chance darin. Wir können dann unterscheiden lernen, ob ein Gefühl, das ein Kind in uns auslöst, unser eigenes Gefühl ist – weil die Situation an eine Geschichte aus unserem eigenen Leben rührt. Oder wir können bemerken, daß das Gefühl, das wir in uns selbst spüren, ein Gefühl des Kindes ist, das es auf uns überträgt und uns damit etwas über seine Geschichte und seine Nöte mitteilt. Was wir in dieser Situation empfinden, wird in der psychoanalytischen Pädagogik „Gegenübertragung" genannt: Wir spüren in uns das Gefühl, das dem Kind z.B. von seiner Mutter oft entgegengebracht wird. Dem Kind, das uns ungeduldig und ärgerlich macht, wird vielleicht in seiner Familie häufig die Haltung entgegengebracht: "Du bist nicht so, wie wir uns dich wünschen!". Auf das Kind, das uns wütend macht, ist vielleicht oft jemand wütend – es kennt es gar nicht anders. Wir spüren als *Gegenübertragung* also das, *was das Kind auf uns überträgt*. Gegenübertragungen können so unterschiedliche Formen annehmen wie Übertragungen:

● Eine Erzieherin kann stark mit einem Jungen mitfühlen, „als ob sie in seiner Haut steckt", z.B. seine Traurigkeit wahrnehmen, die er nicht direkt zum Ausdruck bringt, sondern „hinter" lautstarker Aktivität verbirgt.

● Eine Erzieherin fühlt sich wie die überbehütende Mutter oder der strafende Vater eines Jungen: Sie ist in die Komplementärrolle geraten. Oder: der Junge hat die entsprechenden Gefühle auf sie übertragen, und sie reagiert mit ihrem Gefühl darauf.

● Eine Erzieherin fühlt sich von einem Jungen so behandelt, wie sonst der Junge behandelt wird. Es hat ein Rollentausch stattgefunden.

Übertragung und Gegenübertragung führen in der Regel zu einer mehr oder minder heftigen Störung in der Balance zwischen Nähe und Distanz, die in der pädagogischen Arbeit mit Kindern gebraucht wird. Meistens merken wir die dadurch ausgelöste Verstrickung erst „hinterher": wir sind erstaunt über die Unangemessenheit unserer Reaktion oder wundern uns, daß uns bestimmte Situationen auch nach Feierabend nicht loslassen.

Wie lassen sich so komplizierte Verwicklungen bewußt machen und auflösen? Die Unterscheidung zwischen den eigenen Gefühlen und denen der anderen, zwischen den eigenen wunden Punkten und den "Geschichten", die uns Kinder durch ihr Verhalten immer wieder mitteilen wollen, ist keine einfache Aufgabe. Oft braucht es dazu Unterstützung von außen: kollegiale Beratung, Fortbildung, Supervision oder psychotherapeutische Hilfe.

Widerstand

Widerstand ist die Fähigkeit, sich gegen Einflüsse auf das Selbst und die Identität zur Wehr zu setzen. Das kann sowohl ein gesunder Selbstschutz sein als auch ein problematisches Vermeiden von notwendigen Veränderungen und Auseinandersetzungen mit der Realität. Widerstand verhindert, daß frühere schmerzliche Erfahrungen wiederbelebt werden und die dadurch ausgelösten Gefühle einen Menschen "überfluten". Widerstand ist zunächst etwas, was *in* einem Menschen passiert; er verändert aber auch die Beziehung *zwischen* Menschen, wenn andere an empfindliche Bereiche rühren oder Veränderungen verlangen, zu denen ein Mensch nicht bereit ist.

Widerstände können vielfältig sein, und es gibt keine allgemeinen Rezepte zu ihrer Überwindung. Problematisch wird es, wenn kindlicher Widerstand nur als "Widerspenstigkeit und Widerborstigkeit" begriffen wird, denen mit pädagogischer Härte begegnet werden muß. Widerstände haben immer einen Grund in der Lebensgeschichte des Kindes, und oft muß es ausreichend Zuwendung und Sicherheit erfahren, bis eine Veränderung oder Forderung nicht mehr als bedrohlich erlebt wird. Anhaltende und unerklärliche Widerstände haben ihre Ursache meist in Übertragungsprozessen. Sie können uns einen Hinweis darauf geben, daß ein Kind mit Erlebnissen nicht zurechtkommt, über die es nicht sprechen kann, sondern immer wieder neu inszenieren muß und nur durch sein Verhalten mitteilen kann.

Auch wir Erwachsenen mobilisieren immer wieder innere Widerstände, wenn es um Lernen und Veränderung geht. Wir bemerken sie im Alltag, wenn uns aufgrund neuer Lebenssituationen neue Verhaltensweisen abverlangt werden. Wir spüren sie auch in Lernsituationen, z.B. einer Fortbildung, wo es darum geht, die ein oder andere liebgewonnene Vorstellung über uns selbst aufzugeben oder Teile unseres beruflichen Handelns in Frage zu stellen.

Aber auch hier gilt: Widerstände sind nicht an sich gut oder schlecht. Manchmal müssen wir uns eigene Übertragungen klarmachen, um zu verstehen, warum uns manches so anstrengend vorkommt oder ärgert. Manchmal sind Widerstände ein wichtiger Schutz, den wir uns selbst zugestehen müssen. Und manchmal ist es wichtig, die mit Widerstand verbundene Unlust in Kauf zu nehmen und ihn zu überwinden.

Regression

In Tageseinrichtungen für Kinder werden oft die Folgen schwieriger und gestörter Entwicklungsverläufe sichtbar. Zunehmend werden dabei heute Sozialisationsaufgaben an öffentliche Einrichtungen delegiert. Erzieherinnen bekommen mehr und mehr Elternfunktion zugewiesen und haben Prozesse der Nach- und Neusozialisation zu leisten, für die sie kaum ausgebildet sind. Hierbei haben sie es oft mit Entwicklungsverzögerungen oder mit *Regression* zu tun. Mit *Regression* ist gemeint, daß ein Kind mit seinem ganzen Fühlen und Erleben auf eine frühere Entwicklungsstufe „zurückgeht". Dies kann Teile der Persönlichkeit betreffen oder den ganzen Menschen; es kann nur in einer bestimmten Situation auftreten oder über einen längeren Zeitraum. Ein Kind *kann* sich dann nicht mehr „altersgemäß" verhalten. Manchmal muß ein Kind so lange „klein" sein dürfen, bis es sicher und stark genug ist, die höheren Anforderungen einer neuen Situation zu verkraften. Es geht also nicht darum, „regressive" Situationen möglichst schnell aufzulösen, sondern auch darum, *in der regressiven Atmosphäre* die Bedürfnisse und Nöte des Kindes wahrzunehmen. Es muß auf der Altersebene angesprochen werden, auf der es sich im Moment selbst erlebt, und nicht auf der, die seinem tatsächlichen Alter entspricht. Das gilt auch für Kinder mit Entwicklungsverzögerungen.

Auch Erwachsene können in Regressionen geraten – zum Beispiel in persönlichen Krisen. Die Fähigkeit zur Regression ist aber auch entscheidend für die Verhaltensspielräume von Erwachsenen im Umgang mit Kindern. Damit ist nicht gemeint, daß eine Erzieherin sich "wie ein Kind" verhalten soll. Vielmehr geht es um die Fähigkeit, sich *partiell* auf die Ebene des Kindes zu begeben, weil nur von dort aus ein Kind wirklich verstanden werden kann: Das „Kind in mir" kann mit ihm in seiner Welt Kontakt aufnehmen. Auf der anderen Seite muß die Erzieherin gleichzeitig erwachsen bleiben. Das ist oft ein schwieriger Balanceakt, denn auf dieser Ebene begegnen wir auch unseren eigenen „unerledigten Geschichten".

PRAXISÜBUNGEN

Ziel autobiographischen Arbeitens ist es, aktuelles Verhalten mit früheren Erfahrungen in Verbindung zu bringen und einer Reflektion zugänglich zu machen. Das Spektrum reicht dabei von einem kurzen Erinnerungsblitzlicht bis hin zu einer tiefgehenden Erinnerungsarbeit, die sorgfältiger Vorbereitung und vor allem Nachbereitung bedarf. Je mehr Zeit für die Erinnerung gegeben wird, desto „tiefer" kann die Reise gehen.

Für ein vertieftes autobiographisches Arbeiten sind folgende Aspekte zu bedenken:

- Die Arbeit an der eigenen Lebensgeschichte braucht viel Zeit, insbesondere für den Austausch des Erlebten.

- Der Erfahrungsaustausch ist nur in einer vertrauensvollen Gruppenatmosphäre möglich.

- Oft ist es sinnvoll, in geschlechtshomogenen Gruppen zu arbeiten.

- Wünschenswert ist die Begleitung dieser Prozesse durch eine gleichgeschlechtliche Leiterin.

- Intensives autobiographisches Arbeiten sollte nur in mehrtägigen Fortbildungen durchgeführt werden.

- Tiefergehendes autobiographisches Arbeiten setzt therapeutische Qualifikation voraus.

- Der Leiter/die Leiterin sollte nur solche Praxisübungen anbieten, die er/sie in eigener Selbsterfahrung schon erprobt hat.

Je nach Situation und Zutrauen sind begrenzte Anregungen zur Auseinandersetzung mit der eigenen Lebensgeschichte auch dann sinnvoll, wenn die genannten Anregungen nicht zu erfüllen sind.

Die folgenden Methoden und Auswertungsfragen lassen sich in verschiedenster Weise miteinander kombinieren.

Praxisübung (10): Phantasiereise in die Vergangenheit

Nach einer Entspannungsübung zur Einstimmung werden die Teilnehmerinnen Schritt für Schritt zu wichtigen Stationen ihrer Lebensgeschichte geführt. Die Leitung nennt Bezugspersonen oder Lebensphasen und bestimmt damit auch die Geschwindigkeit der Reise.

Die Reise beginnt im Hier und Jetzt, führt dann zunächst zum am weitesten zurückliegenden Zeitpunkt – möglicherweise bis in die Kindergartenzeit – und dann wieder zurück in die Gegenwart. Sie sollte nicht länger als 20 Minuten dauern und inhaltlich nicht überfrachtet werden. Sinnvoll ist es, auf der Reise nur bestimmte Altersstufen „anzusteuern", z.B. den Beginn der Grundschulzeit und die Pubertät.

Schwerpunkte können je nach Bedarf unterschiedlich gesetzt werden, z.B.: *Männer und Jungen in meinem Leben, Vorbilder* oder *Beziehungen in der Gleichaltrigengemeinschaft*. Möglich ist eine thematische Konzentration, z.B. *„wer war nah – wer war fern?"* oder *Umgang mit Konflikten*. Schließlich kann auch der Weg zur Berufswahl zum Gegenstand gemacht werden.

Wichtig ist es, ausreichende Distanzierungshilfen zu geben:

● Die Teilnehmerinnen bestimmen selbst, wie tief sie sich auf die Übung einlassen.

● Es geht nicht darum, etwas „aushalten" zu müssen. Bei belastenden Erinnerungen ist es möglich, sie nur zu benennen und dann weiterzugehen.

● Für den Fall schlimmer Erinnerungen kann angeregt werden, nach positiven Seiten zu suchen: „Was hat dir damals geholfen? Wer war gut zu dir? Wo gab es auch etwas Schönes?"

● Es ist jederzeit möglich, „auszusteigen": eine Phase der Reise zu überspringen, eventuell die Augen zu öffnen und sich im Raum umzusehen, möglicherweise auch den Raum zu verlassen.

● In bestimmten Situationen kann es hilfreich sein, etwas aufzuschreiben oder aufzumalen, wenn nicht gleich eine Gesprächpartnerin zur Verfügung steht.

Da schmerzliche und traumatische Erinnerungen möglicherweise unerwartet wachgerufen werden können, müssen solche Hilfen auch während der Phantasiereise gegeben werden.

Auswertung

Die Erinnerungsreise kann zur Vorbereitung eines Lebenspanoramas (➔ nächste Übung) eingesetzt werden. Dies ermöglicht den Teilnehmerinnen, die erinnerten Erfahrungen zunächst noch einmal selbst zu ordnen.

Oder es kann direkt ein Austausch zu zweit oder in Kleingruppen angeschlossen werden. Wichtig ist, daß jede Teilnehmerin dabei zunächst ausführlich von sich berichten kann (mindestens 5 Minuten), bevor ein gemeinsames Gespräch beginnt. Möglich ist auch eine Strukturierung des Kleingruppengesprächs durch vorgegebene Fragen (siehe unten).

Quellen: Permien & Frank 1995, S. 134f.; Rahm et al. 1993, S. 420; Sielert 1993, S. 95ff.

Praxisübung (11): Lebenspanorama

Eine verbreitete Methode zur Sichtbarmachung von Lebensgeschichte ist das Zeichnen einer *Lebenskurve*. Hierfür gibt es verschiedene Möglichkeiten:

● freie Gestaltung eines *Lebenspanoramas* mit Farben. Ausgangspunkt ist eine Linie von der Geburt bis in die Gegenwart und darüber hinaus, an der entlang wichtige Lebenserfahrungen dargestellt werden. Papier und Stifte sollten vor einer einführenden Erinnerungsreise bereitgelegt werden.

● Verwendung von Fotos

● Eintragen der Kurve in ein Koordinatensystem: die Erfahrungen werden auf einer Positiv-/Negativkoordinate bewertet eingetragen; die andere Koordinate beschreibt das Alter.

Auswertung
Das Lebenspanorama ist Ausgangspunkt für Austausch zu zweit oder in Kleingruppen (vgl. vorige und folgende Übungen).

Quellen: Brenner & Grubauer 1991, S. 25; Rahm et al. 1993, S. 420; Sielert 1993, S. 95 ff.

Praxisübung (12): Lebensbuch

Zur Vorbereitung der Arbeit werden die Teilnehmerinnen gebeten, Fotos und Bilder aus ihrem Leben mitzubringen. Zusätzlich werden Farben und Bastelmaterial bereitgestellt.
Die Teilnehmerinnen erhalten eine vorbereitete Mappe mit dem Titel *Lebensbuch – Mein Leben in Bildern*. Neben einer Anzahl von leeren Bögen werden auf vorbereiteten Bögen Fragen zur Vergangenheit und Gegenwart gestellt. Die Teilnehmerinnen beantworten in Einzelarbeit die gestellten Fragen und gestalten ihr individuelles Lebensbuch. Hierfür soll ein großzügiger zeitlicher Rahmen vorgesehen werden (mindestens 120 Minuten), da die Reflexion der persönlichen Fragen und die Gestaltung Zeit erfordert.

Die folgenden beiden Listen geben Anregungen für die Auswahl von Fragen (→ siehe auch die Fragen in *Praxisübung* (13)). Wichtig ist, darauf hinzuweisen, daß die Beantwortung der Fragen freiwillig erfolgt, daß nicht unbedingt alle Fragen beantwortet werden müssen und daß das Ergebnis nicht öffentlich herumgezeigt wird.

Als ich ein Mädchen war...

● *Was durfte ich, was durfte ich nicht?*

● *Was durften die Jungen, was nicht?*

● *Welche Pflichten hatte ich als Mädchen, welche Pflichten hatten die Jungen?*

● *Welche Privilegien hatte ich als Mädchen, welche Privilegien hatten die Jungen?*

● *Wie wurden meine Fähigkeiten gefördert, wie behindert – und welche waren das?*

● *Welche weiblichen und/oder mänlichen Vorbilder hatte ich?*

● *Wie wäre ich gern gewesen – wie sollte ich sein?*

● *Welche Erfahrungen habe ich mit meinem Körper gemacht? Fand ich mich schön?*

● *Welche Unterstützung und welche Widerstände habe ich in meiner Lebensplanung erfahren?*

Heute bin ich eine Frau...

● *Welche Pflichten habe ich als Frau, welche Pflichten haben Männer?*

● *Welche Privilegien habe ich als Frau, welche Privilegien haben Männer?*

● *Wie werden meine Fähigkeiten gefördert, wie behindert – privat; auf der Arbeit?*

● *Mit was, wem und wo verbringe ich meine Freizeit?*

● *Welche männlichen und/oder weiblichen Vorbilder habe ich?*

● *Wie wäre ich gern – wie soll ich sein?*

● *Wie gehe ich mit meinem Körper um? Finde ich mich schön?*

● *Wie stelle ich mir meine Zukunft vor, wie meinen weiteren Berufsweg?*

● *Wie gut kann ich Beruf und Privatleben vereinbaren?*

● *Was hat meine berufliche Tätigkeit mit meinem Frau-Sein zu tun?*

● *Vergleiche deine Antworten aus der Mädchenzeit mit heute.*

● *Welche Themen haben dich damals bewegt, welche bewegen dich heute?*

● *Wie hast Du dich verändert – und gefällst du dir heute?*

Auswertung
Nach Fertigstellung der Lebensbücher tauschen sich die Teilnehmerinnen in Kleingruppen aus.

Quelle: Drechsler & Wallner 1992.

Praxisübung (13): Das Männerbild des Vaters – das Männerbild der Mutter

Diese Übung stellt das den Teilnehmerinnen vermittelte Männerbild in den Mittelpunkt der Reflektion. Sie eignet sich besonders für gemischte Gruppen und reine Männergruppen.
Die folgenden Fragen können als Leitfragen für eine Erinnerungsreise eingesetzt werden. Dabei wird zunächst der Vater (oder der am nächsten stehende erwachsenen Mann) in die Erinnerung gerufen, anschließend die Mutter. Zu beiden werden die folgenden Fragen gestellt:

- *Was für Eigenschaften sind mit Männern verbunden?*

- *Welche Verhaltensweisen sind mit Männern verbunden?*

- *Was für Interessen, Wünsche und Träume sind mit Männern verbunden?*

- *Wie gehen Männer mit Gefühlen um – Aggression, Liebe, Angst, Trauer?*

- *Wie gehen Männer mit Frauen um – was für Regeln gelten im Miteinander von Männern und Frauen?*

- *Wie gehen Männer mit Kindern um?*

- *Wie gehen Männer mit anderen Männern um?*

- *Männer: Was für ein Mann sollten Sie werden?*

- *Frauen: Welche Botschaften über Männer haben Ihnen Ihre Mutter/Ihr Vater vermittelt?*

Auswertung
Austausch in Kleingruppen. An die Übung sollte sich eine Übung anschließen, die die heutigen Bilder und Vorstellungen erforscht und damit positive Alternativen zu den oft unerfreulichen Bildern aus der Kindheit entwickelt.

Variante 1
Die Fragen können auch in Einzelarbeit schriftlich beantwortet werden. Dazu wird ein großer Papierbogen in der Mitte geteilt; auf die eine Seite kommt das vom Vater, auf die andere Seite das von der Mutter vermittelte Bild.

Variante 2
Die Übung läßt sich natürlich auch auf das *Frauenbild* hin umformulieren. Die gleichzeitige Betrachtung von väterlichem *und* mütterlichem Männer- und Frauenbild, und dies womöglich noch in einer gemischten Gruppe, ist zu umfangreich und verschachtelt bzw. würde auf Kosten der Differenzierung gehen.

Bei der Arbeit mit Männern ist als Anschluß ➔ Praxisübung (27): *Mein Männerbild* geeignet.

Praxisübung (14): Kleingruppengespräch zur Lebensgeschichte

Ein Ausgangspunkt zur Erinnerung an die eigene Lebensgeschichte können von den Teilnehmerinnen mitgebrachte Fotos sein:

- Fotos aus einer oder mehreren Lebensphasen
- Familienfotos
- Fotos von „den Männern in meinem Leben"

Die folgenden Fragen können im Zusammenhang mit den Fotos oder direkt für Kleingruppengespräche verwendet werden, um den Teilnehmerinnen zu helfen, ihr Gespräch zu strukturieren.

- *War ich ein „typisches" Mädchen?*
- *Wer hat mich wie zum Mädchen „gemacht"?*
- *Wie war das bei mir im Kindergarten/in der Grundschule mit den Jungen und den Mädchen?*
- *Wie war mein Verhältnis zu Jungen?*
- *Als Mädchen habe ich darunter gelitten...*
- *Als Mädchen habe ich es genossen...*
  war ich stolz darauf...
  hat mir Selbstbewußtsein gegeben...
- *Was war bei mir nicht typisch? Was hat mir ermöglicht, eigene Wege zu gehen?*

Quellen: Riederle 1995b; Sielert 1989, S. 30f.

Praxisübung (15): Kleingruppengespräch zur Berufswahl

Soll der Schwerpunkt des autobiographischen Arbeitens auf Fragen der Berufswahl und des Berufsweges gelegt werden, so eignen sich die folgenden Fragen zur Strukturierung von Kleingruppengesprächen. Eine eventuell vorhergehende Erinnerungsreise müßte inhaltlich darauf zugeschnitten werden.

- *Wo habe ich in meiner Kindheit und Jugend Verantwortung für andere / Verantwortung für Kinder übernommen?*
- *Wann habe ich mich für meinen Beruf entschieden? Was waren die entscheidenden Gründe dafür?*
- *Wer in meinem Leben war ein Vorbild für mich als „Erzieherin"?*
- *Wer war eher ein Negativbild für mich?*
- *Was hat meine Berufswahl mit meinem Frau-Sein/ Mann-Sein zu tun?*

Quelle: Permien & Frank 1995

Praxisübung (16): Gruppengespräch im Anschluß an autobiographische Übungen

Ein anschließendes Gruppengespräch sollte sorgfältig angeleitet werden. Insbesondere sollte jede Teilnehmerin für sich entscheiden können, was sie der Gruppe mitteilen möchte. Die Frage, um die es geht:

● *Was von meinem früheren Erfahrungen ist für meinen heutigen Umgang mit Jungen von Bedeutung?*

Dieser Zusammenhang ist für die Teilnehmerinnen zunächst oft sehr schwierig herzustellen. Daher ist es hilfreich, Fragestellung zu geben, mit denen das Gruppengespräch vorbereitet werden kann, zum Beispiel:

● *Was (oder wer) war mir früher vertraut – was ist mir heute vertraut?*

● *Was (oder wer) war mir früher fremd – was ist mir heute fremd?*

● *Wo möchte ich heute ganz anders mit Jungen und Mädchen umgehen, als es in meiner Kindheit war – wo gelingt mir das, wo nicht?*

Für die Darstellung der ausgetauschten Erfahrungen in der Gesamtgruppe kann auch auf die Methode der Gestaltung von „Standbildern" („lebendige Skulpturen") zurückgegriffen werden, die den Teilnehmerinnen hilft, die Vielfalt der Erfahrungen auf einige ausgewählte Bilder zu focussieren.

WEITERFÜHRENDE LITERATUR

Zur psychoanalytischen Pädagogik:
Trescher, Hans-Georg (1985): Theorie und Praxis der psychoanalytischen Pädagogik. Frankfurt: Campus.
Zum Zusammenhang von Weiblichkeit und Erzieherinnenberuf:
Hege, Marianne (1994): Mütterlichkeit und Sozialarbeit. In: Fthenakis, Wassilos E. (Hg.): Handbuch der Elementarerziehung. Seelze-Velber: Kallmeyersche Verlagsbuchhandlung, 8. Ergänzungslieferung, Kapitel 5.2. und 5.3.
Die Zusammenhänge von Übertragung und Gegenübertragung stellen ausführlich dar:
Petzold, Hilarion & Ramin, Gabriele (1987): Integrative Therapie mit Kindern. In: Petzold, Hilarion (Hg.): Schulen der Kinderpsychotherapie. Paderborn: Junfermann.
Rahm, Dorothea, Otte, Hilka; Bosse, Susanne & Ruhe-Hollenbach, Hannelore (1993): Einführung in die Integrative Therapie. Grundlagen und Praxis. Paderborn: Junfermann.
Die Übertragungen von Kindern schildert:
Hüller, Thomas (1995): Aggression in der Kindergartengruppe. In: Schüttler-Janikulla, Klaus (Hg.):Handbuch für Erzieherinnen in Krippe, Kindergarten, Vorschule und Hort. 15. Lieferung. München: mvg.

4.3 ERZIEHERINNEN UND JUNGEN

Kinder sind gleich – Jungen sind anders

Viele Erzieherinnen sind der Meinung, daß Jungen und Mädchen heute schon viel „gleicher" als früher sind und die Geschlechtsunterschiede nicht mehr so ins Gewicht fallen. Manche finden sogar, ein „typisches Jungenverhalten" gäbe es gar nicht. Stimmt das? In den Befragungen des Projekts „Manns-Bilder" wurde ein sehr differenziertes Bild der Verhaltensweisen von Jungen gezeichnet. Als *die* Verhaltensweisen, durch die Jungen sich auszeichnen, fallen dennoch zwei Bereiche auf:

- Bewegung und Aktivität
- körperliche Auseinandersetzung und Kämpfen.

Darüberhinaus wurde ihre Leistungsorientierung, Kreativität und Ausdrucksstärke hervorgehoben. Andererseits wurde Unsicherheit, Hilfsbedürftigkeit und ihre Suche nach Anerkennung angesprochen. Schließlich wurden auch eher „mädchentypische" Verhaltensweisen wie z.B. Hilfsbereitschaft, das Spiel mit Puppen oder die Fähigkeit zu weinen genannt. Zwar erwähnten die Erzieherinnen auch Provokationen durch Jungen, massiv problematisches Verhalten von Jungen wurde in unserer Untersuchung jedoch wenig angesprochen. In den meisten Einrichtungen kommen die Erzieherinnen mit den Jungen offensichtlich gut zurecht. Was deutlich wurde: Unterschiedliche Wahrnehmungen und Probleme hängen stark mit der jeweiligen Einrichtung zusammen (vgl. Thoma et al. 1996).

Daß Jungen anders wahrgenommen werden als Mädchen, wird auch in anderen Befragungen und Berichten von Erzieherinnen deutlich. Manche Erzieherinnen sagen ausdrücklich, daß sie Jungen lieber mögen oder besser mit ihnen zurechtkommen, bei anderen ist es umgekehrt. Dies hängt oft mit entsprechenden Lebenserfahrungen zusammen. Viele Erzieherinnen, die von sich selbst sagen, daß sie mit Jungen besser zurechtkommen, waren früher untypische Mädchen oder wären manchmal selbst gern ein Junge gewesen. Erzieherinnen verhalten sich Jungen und Mädchen gegenüber aber auch dann unterschiedlich, wenn ihnen das nicht bewußt ist. Interessanterweise wurde wiederholt festgestellt, daß Erzieherinnen Mädchen negativer und kritischer sahen als Jungen. In diesem Zusamenhang fällt in aller Regel das Wort „zickig", wenn über Mädchen gesprochen wird. Viele Erzieherinnen neigen unbewußt dazu, Jungen sympathischer zu finden und positiver zu bewerten (vgl. Bönold 1994, S. 86; Permien & Frank 1995). Jungen stehen in Kreisgesprächen häufiger im Mittelpunkt des Interesses und werden mehr zu Eigenständigkeit ermutigt (vgl. Fried 1990, S. 61f.; Jaletzke 1995). Andererseits werden Jungen am Sozialverhalten der Mädchen gemessen und fallen dadurch unangenehm auf. Durch ihr aktiveres und lebhafteres Verhalten geraten sie leichter in Gefahr, mit Normen in Konflikt zu geraten (vgl. Fried 1990, S. 65). So kommt es, daß Jungen in Fallbesprechungen innerhalb des Teams, in Gesprächen mit psychologischen Fachkräften oder auf Fortbildungen häufiger zum Thema werden.

Der Kindergarten als weiblicher Raum

Trotz der vielen Aufmerksamkeit, die Jungen erhalten, und trotz der individuellen Unterschiede zwischen Erzieherinnen kommen manche Interessen und Beschäftigungen, die eher für Jungen und Männer typisch sind, in Kindertagesstätten oft zu kurz. Dies hängt damit zusammen, daß der Kindergarten ein „weiblicher Raum" ist. Auch Erzieherinnen, die mit Jungen gut zurechtkommen, sind durch ihre Sozialisation zur Frau geprägt (→ *Erzieherin als Frauenberuf*, S. 61). Dies zeigt sich in der räumlichen Gestaltung und materiellen Ausstattung, in den pädagogischen Angeboten der Mitarbeiterinnen und in ihren Reaktionen auf Verhaltensweisen der Kinder. Bestimmte eher jungentypische Interessen wie Raufen und Toben, der Umgang mit Werkzeugen wie Hammer und Säge oder Fußballspielen werden von Erzieherinnen nur selten aufgegriffen, manchmal auch massiv eingeschränkt. Manches, was vielen Jungen Spaß macht, wie rauhere Formen des Tobens oder wüste Schimpfwettbewerbe, sind vielen Erzieherinnen fremd. Ihre Angebote fördern tendenziell Fertigkeiten und Verhaltensweisen, die eher als typisch für Mädchen und Frauen gelten, wie z.B. Malen, Basteln oder Rollenspiele im Innenraum. Trotz der Ideologie der Gleichheit erfahren Jungen also, „daß ‚weibliche Tugenden' hier erwünscht sind, während ‚männliche' Interessen nur am Rande existieren können" (Wolfram 1994, S. 48). Wenn Erzieherinnen „klassisches weibliches Terrain" verlassen, um mit Jungen zu toben oder Fußball zu spielen, müssen sie damit rechnen, von Kolleginnen belächelt zu werden. Vielleicht haben sie dann bald alle Jungen am Hals, vielleicht reagieren die Jungen aber auch skeptisch, „vermuten sie doch manchmal zu Recht, daß es sich um eine ‚pädagogische Maßnahme' handelt statt um echten Spaß und wirkliches Interesse" (Klein & Wawrzynek 1995, S. 104).

Wir können daher in der Institution Kindertagesstätte von der Existenz eines „heimlichen Lehrplans" ausgehen. Mit diesem aus der Schulforschung stammenden Begriff ist die Beobachtung gemeint, daß entgegen der offiziell bekundeten Absichten, unreflektierte Geschlechtsstereotype in großem Maße den koedukativen Alltag bestimmen (vgl. Kaiser 1997). Im Kindergarten, wie später auch in der Schule, werden geschlechtsbezogene Fragen kaum reflektiert, obwohl auffällt, daß Jungen immer wieder einen großen Teil der Aufmerksamkeit der Erzieherinnen auf sich ziehen. Andererseits ist der Alltag in der Kindertagesstätte in größerem Ausmaß als die Schule „weiblich" geprägt, d.h. durch die Dominanz von Frauen, typisch weibliche Beziehungsmuster und Gestaltungsmerkmale gekennzeichnet.

Die Mehrheit der Erzieherinnen weiß über diese Zusammenhänge wenig. Geschlechtsbezogene Fragen kommen in der Ausbildung kaum vor. Vermittelt wird das Ziel einer Gleichbehandlung aller Kinder und damit das Ideal einer geschlechtsneutralen Erziehung. Permien & Frank sprechen in diesem Zusammenhang von einer „Gleichheitsideologie", die dazu führt, daß vorhandene Unterschiede ausgeblendet werden. Diese kommt in mehreren Varianten vor: Zum einen mißt man Geschlechtsunterschieden zwischen Jungen und Mädchen nur eine geringe Bedeutung zu; zum anderen wird behauptet, daß Jungen und Mädchen gleich behandelt werden (vgl. Permien & Frank 1995, S. 17; Thoma et al. 1996, S. 51; Bönold 1993, S. 75). Unterschiede im Umgang mit Jungen und Mädchen können Erzieherinnen häufig auch deshalb nicht zugeben, weil sie dies, gemessen am eigenen Ideal, als „pädagogisches Versagen" erleben.

Eine Minderheit der Erzieherinnen ist über Geschlechterfragen besser informiert und für geschlechtsbezogene Fragen aufgeschlossen. Hier überwiegt dann oft eine vom Feminismus ausgehende, an tatsächlichen oder scheinbaren Benachteiligungen von Mädchen ausgerichtete Sichtweise.

PRAXISÜBUNGEN

Praxisübung (17): Der Kindergarten als weiblicher Raum

Die Teilnehmerinnen zeichnen eine grobe Skizze ihres Kindergartens. Mit drei unterschiedlichen Farben werden die eher „männlichen", die eher „weiblichen" und die eher neutralen Bereiche markiert.

Auswertung
Wie verhalten sich die einzelnen Anteile zueinander? Gibt es Übereinstimmung zwischen den Teilnehmerinnen? Wo gibt es Unterschiede? Was sind möglichen Gründe dafür?

Variante
Die Teilnehmerinnen stellen sich die Gesamtheit ihrer kindbezogenen Aktivitäten der letzten Woche als einen Kreis vor. Dieser Aktivitätskreis soll je nach Anteil in eher auf Jungen und eher auf Mädchen bezogene Aktivitäten eingeteilt werden.

Für Kinder und Eltern sind Erzieherinnen in vielen Facetten erlebbar: als Organisatorin und Planerin, als Versorgerin und Trösterin; als aktive und teilnehmende Beobachterin, als Gesprächspartnerin und als Fachfrau. Manche dieser Facetten entsprechen tradierten weiblichen Geschlechtszuordnungen, andere nicht. Für die Frage der Beziehung zwischen Jungen und Erzieherinnen ist interessant, in welchem Ausmaß diese verschiedenen Aspekte von Erzieherinnen in den Kontakt mit Jungen eingebracht oder auch von den Jungen eingefordert werden.

Jungen haben vielfältige Erwartungen an Erzieherinnen. Sie sind sich dieser Erwartungen oft nicht bewußt. Oft werden hier frühere Erfahrungen unbewußt wiederholt (Übertragung), oder Jungen probieren Verhaltensweisen aus, die sie an erwachsenen Männern beobachtet haben (z.B. sexuelle Anmache).

Praxisübung (18): Mutter – Boß – Kumpel – Frau

Zunächst werden in der Gesamtgruppe die unterschiedlichen Rollen von Erzieherinnen im Umgang mit Jungen analysiert:

Mutter: Geborgenheit, Nähe, Kuscheln, Schutz, Versorgen, usw.

Boß: *Aufsicht, Führung, Autorität, „Bestimmerin" usw.*

Kumpel: *Kamerad, Mitspielen, Begleiten usw.*

Frau: *Sexuelles Wesen, Schmusen, Zärtlichkeit, Heiratskandidtin; sexuelle Provokationen und sexualisiertes Verhalten.*

Den Erwartungen der Jungen an die Erzieherinnen stehen die Erwartungen der Erzieherinnen an Jungen gegenüber, die sich im Zusammenhang mit der eigenen Lebensgeschichte gebildet haben:

z. B.   *Ideal-Sohn,*

       kleiner Liebhaber,

       richtiger Junge,

       patenter Kerl,

       süßer Fratz.

.Zur Unterscheidung der eigenen Gefühle und der von den Jungen ausgehenden Impulse kann auf die Ausführungen zu Übertragung und Gegenübertragung zurückgegriffen werden
(→ Wie wirkt die Vergangenheit in die Gegenwart hinein?, S. 64ff.).

Quellen: Riederle 1994b, S. 9; Kerber 1991, S. 23f.

Praxisübung (19): Präsenztorte

Aufbauend auf → *Praxisübung (18)* können die individuellen Umgangsweisen mittels Zeichnung einer „Präsenztorte" herausgearbeitet werden:
Jede Teilnehmerin soll einschätzen, wie groß die Anteile der jeweiligen Rollen in ihrer Arbeit mit Jungen sind. Dazu malt sie auf einen großen Bogen Papier eine „Torte", in die sie die Größe der vier „Tortenstücke" Mutter – Boß – Kumpel – Frau einträgt.

Auswertung
Die Teilnehmerin tauschen sich in kleinen Gruppen über die folgenden Fragen aus:

●   *Welchen Anteil haben die jeweiligen Aspekte meiner Person im Alltag mit Jungen?*

●   *Womit hängt die Größe der einzelnen „Tortenstücke" zusammen?*

●   *Mit welchen Persönlichkeitsanteilen fühle ich mich sicher/wohl, mit welchen unsicher/unwohl?*

●   *Wo passen Erwartungen von Jungen und eigene Bedürfnisse zusammen, wo kommt es zu Konflikten?*

Beim Auswertungsgespräch in der Gesamtgruppe kann danach gefragt werden, welche Kontakte mit Jungen unangenehm sind bzw. vermieden werden, und bei welchen Kontakten die Teilnehmerinnen sich am wohlsten fühlen.

Varianten

* Es werden zwei „Torten" angefertigt. In die eine werden die Erwartungen der Jungen, in die andere die tatsächliche Situation eingetragen.

* Die Erzieherinnen können auch in einer Torte darstellen, welche Anteile sie *selbst* am liebsten ausdrücken möchten.

Praxisübung (20): Kollegiale Beratung

Im Anschluß an die vorhergehende Praxisübung finden die Teilnehmerinnen sich zu dritt mit Kolleginnen zusammen, die sehr unterschiedliche „Torten" gezeichnet haben. Dann schildert reihum eine Erzieherin einen Fall anhand einer konkreten Situation (z.B. den in der Anfangsrunde vorgestellten Jungen, → *Praxisübung (1)*) und ihrer damit zusammenhängenden Gefühle. Die anderen beiden Erzieherinnen geben Rückmeldung:

* Was ist bei der Schilderung aufgefallen?

* Welche Rolle spricht der Junge an?

* In welcher Rolle reagiert die Erzieherin?

Wichtig ist, daß die jeweilige Schilderung nicht unterbrochen wird und als subjektives Erleben respektiert, d.h. nicht mit richtig oder falsch bewertet wird. Auch sollte der Kollegin, die ihren Fall bespricht, ausreichend Zeit gegeben werden.

Erotische und sexuelle Aspekte der Beziehung zwischen Jungen und Erzieherinnen sind ein besonders heikles Thema (→ S. 147f.).

Praxisübung (21): Lust und Abgrenzung

Die folgenden Fragen können helfen, ein Gespräch zu diesem Thema in Kleingruppen oder der Gesamtgruppe zu führen.

* Darf mich der Kontakt mit Jungen sexuell ansprechen?

* Wieviel Lust darf ich bei der Arbeit/im Kontakt mit Jungen haben?

* Durch welche Verhaltensweisen werden meine Grenzen berührt?

* Wo ist meine Grenze erreicht? Wie reagiere ich auf Grenzverletzungen?

* Wo können Sie sich vorstellen, daß Frauen die Grenzen von Jungen verletzen?

Praxisübung (22): Beobachtungsaufgaben

Vor dem Handeln steht die Beobachtung – des Verhaltens von Kindern wie des eigenen Verhaltens. So kann für die erste Zeit nach einer Fortbildung eine Beobachtungsphase von drei Monaten „verschrieben" werden, um Aktionismus (und Frustration) entgegenzuwirken. Bei Fortbildungen mit mehreren Treffen können für die Zwischenzeit Beobachtungsaufgaben entwickelt werden, die anschließend gemeinsam ausgewertet werden.

Grundlage der Beobachtung können z.b. folgende Fragen sein:

● *Mit welchen Kindern arbeite ich am liebsten, mit welchen fällt es mir am schwersten?*

● *Was für Eigenschaften und Fähigkeiten nehme ich an diesen Kindern wahr?*

● *Was hat mein Verhältnis zu diesen Kindern mit meiner Person und meiner Lebensgeschichte zu tun?*

Einige Ideen zum Vorgehen:

● *Es sollten nicht zu viele Beobachtungsfragen gleichzeitig aufgegriffen werden – sondern pro Tag oder Woche nur ein bis drei Fragen; diese können auf Karteikarten geschrieben und gut sichtbar in der Einrichtung aufgehängt werden.*

● *Eine Hilfe kann ein phantasierter Geschlechtswechsel sein: „Wenn ich ein Junge/Mann wäre, wie würde ich dann wahrnehmen/handeln?"*

● *Bei gutem kollegialen Kontakt ist es möglich, eine Kollegin um Beobachtung zu bitten. Dabei ist wichtig, keine Gesamturteile abzugeben, sondern sich auf wenige konkrete Fragen zu beschränken und berichten zu lassen.*

Möglich ist auch, einen Beobachtungsbogen im Rahmen einer Fortbildung in einer Arbeitsgruppe zu entwickeln (vgl. dazu auch Verlinden 1995).

WEITERFÜHRENDE LITERATUR

Blank-Mathieu, Margarete (1996a): Jungen im Kindergarten. Frankfurt: Brandes & Apsel.

Ebert, Sigrid (1994): Erzieherin – Ein Frauenberuf mit Zukunft? Zur Professionalisierung des Erzieherinnenberufs. In: Handbuch der Elementarerziehung. Seelze-Velber: Kallmeyersche Verlagsbuchhandlung, 8. Ergänzungslieferung.

Kebbe, Anna (1993): Voneinander lernen, miteinander leben. Meine Erfahrungen zur geschlechtsspezifischen Erziehung im Kindergarten. In: Büttner, Christian & Dittmann, Marianne (Hg.): Brave Mädchen, böse Buben? Erziehung zur Geschlechtsidentität in Kindergarten und Grundschule. Weinheim: Beltz. S. 34-43.

Permien, Hanna & Frank, Kerstin (1995): Schöne Mädchen – Starke Jungen? Gleichberechtigung: (k)ein Thema in Tageseinrichtungen für Schulkinder. Freiburg: Lambertus.

Einblicke in bislang unentdeckte Bereiche gibt:

Dall, Karl (1997): Brave Buben, böse Erzieherinnen. Eine Reportage aus dem Untergrund. Völlenbach/Allgäu: Kunterbunt.

4.4 Männer im Kindergarten

Die Forderung „Mehr Männer in den Erziehungsbereich!" ist zunächst einmal eine politische Frage. Die Schwierigkeit, dieses Fernziel zu realisieren, haben wir bereits in der Einleitung angesprochen. Die Arbeit in einem für Männer untypischen Berufsfeld bringt allerdings auch spezielle Probleme mit sich (vgl. zum folgenden Abschnitt die Berichte männlicher Erzieher: Hüller 1992; Klein & Wawrzynek 1995; Lohstroh-Kussowski 1994; Mitarbeiter/Innenteam 1994; Pesch 1993; Seubert 1995). Ein Erzieher muß sich dabei nicht nur mit seiner eigenen Identität und Lebensgeschichte als Mann beschäftigen, sondern zudem mit der Skepsis auseinandersetzen, die ihm als Mann in einem typischen „Frauenberuf" von Männern, Frauen und auch Kolleginnen entgegengebracht wird. Er muß einerseits zeigen, daß „auch er was kann" und den Anforderungen seines Berufsfelds gewachsen ist; andererseits muß er „beweisen", daß er trotzdem ein Mann ist – insbesondere auch den Frauen.

Die vereinzelten Männer in den Einrichtungen haben oft eine besondere Position. Entweder gelangen sie schnell, meist mit Unterstützung von Frauen, in Leitungspositionen. Oder sie sind zuständig für Spiel, Sport und Spannung, scheinen bevorzugt mit älteren Kindern zu arbeiten und werden für alle Hausmeistertätigkeiten eingesetzt. Damit besteht die Gefahr, daß gerade die Tatsache, daß in einer Einrichtung Männer und Frauen arbeiten, geschlechtsstereotypes Verhalten reproduziert und auch den Kindern damit nahelegt!

Von den Kindern werden Männer oft schnell in Beschlag genommen. Jungen suchen in männlichen Erziehern nach Möglichkeiten männlicher Identifikation: „Schlag ein, Kumpel!" (Klein & Wawrzynek 1995). „Besonders Kinder alleinerziehender Mütter und Kinder, deren Vater fast nie zu Hause ist, fordern in der Regel den Mann im Erzieher am stärksten heraus" (Seubert 1995, S. 14). Aber auch für Mädchen sind sie als gegengeschlechtliche Bezugspersonen wichtig, an denen sie sich reiben und andere Verhaltensweisen ausprobieren können.

Bei vielen Erzieherinnen bestehen dagegen erhebliche Bedenken gegenüber Männern: Erzieherinnen beurteilen Männer als unzuverlässig sowie ungeschickt und nicht gründlich genug in der Erledigung hauswirtschaftlicher Tätigkeiten. Sie befürchten, Männer könnten Unruhe

ins Team bringen, und unterstellen ihnen ein geringeres Einfühlungsvermögen. Sie kritisieren, daß mit Männern oft kein gleichberechtigtes Miteinander möglich sei. Wiederholt wird beklagt, daß Männer in
die Einrichtungen kommen, etwas „anreißen" und dann wieder ver-
schwinden und die Kinder und Erzieherinnen mit der aufgewühlten
Stimmung allein lassen. Umgekehrt kommen Männer in untergeordneten Positionen (Zivildienstleistende, Praktikanten) nicht immer mit
der höheren Kompetenz und Weisungsbefugnis von Frauen zurecht.
Männliche Erzieher, vor allem die einsamen „Alibi-Männer", erfahren oft eine doppelte Ausgrenzung: Einerseits im Berufsalltag durch
Frauen, andererseits im Alltagsleben durch viele Männer. Die Forderung, als Mann nicht allein in ein Frauenteam einzusteigen, sondern
zu zweit oder mit mehreren, ist deshalb nur folgerichtig. Die Entwicklung gegenseitigen Verständnisses braucht zudem Zeit. Dann
wird auch von positiven Entwicklungen berichtet. Wo vor allem mehrere Männer über längere Zeit mit Frauen zu tun hatten, konnten
anfängliche Bedenken und Abwehr beseitigt werden.
Die Erhöhung der Anzahl männlicher Mitarbeiter ist ein Fernziel und
im konkreten Fall oft nicht realisierbar. Dennoch muß nicht abge-
wartet werden, bis in der Zukunft eine finanzielle Höhereinstufung
der Kindergartenarbeit möglicherweise mehr Männer in den Erzieherberuf lockt. Auch jetzt schon gibt es viele Möglichkeiten, Männer
in den Alltag der Kindertagesstätten einzubeziehen. Dabei ist zunächst an eine gezielte Arbeit mit Vätern zu denken. Darüber hinaus
können z.B. Praktikanten, Honorarkräfte oder auch Pfarrer in den
Kindergarten kommen. Oder es werden umgekehrt Männer an ihren
Arbeitsplätzen aufgesucht... Wird die Aufmerksamkeit darauf gerichtet, werden oft noch mehr Männer im Alltag und im Umfeld der Kindertagesstätte entdeckt. Es geht nur darum, wie sie angesprochen werden können (→ *Praxisübung (25): Männer in der Gruppe*).
Die Einbeziehung von Männern kann entweder langfristig und kontinuierlich, z.B. in Form eines Projektes geplant werden, oder
zunächst eher punktuell und abhängig von sich bietenden Gelegenheiten realisiert werden. Das Kapitel Elternarbeit gibt dazu einige
Anregungen und geht ausführlicher auf damit verbundene Schwierigkeiten ein (→ S. 272ff.).

PRAXISÜBUNGEN

Wenn es ein Fernziel ist, mehr Männer als bisher in die Kindertagesstätten zu integrieren, dann müssen Erzieherinnen auch ihr Verhältnis zu Männern klären. Viele Erzieherinnen haben aus privaten und/oder beruflichen Gründen große Bedenken gegenüber Männern als möglichen Kollegen. Sie haben andererseits viele Wünsche und stellen erhebliche Anforderungen an mögliche männliche Mitarbeiter. Erwünscht sind vor allem kommunikative Fähigkeiten und die Bereitschaft zu gleichberechtigtem Miteinander (vgl. Thoma et al. 1996, S. 219 f.).

Praxisübung (23): Erfahrungsaustausch über Männer in Kindertagesstätten

In Kleingruppen sprechen die Teilnehmerinnen über ihre Erfahrungen, ihre Wünsche und Befürchtungen gegenüber Männern im Kindergarten. Das Gespräch kann sich an den folgenden Fragen orientieren:

● *Wo sind mir bisher Männer im Kindertagestättenbereich begegnet?*

● *Wie sehen meine bisherigen Erfahrungen mit Männern im Kindergarten aus?*

● *Will ich überhaupt, daß mehr Männer als bisher im Kindergarten arbeiten? Warum? Warum nicht?*

● *Welche Erwartungen habe ich an Männer, die im Kindertagesstättenbereich aktiv werden sollen?*

● *Was habe ich zu erwarten, bzw. was befürchte ich, wenn ich mehr als bisher mit Männern zusammenarbeiten muß?*

● *Was ist zu tun, um mehr Männer in den Kindertagesstättenbereich zu holen?*

Praxisübung (24): Was ist Männersache, was ist Frauensache, wenn es um Jungen geht?

Jede Teilnehmerin erarbeitet für sich eine Aufstellung mit drei Rubriken: „Männersache", „Frauensache", „beide". Folgende Fragen dienen als Unterstützung:

● *Was kann ich persönlich Jungen geben, wo kann ich sie unterstützen?*

● *Was können Männer nicht, womit tun sie sich schwer?*

● *Wo stoße ich an meine Grenzen, wo habe ich den Eindruck, daß ein Mann weiterhelfen könnte?*

● *Was sollte Angelegenheit beider Geschlechter sein?*

Die Frage kann auch lauten:

● *Was „haben" Männer, was „haben" Frauen, was Jungen brauchen?*

Auswertung
Im Anschluß an die Einzelarbeit können sich Kleingruppen bilden, deren Ziel es ist, sich auf ein gemeinsames Plakat mit den oben genannten Rubriken zu einigen. Anschließend Austausch in der Gesamtgruppe.

Praxisübung (25): Männer in der Gruppe

Die Teilnehmerinnen erinnern sich, welche Männer diese Woche in der Gruppe waren.

Auswertung
Die folgenden Fragen und Anmerkungen können zur Anregung für ein Gespräch in der Großgruppe hilfreich sein.

● *Väter sind seltener als Mütter oder stärker unter Zeitdruck in der Einrichtung.*

● *Leiter haben eine besondere Position gegenüber den meist weiblichen Mitarbeiterinnen.*

● *Weitere Männer kommen in der Ausübung eines anderen Berufs mit der Kindergartenatmosphäre in Berührung. z.B. als Handwerker. Dies sind meist kurze „Gastspiele".*

● *Männer provozieren eher Aufregung, werden von den Kindern mehr beansprucht. Sie „stören" die Atmosphäre mehr als Frauen.*

Praxisübung (26): Was wäre, wenn...

Daß mehr Männer in den Kindergarten sollen, wird allenthalben gefordert. Aber wie wäre es, wenn es im Kindergarten genug davon gäbe? Diese Frage kann zum Thema eines Gruppengesprächs gemacht werden:
Was wäre, wenn immer Männer im Kindergarten wären?

Variante 1
Die Frage läßt sich als Ausgangspunkt einer Phantasiegeschichte verwenden.

Variante 2
Der Leiter beginnt Sätze, die Teilnehmerinnen vollenden sie:

Wenn immer Männer da sind, dann wäre ich...

Wenn immer Männer da sind, dann würde ich...

Wenn immer Männer da sind, würden die Jungen...

Wenn immer Männer da sind, würden die Mädchen...

Wenn immer Männer da sind, würden die Männer...

Quelle: Riederle 1995b

WEITERFÜHRENDE LITERATUR

Büttner, Christian (Hg.) (1994): Leitungsfunktion und Lebensgeschichte. Frauen und Männer in Kindertageseinrichtungen. Neuwied: Luchterhand.

Mitarbeiter/Innenteam der Kindertagesstätte Schwabenstraße, Emden (1994): Frauen und Männer im Kindertagesstätten-Team. Kindertageseinrichtungen aktuell, Ausgabe ND 11/94.

Pesch, Ludger (1993): Männer in Kindertagesstätten. Theorie und Praxis der Sozialpädagogik 1/93.

(➜ Weitere Literatur zu Männern in Kindertagesstätten am Ende des nächsten Abschnitts.)

EXKURS: FORTBILDUNG FÜR MÄNNLICHE MITARBEITER

Dem Fernziel, mehr männliche Mitarbeiter in die Einrichtungen zu bekommen, stehen verschiedene Schwierigkeiten entgegen. Strukturelle Probleme ergeben sich zunächst aus den niedrigen Gehältern im Erzieherberuf. Frauen sind aus verschiedenen Gründen eher gezwungen, diese Situation zu akzeptieren. Für Männer, die den Lebensunterhalt einer Familie sicherstellen müssen, ist er wenig attraktiv. Das Erziehen von Kindern wird zudem oft nicht als „richtige" Arbeit akzeptiert. Auch Frauen leiden unter der damit verbundenen Abwertung ihrer Tätigkeit. Für Männer wird es dadurch noch schwieriger, denn Arbeit und Beruf sind zentrale Bestandteile tradierter Definitionen von Männlichkeit. Sie müssen damit umgehen, von ihrer Umwelt und möglicherweise auch von sich selbst nicht als „richtige Männer" anerkannt zu werden, wenn sie den Erzieherberuf wählen. Nicht überraschend liegt der Entscheidung für diesen Beruf daher meist ein für Männer eher untypischer Lebenslauf zugrunde.

Um hier langfristig Veränderungen zu erzielen, müßten also einerseits die finanziellen Rahmenbedingungen und das Prestige der Erziehertätigkeit verbessert werden. Andererseits müßten Fragen der Berufsfindung und die Bedeutung von Arbeit für die Identitätsfindung von Männern in den Blick genommen werden.

Auf einem vom EG-Kinderbetreuungsnetz veranstalteten Seminar „Männer als Betreuer" wurde festgestellt, daß Kindertagesstätten in bedeutendem Maße zur Beförderung kultureller Veränderungen in der Gesellschaft beitragen können. Dabei wurde die Notwendigkeit betont, mehr Männer in den Einrichtungen zu beschäftigten, und von politischen Gremien verlangt, sich für dieses Ziel einzusetzen. Um die Zahl der männlichen Beschäftigten zu erhöhen, wurden unter anderem gefordert:

- „Informationen und Marketing (damit Jungen und Männer die Kinderbetreuung als ein Arbeitsgebiet für sich entdecken);
- Unterstützung für männliche Beschäftigte;
- Entwicklung einer Tradition und Kultur der Kinderbetreuungsarbeit als Berufstätigkeit; (...)
- Verbesserungen in Bezahlung und Status" (Netzwerk der E.K. 1993, S. 26).

Die Forderung nach mehr Männern in Kindertagesstätten reicht allerdings nicht aus. Es muß nach den besonderen Qualitäten gefragt werden, die diese Männer in ihre Arbeit und insbesondere in die Beziehung zu den Jungen einbringen sollen. Dafür braucht es gezielte Aus- und Fortbildung für männliche Mitarbeiter. Dies macht angesichts der derzeitigen Struktur von Fortbildungsangeboten, die in großem Ausmaß an den jeweiligen Träger angebunden sind, neue Formen der Organisation und Kooperation notwendig. Die wenigsten Träger beschäftigen so viele Männer, daß sich genügend Teilnehmer für ein trägerinternes Männerseminar finden ließen.

Fortbildungen für männliche Erzieher müssen einerseits die Problematik der untypischen Lebenswege von Männern in sozialen Berufen, andererseits ihre schwierige Situation in der Praxis der Kindertagesstätten berücksichtigen. In der praktischen Arbeit geht es darum, sich als erwachsener Mann in die Begegnung mit Jungen einzubringen. Hier kann auf Ansätze und Erfahrungen der Jungenarbeit zurückgegriffen werden (→ *Bisherige Konzepte der Jungenarbeit*, S. 18f.). In bezug auf Jungen sind die untypischen Lebenswege der Männer als Chance zu sehen. Die Frage „was war bei mir anders?" kann helfen, auch Jungen andere Wege zum Mann-Sein zu eröffnen. Aber auch für Mädchen und ihre Entwicklung sind Männer wichtig. In der Zusammenarbeit mit den Kolleginnen müssen Erzieher einerseits vermeiden, nur auf „männertypische" Aufgabenbereiche und Verhaltensweisen festgelegt zu werden, sich andererseits dem „heimlichen Lehrplan" der Einrichtung widersetzen, der bestimmten, eher männertypischen Verhaltensweisen keinen Raum läßt. An einer Auseinandersetzung mit ihrem eigenen Mann-Sein führt daher kein Weg vorbei (vgl. Neutzling 1992).

Bei Fortbildungen für männliche Erzieher müssen eine Reihe von Besonderheiten beachtet werden:

● Viele männliche Erzieher – als „untypische" Männer – haben ein eher negatives Männerbild. Sie sind weder automatisch dazu in der Lage, Jungen besser zu verstehen, noch können sie den widersprüchlichen Erwartungen ihrer Kolleginnen gerecht werden, die an sie als „Vorzeige-Mann" gestellt werden. Stattdessen stehen sie vor der Aufgabe, zunächst einmal ein besseres Selbstverständnis als Mann zu entwickeln.

- In Kindertagestätten tätige Männer sind es gewohnt, der einzige Mann unter Frauen zu sein. Die Situation, nur unter Männern zusammenzukommen, ist für viele ungewohnt und zum Teil auch schwierig. Neben der möglichen positiven Erfahrung mit männlicher Solidarität ist auch mit den für Männergruppen typischen Schwierigkeiten zu rechnen – Distanz, Konkurrenz usw.

- Bei den in Kindertagesstätten tätigen Männern handelt es sich zu einem nicht geringen Teil um Leiter. Zwischen Arbeitsalltag und Interessen von Erziehern im Gruppendienst und Einrichtungsleitern bestehen oft große Unterschiede. Die meist älteren und besser ausgebildeten Leiter können das Gruppengeschehen dominieren. Wichtig kann es daher sein, die Gruppe zeitweise zu teilen – und/oder die Dominanzproblematik zu thematisieren.

- Eine langfristige Zukunftsperspektive ist für viele Männer im Kindergarten, insbesondere im Gruppendienst, oft nicht denkbar. Dies liegt nicht zuletzt daran, daß sich von einem Erziehergehalt kaum eine Familie ernähren läßt. Die Frage nach anderen Zukunftsperspektiven steht immer mit im Raum.

PRAXISÜBUNGEN

Viele der in diesem Handbuch aufgeführten Praxisübungen lassen sich mit leichten Modifikationen auch in Fortbildungen für männliche Mitarbeiter einsetzen. Sie müssen aber um Fragestellungen ergänzt werden, die die besondere Situation männlicher Mitarbeiter gezielt aufgreifen. Zudem läßt sich bei Fortbildungen für Männer auf vorhandene Konzepte der Jungenarbeit zurückgreifen, da es sich bei fast allen vorliegenden Ansätzen um die Arbeit von Männern mit Jungen handelt (vgl. z.b. Sielert 1989; Glücks & Ottemeier-Glücks 1994). Auch am Beginn der Arbeit mit Männern wird es um die eigene Lebensgeschichte gehen. Als Vorbereitung für die folgende Übung eignet sich ➔ *Praxisübung (13): Das Männerbild des Vaters – das Männerbild der Mutter.*

Praxisübung (27): Mein Männerbild

Für die in dieser Übung zu erstellenden Collagen müssen vielfältige Bilder, alte Zeitschriften, evt. persönliche Fotos usw. bereitgestellt oder am besten von den Teilnehmern mitgebracht werden. Außerdem werden große Papierbögen, Kleber, Scheren, farbige Stifte benötigt.
Ausgehend von einer autobiographischen Übung geht es darum, neue Bilder für das eigene Mann-Sein zu entwickeln.
In Kleingruppen tauschen sich die Teilnehmer über die folgenden Fragen aus:

● *Wie bin ich mit den Erwartungen und den Bildern von Männlichkeit umgegangen, die mir Vater und Mutter vermittelt haben?*

● *Wie möchte ich selbst als Mann sein/werden?*

● *Wie wünsche ich mir Männer?*

● *Was für ein Männerbild möchte ich vermitteln?*

Anschließend erstellt jeder Teilnehmer in Einzelarbeit eine Collage mit dem Titel „Mein Männerbild". Hierfür muß ausreichend Zeit bereitgestellt werden – mindestens 90 Minuten.

Auswertung
Die erstellten Collagen sind in erster Linie für die einzelnen Teilnehmer gedacht. Sie müssen nicht gezeigt oder ausgewertet werden. Als Möglichkeiten für den Austausch bieten sich an:
Wer fertig ist, sucht sich einen zweiten Mann zum gegenseitigen Austausch.
Die Bilder können in einer Runde kurz gezeigt bzw. vorgestellt werden.

Die Teilnehmer nehmen ihr Produkt mit nach Hause. Es stellt eine Moment-
aufnahme dar, kein „fertiges" Bild.

Varianten
Die Übung läßt sich entsprechend auch mit Frauen zu ihrem Frauenbild
durchführen. Spannend ist es aber auch, in einer gemischten Gruppe Frauen
und Männer ihr Männerbild erstellen zu lassen. Dazu müssen für die Frauen
die Vorbereitungsfragen entsprechend umformuliert werden. Wo gibt es Ähnlichkeiten, wo Unterschiede; welche Themen tauchen auf, welche nicht?

Praxisübung (28): Wo ist mein Mann-Sein in der Arbeit wichtig?

Die Teilnehmer sammeln: „Ich bin in meiner Arbeit als Mann wichtig, weil..."
Die entsprechenden Stichworte werden auf der Tafel festgehalten und dienen
als Ausgangspunkt für das Gespräch.
Dabei mischen sich Erwartungen von anderen (Mitarbeiterinnen, Kindern
usw; z.B. „Hausmeister") mit eigenen Interessen und Bedürfnissen (z.B.
„Identifikationsfigur für Jungen sein"). Um hier eine Differenzierung zu
ermöglichen, kann anschließend eine Bewertung vorgenommen werden:
Alle Teilnehmer markieren mit unterschiedlichen Farben jeweils die Stichpunkte, die sie als *positiv, negativ* oder *ambivalent* erleben.

Praxisübung (29): Kindergartenarbeit für Männer

Nicht nur die Umwelt, sondern auch die Erzieher selbst sind nicht selten unsi-
cher, ob ihre Tätigkeit eine „richtige" Arbeit ist. Männern stellt sich dieses
Problem vor dem Hintergrund gesellschaftlicher Männlichkeitsvorstellungen
und ihrer individuellen Lebensgeschichte in der Regel noch krasser als
Frauen. Eine Möglichkeit, dies Thema aufzugreifen, besteht in einer Pro-
Contra-Diskussion.
Die Teilnehmer bereiten sich vor auf eine Diskussion zum Thema *Sollen
Männer im Kindergarten arbeiten?* – mit der dahinterliegenden, „verdeckten"
Fragestellung *Ist die Arbeit im Kindergarten eine „richtige" Arbeit für einen
Mann?*
Dazu können Rollen wie die folgenden verteilt werden:
Erzieher, Erzieherin, LeiterIn, Eltern von Kindergartenkindern (z.B. alleiner-
ziehende Mutter oder konservativer Vater), Vater eines Erziehers, Fachbera-
terIn, Politiker...

Praxisübung (30): Was kann meine Arbeit mir geben, was will ich meiner Arbeit geben?

Wie kann ich mich noch länger in diesem Arbeitsfeld wohlfühlen? Was brauche ich dazu? Diese Fragen sind zentral, wenn die Arbeit im Kindergarten nicht nur eine kurze Zwischenphase im Berufsweg von Männern sein soll. Dazu beantworten die Teilnehmer in Einzelarbeit die folgenden Fragen:

● *Was kann meine Arbeit mir geben?*

● *Was will ich meiner Arbeit geben?*

● *Was brauche ich dazu (in mir selbst, von anderen)?*

Ergänzend kann der geschlechtsbezogene Aspekt hervorgehoben werden:

● *Was kann meine Arbeit mir als Mann geben?*

● *Was will ich als Mann meiner Arbeit geben?*

● *Was brauche ich dazu von Männern/von Frauen?*

Auswertung
Die Antworten werden auf Plakaten gesammelt und gemeinsam besprochen.

Variante
Die individuellen Antworten werden auf an der Wand befestigte Plakate eingetragen, was gegenseitige Anregungen schon in der Entstehungsphase ermöglicht.

Praxisübung (31): Ein Tag im Leben als 58jähriger Erzieher

„Es gibt keine Kindergarten-Opas, die als Vorbild oder Orientierung dienen können", sagt ein Erzieher, der mit 15 Jahren Erfahrung im Gruppendienst schon zu den „alten Hasen" gehört. Tatsächlich ist es Männern noch weniger als vielen Frauen vorstellbar, als *älterer* Mann im Kindergarten arbeiten zu können. Da es in der Tat dafür kaum Vorbilder gibt, könnte stattdessen eine Phantasie dazu entwickelt werden. Möglichkeiten dazu wären:

● Angeleitete Phantasiereise: Reise in die Zukunft, Alltagsstationen auf dem Weg zum 58jährigen Erzieher im Kindergarten.

● Jeder Teilnehmer erhält ein Blatt Papier mit der Aufforderung: Stellen Sie sich vor, daß Sie mit 58 Jahren noch als Erzieher arbeiten. Beschreiben Sie einen Alltag in Ihrer Arbeit.

Berücksichtigt werden sollten folgende Faktoren: Beziehungen zu Jungen, Mädchen, KollegInnen, Kollegen, Eltern; finanzielle Situation; Neugier auf Veränderungen, Belastbarkeit, Ruhebedürfnis.

Auswertung
Austausch bzw. Vorlesen des geschriebenen Textes zu zweit oder in Kleingruppen. Anschließend Austausch über Hoffnungen und Befürchtungen in
der Gesamtgruppe.

WEITERFÜHRENDE LITERATUR:

Bienek, Bernd et al. (1992): Männer in der Kita. Berlin: Amt für Kindertagesstättenarbeit in der EKiBB.

Hüller, Thomas (1992): Zum Umgang mit Geschlechtsidentifikationen in der
Kindertagesstätte. In: Büttner, Christian & Dittmann, Marianne (Hg.): Brave
Mädchen, böse Buben? Erziehung zur Geschlechtsidentität in Kindergarten
und Grundschule. Weinheim: Beltz. S. 44-55.

Netzwerk der Europäischen Kommission für Kinderbetreuung (1993): Männer als Betreuer. Für eine Kultur der Verantwortung, der Aufgabenteilung
und Gegenseitigkeit zwischen Mann und Frau bei der Betreuung und Erziehung der Kinder. Brüssel: Europäische Kommission.

Netzwerk der Europäischen Kommission für Kinderbetreuung (1995): Papa,
wie hast du gelernt, dich um mich zu kümmern? Brüssel: Europäische Kommission.

Lohstroh-Kussowski, Dieter (1994): Allein unter Frauen. Als Erzieher im
Kindergarten. Theorie und Praxis der Sozialpädagogik 2/94.

Seubert, Thomas (1995): Und wann gehst du arbeiten? Erzieher – ein Job für
‚richtige' Männer? Welt des Kindes 1/95, S. 12-17.

Was man nicht weiß, das sieht man nicht.

Die Erfahrung, daß „verstehen" nicht selbstverständlich ist, war im letzten Kapitel Ausgangspunkt für die Frage nach den Schwierigkeiten im Verständigungsprozess zwischen Menschen im Allgemeinen, zwischen Erzieherinnen und Kindern im Besonderen. Dabei sind wir auf zwei Faktoren gestoßen, die wie Filter wirken und die zwischenmenschliche Verständigung erschweren: zum einen die Wahrnehmung selbst, d.h. unsere Art und Weise, die Welt außerhalb von uns wahrzunehmen; zum anderen die Gefühle, d.h. unsere affektive Beteiligung, die nicht nur wesentlich darüber entscheiden, was wir überhaupt wahrnehmen, sondern auch ob und wieweit wir in der Lage sind, andere Menschen wirklich zu verstehen.

In diesem Kapitel geht es um einen weiteren Faktor, der ebenfalls unmittelbar über die Art und Weise unserer Wahrnehmung entscheidet und gleichzeitig den Verstehensprozess fördern oder behindern kann: das Denken.

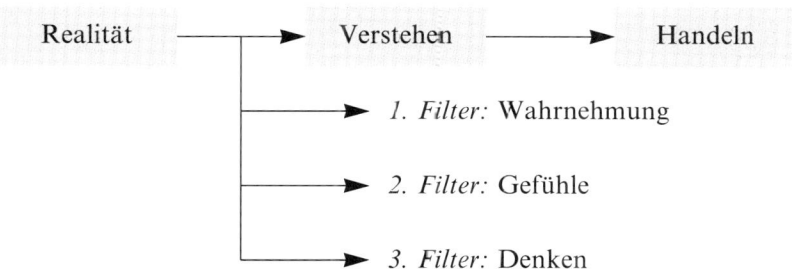

Wir wissen, daß unsere Sinnesorgane in jedem Augenblick eine ungeheure Menge an Informationen aufnehmen, gleichzeitig aber nur einen Bruchteil davon verarbeiten können. Was wir im Alltag, nicht nur im zwischenmenschlichen Bereich, also letztlich wahrnehmen, ist nicht die objektive Realität schlechthin, sondern eine bewußt und unbewußt getroffene Auswahl. Wir konstruieren unsere Realität aufgrund subjektiver Bedingungen. Dazu gehört der Bereich unserer Vorstellungen und Ideen, vor allem aber der Bereich des Denkens und

Wissens. Nur was man weiß, kann man auch sehen. Sehen ist also immer *wissendes* Sehen. Dies trifft insbesondere für das weite Feld der zwischenmenschlichen Beziehungen und Verständigungsprozesse zu. Hier gilt: „Was man von sich nicht kennt, kann man auch bei anderen nicht wahrnehmen." Nicht selten, so bestätigt unsere Alltagserfahrung, steht am Ende von Auseinandersetzung zwischen Mann und Frau der Satz (gedacht oder ausgesprochen): Hilfe, mein Mann (meine Frau) versteht mich nicht!

Die Schwierigkeit zu verstehen ist auch Teil des beruflichen Alltags im Kindergarten, spätestens dann, wenn es zu Konflikten und Auseinandersetzungen kommt. Damit Erzieherinnen in solchen Situationen kompetent und professionell reagieren können, reicht die Arbeit an der eigenen Lebensgeschichte nicht aus. Hinzukommen müssen Kenntnisse über die psychosoziale Situation von Jungen. Auch hier zielt unsere Fortbildung darauf, die Wahrnehmung zu erweitern und Anstöße für ein vertieftes Verständnis von Jungen zu liefern. Daher lautet der zweite Schritt in unserem Fortbildungskonzept: Mehr über Jungen wissen.

5.1 GESCHLECHTSUNTERSCHIEDE

Biologische und medizinische Fakten

Für den biologischen Geschlechtsunterschied ist das Y-Chromosom verantwortlich (Mann: XY, Frau: XX). Embryologen haben herausgefunden, daß das durch Zusammentreffen von Samen und Eizelle entstehende Leben sich selbständig in weibliche Richtung entwickelt, wenn diese Entwicklung nicht durch den Einfluß des YChromosoms und später durch vom männlichen Embryo produziertes Testosteron beeinflußt wird. Die männliche Embryonalentwicklung ist von extremen Unterbrechungen und vielfältigen Möglichkeiten radikaler Veränderung geprägt und daher störanfälliger.

Möglicherweise sind die damit verbundenen biologischen Reifungsschwierigkeiten dafür verantwortlich, daß Jungen bis zur Pubertät sowohl körperlich als auch psychisch anfälliger für Störungen und Erkrankungen sind als Mädchen. Schon im Uterus und bei der Geburt sterben mehr Jungen als Mädchen. Bei der Geburt haben Mädchen durchschnittlich einen Reifevorsprung von zwei bis drei Wochen, hinsichtlich des Skelettalters sogar von vier bis sechs Wochen. In allen Altersgruppen liegt dann die Sterberate für Jungen höher.

Die höhere Anfälligkeiten von Jungen für manche Erbkrankheiten hängt mit dem Y-Chromosom zusammen, das im Gegensatz zu anderen Chromosomen nur einmal vorliegt und daher bei Defekten nicht „repariert" werden kann. Studien zur Krankheitsfrüherkennung belegen, daß Jungen von Störungen im Kleinkindalter weitaus häufiger betroffen sind (vgl. Schnack & Neutzling 1990 sowie Franzkowiak & Stößel 1990). Auch bei vielen Behinderungen ist der Anteil von Jungen deutlich höher – eine Tatsache, die bei der zunehmenden Integration von behinderten Kindern in Regeleinrichtungen zu wenig beachtet wird. Frühförderung bei körperlichen und geistigen Behinderungen sowie Entwicklungsverzögerungen wird in der Mehrzahl von Jungen in Anspruch genommen.

Dessen ungeachtet ist das Ausmaß der tatsächlich feststellbaren Geschlechtsunterschiede im Kindesalter gering. Von den Geschlechtsorganen im engeren Sinne abgesehen, unterscheiden sich auch siebenjährige Jungen und Mädchen körperlich noch kaum voneinander. Erst in der Pubertät werden auffällige Unterschiede in der biologischen Entwicklung sichtbar. In diesem Zusammenhang ist interessant, daß in der Wahrnehmung von Kleinkindern die biologischen Unterschiede nur eine geringe Rolle spielen, wenn sie zwischen Jungen und Mädchen, Männer und Frauen unterscheiden. Sie orientieren sich stattdessen eher an anderen Kriterien: an Haartracht, Kleidung und Stimme – auch wenn in der weiteren Entwicklung die unterschiedlichen Geschlechtsorgane zum Gegenstand größer Neugier werden können (Doktorspiele u.ä.).

Neuerdings sind biologische Erklärungen für Geschlechtsunterschiede wieder „in". Ihr wissenschaftlicher Nachweis ist jedoch schwierig, und die Ergebnisse sind stets sehr umstritten. In den Alltagstheorien über die Entstehung geschlechtstypischer Verhaltensweisen spielen sie jedoch noch immer eine wichtige Rolle. So fanden Permien & Frank in ihrer Untersuchung nach wie vor viele Erzieherinnen, die meinten, „daß für die Entstehung geschlechtstypischer Verhaltensweisen und einstellungen die Biologie doch wichtiger sei als die Sozialisation" (1995, S. 16). Der *Anlage-Umwelt-Streit* ist aber nicht nur unlösbar, sondern dient manchmal dazu, die Auseinandersetzung mit den tatsächlich beeinflußbaren Aspekten des (eigenen) Verhaltens zu vermeiden (➜ *Natur und Gesellschaft,* S. 47).

Unbestreitbar sind die biologischen Unterschiede lediglich in der Anatomie und beim Anteil an Sexualität und Fortpflanzung. Verhaltensweisen sind dagegen nicht eindeutig genetisch vorgegeben. Wichtiger als die Suche nach weiteren „naturgegebenen" Geschlechtsunterschieden sind daher folgende Fragen:

- Wie wird der biologisch vorgegebene Geschlechtsunterschied sozial „überformt", und welche Folgen hat er in gesellschaftlichen Zusammenhängen?

- Welche Bedeutung hat die Tatsache, in einem männlichen Körper zu leben, für Jungen und ihre Suche nach Geschlechtsidentität?

- Welche Bedeutung geben wir selbst dem Geschlechtsunterschied?

- Sind die biologischen Unterschiede nur ein kleiner Teil unserer allgemein-menschlichen Möglichkeiten – „nur eins von 23 Chromosomen" – und sollten möglichst wenig betont werden? Oder durchzieht der Geschlechtsunterschied als Grundbedingung unsere gesamte Existenz? Sind wir alles, was wir sind, als Mann oder als Frau?

IM DSCHUNGEL DER BEGRIFFE

Die Beschäftigung mit den Ursachen und Folgen der Unterschiede zwischen den Geschlechtern führt zunächst einmal zu einer Vielfalt von Begriffen. Dies liegt daran, daß sich viele verschiedene Wissenschaften seit Jahrzehnten mit diesen Fragen beschäftigen – und dabei unterschiedliche Sprachen sprechen. Mancher Streit kann sich daraus ergeben, daß zwei Menschen etwas ganz anderes meinen, wenn sie z.B. von „männlichen Eigenschaften" reden, oder sich über unterschiedliche Begriffe streiten, obwohl sie eigentlich dasselbe im Sinn haben.

Für uns geht es nicht darum, die „richtigen Worte" festzulegen, sondern deutlich zu machen, was wir unter einem bestimmten Begriff verstehen und wofür wir ihn verwenden. Dies ist auch für Fortbildungen wichtig, wenn nicht aneinander vorbeigeredet werden soll.

Sozialisation

Mit dem Begriff „Sozialisation" wird in der heutigen Sozialisationsforschung die Gesamtheit der Prozesse verstanden, in deren Verlauf der Mensch „sozial" und damit Teil der Gesellschaft wird. Im Gegensatz zum Begriff der „Entwicklung", der stärker die inneren Gesetzmäßigkeiten betont, werden mit dem Sozialisationsbegriff mehr die äußeren Einflüsse auf das Kind hervorgehoben: Die bewußten Bemühungen von Eltern und PädagogInnen, Kinder zu erziehen; die unbewußten Erwartungen und Auswirkungen ihres Verhaltens; die Einflüsse anderer Kinder (der sogenannten Peergruppen), und schließlich die Einwirkung der kulturellen und materiellen Lebensumwelt, der Medien und anderer gesellschaftlicher Einflüsse.

Männlichkeit und Weiblichkeit

Früher wurden Männlichkeit und Weiblichkeit als entgegengesetzte und einander ausschließende Pole aufgefaßt. Heute geht man eher davon aus, daß ein Mensch sowohl „weibliche" als auch „männliche" Eigenschaften hat. Die Begriffe werden dabei allerdings auf ganz unterschiedlichen Ebenen verwendet.

Gemeint sein können:

- die biologischen Geschlechtsunterschiede,
- die Bündel von Verhaltensweisen und Einstellungen, die traditionellerweise mit Männern bzw. Frauen in Verbindung gebracht werden,
- Annahmen über „natürliche" Zusammenhänge zwischen dem biologischen Geschlecht und bestimmten psychischen Eigenschaften,
- Teile der Persönlichkeit, die direkt mit dem Geschlecht in Verbindung stehen, z.B. Sexualität,
- männliche und weibliche Identität im weiteren Sinn.

Weil die Begriffe mit so unterschiedlichen Inhalten gefüllt werden, ist ihre Verwendung über die grundlegende biologische Bedeutung hinaus problematisch. Winter schlägt vor, zwischen *Männlichkeit* als „Ideologie: herrschende Ideale, Normen, Bilder und Mythen über ,die Männer' " und *Junge-Sein* bzw. *Mann-Sein* als „gelebte(r) Ausgestaltung der männlichen Geschlechtlichkeit" zu unterscheiden (1996, S. 380; → S. 21). Wir greifen das auf und sprechen meist von Männlichkeit, wenn es um gesellschaftliche Bilder und Zuschreibungen geht, und vom Junge-Sein, wenn es darum geht, wie Jungen ihr Männlich-Sein individuell leben.

Biologisches und soziales Geschlecht

Es gibt biologische Geschlechtsunterschiede. Andere Unterschiede zwischen den Geschlechtern sind ein Produkt gesellschaftlicher Zuschreibung und kultureller Lernprozesse. Zur Unterscheidung wurden 1968 von Stoller die Begriffe *sex* und *gender* eingeführt. Sie lassen sich nur schwer ins Deutsche übersetzen – *biologisches* und *soziales Geschlecht* trifft es wohl am besten.

Mit *sex* ist die biologische Grundtatsache gemeint, daß Menschen weiblich oder männlich sind. Hierbei gibt es seltene biologische Ausnahmen bzw. Zwischenformen *(Hermaphroditismus)* sowie das Phänomen der *Transsexualität,* des Gefühls, im „falschen" Körper zu sein, dessen Ursachen noch nicht geklärt sind.

Der Begriff gender wird überall da verwendet, wo es um soziale und kulturelle Aspekte des Geschlechtsunterschiedes geht. Er wird auf ganz unterschiedlichen Bedeutungsebener verwendet („symbolische", „strukturelle" und „individuelle" Formen). Oft werden *sex* und *gender* als voneinander unabhängig angesehen, was allerdings eher fragwürdig ist.

Geschlechtsrolle und Geschlechtsstereotype

Mit dem Begriff Geschlechtsrolle werden die für Männer und Frauen als angemessen betrachteten, kulturell erwarteten oder vorgeschriebenen Verhaltensweisen bzw. darüberhinaus auch Fähigkeiten, Einstellungen und Persönlichkeitseigenschaften bezeichnet. Von Psychologen wird von *Geschlechtsrolle* oft im Sinne von *sozialem Geschlecht*, also von erworbenen geschlechtypischen Einstellungen und Verhaltensweisen gesprochen. Ähnlich werden die Begriffe *Geschlechtsstereotype*, *Geschlechtsrollenstereotype* und viele weitere Wortschöpfungen verwendet. Wir sprechen in diesem Zusammenhang meist von *Geschlechtsstereotypen*.

Die Kultur der Zweigeschlechtlichkeit

Was sind die gesellschaftlichen Ursachen von Unterschieden zwischen den Geschlechtern? Individuelles Frau-Sein und Mann-Sein entwickeln sich in einem komplexen Wechselspiel von Körper, sozialen Beziehungen und symbolischen Formen. Die Differenzierung nach Geschlecht durchzieht alle Bereiche urseres Lebens bis hin zu „Kleinigkeiten": das „Damenkränzchen" und die „Herrentorte"; die Seite, auf der der Hosenknopf sitzt; der Gang aufs Klo... Hagemann-White spricht daher von einem *symbolischen System der Zweigeschlechtlichkeit*, das unser gesamtes Leben umfaßt und beeinflußt (vgl. Hagemann-White 1984). Was „Männlichkeit" und „Weiblichkeit" jeweils konkret bedeuten, welche Formen der gesellschaftlichen Arbeitsteilung damit verbunden sind, welche Eigenschaften den Geschlechtern zugeordnet werden usw., ist dabei nicht ein für allemal festgelegt, sondern wandelt sich im Laufe der Geschichte.

In den meisten Gesellschaften lassen sich jedoch „zwei Welten" unterscheiden, in denen Frauen und Männer leben. Der *öffentliche Bereich* ist in der Regel den Männern zugedacht. Sie sind für Arbeit und die materielle Versorgung zuständig, und ihre Tätigkeit gilt dem Wohl der Gemeinschaft. Frauen ist der *häusliche Bereich* zugewiesen. Sie sind für Familie, Erziehung und die „Gefühle", für die emotionale Versorgung verantwortlich. Damit fallen gesellschaftliche Machtpositionen zunächst den Männern zu. Aber die „zwei Welten" erstrecken sich noch weiter. Männer und Frauen sprechen unterschiedliche „Sprachen", haben verschiedene Interessen und gehen anders mit ihrem Körper um. Eigenschaften wie „fürsorglich" werden als „weiblich", Eigenschaften wir „selbstsicher" als „männlich" bezeichnet. Sogar einfache Formen wie „rund" und „eckig" werden nach Geschlecht eingeordnet.

In mancherlei Hinsicht läßt sich das Geschlechtersystem unserer Kultur als Hierarchieverhältnis beschreiben.

- *Auf der ökonomischen Ebene:* Frauen haben weniger Geld als Männer. Sie haben weniger Besitz, arbeiten mehrheitlich in schlechter bezahlten Berufen und untergeordneten Positionen und werden häufig sogar für die gleiche Arbeit schlechter bezahlt. Wollen sie sich in der Arbeitswelt durchsetzen, müssen sie oft besser sein als die männlichen Kollegen (geschlechtshierarchische Arbeitsteilung).

- *Auf der politischen Ebene:* Je mächtiger eine politische Instanz ist, umso geringer ist der Einfluß von Frauen.

- *Auf der juristischen Ebene:* Trotz Gleichberechtigungsgrundsatz haben Männer und Frauen nicht immer die gleichen Rechte, oder formal gleiche Rechte können nicht genutzt werden.

- *Auf der Ebene von Kommunikation und Sprache:* Die männliche Sprachform gilt als Norm. In vielen öffentlichen Gesprächen schafft männertypisches Sprachverhalten Ungleichgewichte durch längere Redebeiträge, Unterbrechungen und mangelnde Rückbezüge zu anderen Beiträgen. Kurz: Männer stellen (sich) dar, Frauen stellen Beziehung her.

- *Auf der Ebene von Persönlichkeitseigenschaften:* Früher galten viele „männliche" Eigenschaften eher als sozial erwünscht und gesund (z.B. stark) , viele „typisch weibliche" als unerwünscht und „neurotisch" (z.B. abhängig). Heute haben sich diese Bewertungen verändert. Die zunehmende Wertschätzung von „weiblichen" Eigenschaften gilt allerdings nur im privaten Bereich („einfühlsam sein" ist besser als „rational" oder „durchsetzungsfähig sein"), in der Arbeitswelt oder Politik dagegen noch wenig.

● *Auf der psychosozialen Ebene:* Ungeschriebene soziale Regeln schreiben die Unterordnung von Frauen unter Männer fest. Durch die Zuordnung des öffentlichen Raumes zu Männern wird die Bewegungsfreiheit von Frauen eingeschränkt. Im Extrem führt das zu sexuellen Übergriffen und zu Gewalt von Männern gegen Mädchen und Frauen (vgl. Glücks 1994, S. 30 ff.).

Patriarchat

Ein Schlüsselbegriff zum Verständnis der Geschlechterverhältnisse ist der Begriff *Patriarchat.* Wörtlich bedeutet das „Herrschaft der Väter". Millett zufolge „beruht das Patriarchat auf zwei Prinzipien: männlich herrscht über weiblich und der ältere Mann über den jüngeren" (nach McIntosh 1991, S. 855). Im engeren Sinn ist damit ein über bestimmte Familienstrukturen weitergegebenes System von Dominanz und Unterordnung gemeint. Heute wird der Begriff dagegen vor allem von Feministinnen in einem weiteren Sinne für jedes System verwendet, in dem Männer über Frauen herrschen. Die Dominanz des Mannes findet sich in allen geschichtlichen Epochen und allen Hochkulturen der Welt. Die konkrete Ausprägung von Männlichkeit und Weiblichkeit und die Formen männlicher Herrschaft ändern sich allerdings im Verlauf der Geschichte und von Kultur zu Kultur.
Der Begriff Patriarchat ist u. E. aus mehreren Gründen problematisch:

● Unterschiede zwischen verschiedenen Kulturen sowie zwischen verschiedenen Männern und Gruppen von Männern in einer Gesellschaft werden unterbewertet.

● Männer dominieren gesellschaftliche Institutionen, aber nicht unbedingt im privaten Bereich von Familie und Beziehungen.

● Oft herrschen die Väter nur, bis die Söhne erwachsen sind. Vielleicht hängt männliches Machtstreben und Gewaltverhalten mehr mit der *Abwesenheit* als mit der *Herrschaft* der Väter zusammen.

● Besonders fragwürdig ist die manchmal versteckt enthaltene Botschaft, daß Männer „schlechtere Menschen" und für alle Übel der Menschheit verantwortlich sind, Frauen dagegen prinzipiell als Opfer gesehen werden.

In unserem Zusammenhang besonders problematisch ist eine Gleichsetzung von Jungen und Männern. Nicht selten wird davon ausgegangen, daß Jungen – schon im Kindergarten! – an der gesellschaftlichen Dominanz der Männer teilhaben und davon profitieren. Daß sie sich als Kinder immer in der schwächeren Position befinden und manchmal als Jungen auch den Mädchen unterlegen sind, wird dabei übersehen (vgl. Rohrmann 1994, S. 64 f).

Unterschiedliche Geschlechtersysteme und Männlichkeiten

Manche feministische Ansätze begreifen das Geschlechterverhältnis nach dem Täter-Opfer-Modell. Dabei gelten Männer als „Täter" und Frauen als „Opfer". Aber stimmt das immer und überall? Wenn es um persönliche Beziehungen geht, ist es mit der Unterordnung oft nicht mehr so eindeutig. Nicht selten verbirgt sich hinter der Fassade eindeutiger Machtverteilung zwischen Mann und Frau eine bemerkenswerte Umkehrung von Dominanz und Unterordnung. Zu fragen ist nach dem Anteil des vermeintlich Schwächeren an einem Gewaltverhältnis: Inwieweit trägt nicht auch das „Opfer" etwas zur Tat bei, ist es nicht zumindest „Mittäter/in" (vgl. Haug 1981; Studienschwerpunkt Frauenforschung 1989)? Wer „Schuld" hat und wer „verantwortlich" ist für das, was zwischen den Geschlechtern passiert, ist so einfach nicht zu beantworten. Haben Männer immer die besseren Chancen und sind sie wirklich alle Nutznießer der Ungleichheit zwischen Mann und Frau? Und vor allem: Wieso werden diese Verhältnisse immer wieder reproduziert, wenn doch die *Frauen* für die Erziehung der Jungen, der künftigen Männer zuständig sind?
Das *System der Zweigeschlechtlichkeit* prägt Männer genauso wie Frauen. Dabei gibt es nicht „die Männer": Manche Männer haben viel Macht – manche stehen auf der Verliererseite. Gewalt geht oft von Männern aus – aber auch die Opfer von Männergewalt sind mehrheitlich Jungen und Männer (vgl. dazu Lenz 1996). Die stereotypen Erwartungen (auch und gerade von Frauen) an Jungen und

Männer sind oft noch rigider als die an Mädchen und Frauen, und „Fehlverhalten" wird noch deutlich negativer behandelt. Ein Junge muß sich wehren können, um nicht von der Gleichaltrigengruppe abgelehnt oder von seinen Eltern kritisiert zu werden („warum läßt du dir das gefallen?"). Und ein Mann, der nur noch halbtags arbeiten möchte, um Zeit für seine Kinder zu haben, wird mit diesem Ansinnen nicht nur in der freien Wirtschaft selten auf Verständnis treffen. Oft sind es Freunde oder sogar die eigene Frau, die sich mit einer solchen Entscheidung schwertun.

Wir können diese Zusammenhänge besser verstehen, wenn wir nicht mehr von „der" Männlichkeit sprechen, sondern von *verschiedenen Männlichkeiten* und *Geschlechtersystemen*. Was wir umgangssprachlich „die Männerrolle" nennen, ist das vorherrschende, *hegemoniale* Modell von Männlichkeit. Daneben gibt es andere Männlichkeiten, bei uns z.B. die von schwulen Männern, von türkischen Männern oder auch die von kleinen Jungen. Diese Männlichkeiten haben einige Züge mit der vorherrschenden Form von Männlichkeit gemeinsam, genießen aber gesellschaftlich weit weniger Autorität: Sie sind der hegemonialen Männlichkeit *untergeordnet* oder auch *marginalisiert* (an den Rand gedrängt) (vgl. Connell 1995a, 1995b).

Auch die Beziehungen von Menschen in Institutionen sind von geschlechtsbezogenen Mustern geprägt. Wie Weiblichkeit und Männlichkeit „konstruiert" werden und wie Frauen und Männer miteinander umgehen, hängt vom *Geschlechtersystem* der jeweiligen Lebenswelt ab. Damit ist die Art und Weise gemeint, in der z.B. in einer Institution Männlichkeit und Weiblichkeit bestimmt wird, d.h. welches Verhalten von Männern und Frauen hier erwartet wird. Während in vielen staatlichen Entscheidungsgremien oder auch im höheren Schulwesen Männer dominieren, überwiegen in Einrichtungen für kleinere Kinder wie Grundschule oder Kindergarten Frauen. Das hat zur Folge, daß hier andere Aspekte von Männlichkeit gefragt sind als z.B. in einem Industriebetrieb. Deutlich wird uns das, wenn wir überlegen, was in der Aufforderung „Sei ein guter Junge!" mitschwingt oder in der Bemerkung „der Torsten ist ein richtiger Junge!" (➔ *Praxisübung (35): Was ist ein „richtiger" Junge – was ist ein „guter" Junge?).*

Zum Geschlechtersystem der Kindertagesstätte und ihrer Zwischenposition zwischen Männer- und Frauenwelt: ➜ *Erzieherin als Frauenberuf*, S. 61, und *Der Kindergarten als weiblicher Raum*, S. 79 sowie ➜ *Praxisübung (32): Der Garten der Frauen.*

Das System der hegemonialen Männlichkeit prägt unabhängig von der Situation eines einzelnen Mannes oder Jungen die Strukturen, die Männer begünstigen und ihre Dominanz über Frauen festschreiben. Andererseits sind die Interessen von Männern in bestimmten Situationen in stärkerem Maße von ihren Beziehungen zu Frauen und Kindern bestimmt als durch ihre Gemeinsamkeiten mit anderen Männern. Schon immer leiden Männer objektiv an den herrschenden Verhältnissen und sind Beschränkungen und Zwängen unterworfen, denen sie sich nicht so ohne weiteres entziehen können. Und in den letzten Jahren beginnen (wenn auch noch vereinzelt) zunehmend mehr Männer, die gesellschaftlich zugestandenen Privilegien als Preis für die geforderten „männlichen Leistungen" in Frage zu stellen und das mit ihrer Situation verbundene Leid auch subjektiv zu empfinden.
Viele Männer verbleiben dennoch in der Rolle der „Mittäter" bei der Aufrechterhaltung dieses Systems hegemonialer Männlichkeit, weil es ihnen ausreichend Möglichkeiten gibt, erlittene Beeinträchtigungen und Benachteiligungen zu kompensieren – und sei es auf Kosten, der eigenen Gesundheit, anderer Männer, Frauen und Kinder.
Die Aufassung, daß auch Jungen durch die gesellschaftlichen Gegebenheiten dazu gezwungen werden, auf eine „geschlechtsspezifische" Weise zu handeln und zu fühlen, um Männer werden zu können – auch wenn sie dabei bestimmte Gefühle und Wünsche unterdrücken müssen – hat inzwischen Verbreitung gefunden. Bei der Entwicklung zum Mann-Sein balancieren sie zwischen widersprüchlichen Erwartungen, institutionellen Zwängen und persönlichen Bedürfnissen (➜ *Jungen in geschlechtsbezogenen Gegensätzen*, S. 140f.).

Wir können dazu festhalten:

- Mann zu werden wird einerseits vom sozialen Umfeld erwartet, ist andererseits für Jungen eine spannende Herausforderung.

- Es gibt nicht „die" Männlichkeit: zum einen gibt es neben dem vorherrschenden Bild von Männlichkeit noch andere Modelle, zum anderen ist die „Männlichkeit" von Jungen eine andere als die von Jugendlichen oder erwachsenen Männern.

- Die Entwicklung zum Mann ist einerseits eine individuelle Aufgabe für jeden einzelnen Jungen, andererseits auch ein Prozeß sozialen Miteinanders z.B. in Jungengruppen oder in Institutionen.

So verstanden, kann das Konzept der Kultur der Zweigeschlechtlichkeit dabei helfen, auch die Probleme und Nöte von Männern und Jungen wahrzunehmen, ohne dabei gesellschaftliche Zusammenhänge aus dem Blick zu verlieren.

PRAXISÜBUNG

Eineinführender Vortrag zu den Themen dieses Abschnitts kann ersetzt werden durch (Praxisübung (3): Woher kommen die Geschlechtsunterschiede?

Praxisübung (32): Der Garten der Frauen

Anschließend an die Einführung des Bildes von „Frauenwelt und Männerwelt" und Überlegungen zur Erzieherin als Frauenberuf wird gemeinsam mit den Teilnehmerinnen erarbeitet, inwieweit die Kindertagesstätte eine „Männerwelt" oder eine „Frauenwelt" ist. Dazu können auf einem großen Plakat die jeweiligen Aspekte einander gegenübergestellt werden.

Dabei können die folgenden Fragen helfen:

- *Wie sind Macht und Verantwortung in der Kindertagesstätte verteilt – in der Gruppe, in der gesamten Einrichtung, im größeren Rahmen?*

- *Ist Erziehen „richtige Arbeit" – oder (schlecht bezahlte) Mütterlichkeit?*

- *Wann erleben die Kinder die Erzieherinnen als „Mutterersatz", wann als jemanden, die ihren Beruf ausübt?*

- *Welche Eigenschaften, Gefühle und Verhaltensweisen sind im Alltag der Erzieherinnen gefragt, welche erhalten eher wenig Raum?*

- *Woran ist die Gestaltung von Räumen, Materialien usw. orientiert?*

112

WEITERFÜHRENDE LITERATUR

(Nicht nur) zu biologischen Aspekten:

Badinter, Elisabeth (1993): XY. Die Identität des Mannes. München: Piper.

Zur Kultur der Zweigeschlechtlichkeit:

Hagemann-White, Carol (1984): Sozialisation: weiblich – männlich? (Reihe: Alltag und Biographie von Mädchen). Opladen: Leske & Budrich.

Glücks, Elisabeth & Ottemeier-Glücks, Franz-Gerd (Hg.) (1994): Geschlechtsbezogene Pädagogik. Münster: Votum. S. 30-42.

Zu Männlichkeiten und Geschlechtersystemen:

Connell, Robert W. (1995b): ‚The big picture‘. Formen der Männlichkeit in der neueren Weltgeschichte. Widersprüche 56/57, Offenbach/M., S. 23-46.

Männerforschungskolloquium Tübingen (1995): Die patriarchale Dividende: Profit ohne Ende? Erläuterungen zu Connells Konzept der ‚Hegemonialen Männlichkeit' Widersprüche 56/57, Offenbach/M., S. 47-62.

5.2 GESCHLECHTSBEZOGENE ENTWICKLUNG

Das Selbst und die Anderen

In den letzten Jahren haben Ergebnisse der Säuglingsforschung ein neues Bild vom Leben des Kleinkindes entworfen. Wie es scheint, sind die Fähigkeiten schon von Neugeborenen lange Zeit unterschätzt worden (vgl. Stern 1991; Dornes 1992). Stern hat beschrieben, wie das *Selbst* des Kindes nach der Geburt „auftaucht". Seine Stimmungen, Gefühle und Wahrnehmungen sind das „Werkzeug", mit dem es sich seine innere Struktur selbst erschafft. Das Selbst steht dabei von Beginn an in Beziehung zum Anderen und ist daher nie isoliert zu betrachten. Schon in der ersten Hälfte des ersten Lebensjahres entwickelt das Baby nicht nur ein *Kern-Selbstgefühl*, sondern auch eine Vorstellung vom Anderen – meist der Mutter – als relativ sicherer Begleiterin, welche die eigenen Lebensvorgänge reguliert. Im weiteren Verlauf „entdeckt" das Kleinkind dann, daß es „Subjekte" gibt und „Seelenübereinstimmung" (Mama fühlt dasselbe wie ich, findet dasselbe toll, will dasselbe tun...). Die ständige gegenseitige Einstimmung aufeinander findet weitgehend unbewußt statt und ist Grundlage für die weitere Entwicklung. Ein einleuchtendes Beispiel für das „Lernen" durch Einstimmung ist das aus der späteren Entwicklung bekannte Phänomen, daß Kinder bestimmte Redewendungen von ihren Eltern mitsamt der Klangfärbung übernehmen. Ebenso lernen Kinder in der ersten Lebenszeit die Bedeutung ihrer zunächst diffusen Gefühle genauer kennen – und übernehmen dabei auch die „Färbungen" der Gefühle ihrer Eltern, vor allem der Mutter (vgl. Rohrmann 1994, S. 85f.).

Im zweiten Lebensjahr geht es immer wieder um Loslösung und Abgrenzung. Nach heftigen Autonomiebestrebungen im Zusammenhang mit dem Laufen-Lernen folgt im letzten Drittel des zweiten Lebensjahres dann wieder eine Zeit der Annäherung. Allmählich erkennt das Kind, daß Mutter und Vater getrennte Wesen mit eigenen Interessen sind.

Für die Entwicklung ist entscheidend, daß mit der wachsenden Unabhängigkeit auch die Beziehungsfähigkeit wächst. Das ist im Zusammenhang mit geschlechtsbezogenen Fragen besonders wichtig, denn im weiteren Verlauf wird häufig bei Jungen mehr die Tendenz zu

wachsender Autonomie, bei Mädchen die zu wachsender Beziehungsfähigkeit wahrgenommen und unterstützt. Wenn dann später Jungen
und Männern das Streben nach Unabhängigkeit und Macht zugeschrieben wird, bei Frauen dagegen Fürsorglichkeit und Beziehungsorientierung betont werden, haben beide Geschlechter die eigentlich
notwendigen Entwicklungsaufgaben nur unvollständig gelöst. Die
Fähigkeit zur Abgrenzung ist eine wichtige Voraussetzung für die
Weiterentwicklung der Beziehungsfähigkeit und umgekehrt – *wirkli-
cher Kontakt findet immer an der Grenze statt.*
Für die geschlechtsbezogene Entwicklung ist zudem zentral, daß viele
Jungen diese grundlegenden Erfahrungen nur oder überwiegend mit
ihren Müttern machen. Es ist belegt, daß Kinder ihre Väter gerade zu
Beginn des Lebens brauchen und Väter auch Säuglinge genausogut
„bemuttern" können wie Mütter (vgl. Badinter 1993, S. 204ff.; Olivier
1994). Es stimmt daher nicht, daß die Aufgabe der Väter vor allem
darin besteht, ihre Kinder aus der Bindung an die Mütter zu lösen.
Die zu enge Bindung entsteht nur, weil für den größten Teil der Kindererziehung nach wie vor Frauen zuständig sind. Das bedeutet, daß
Jungen sowohl die intensive Einstimmung als auch die aufwühlenden
Abgrenzungskonflikte überwiegend mit Frauen erleben.
Im Kindergartenalter kommt dann als neue Entwicklungsaufgabe die
Zuwendung zu Gleichaltrigen und die Konkurrenz und Selbstbe-
hauptung in der Peergruppe hinzu. In dieser Zeit lernt das Kind
unglaublich viel. Seine Bewegungen werden differenzierter, komplexer
und sicherer. Ein ganzheitliches Körperbewußtsein entsteht allmählich aus der Wahrnehmung und Verbindung einzelner „Leib-Inseln".
Die Vorstellungen von der Veränderbarkeit des Körpers sind zunächst noch verworren.
Die Spielmöglichkeiten und Spielvariationen nehmen schnell zu. Von
besonderer Bedeutung sind Rollenspiele. Auch wenn Kinder wissen,
daß die Rollen, die sie spielen, nicht wirklich sind, ist es für sie schwierig, zwischen „dem Anderen" und ihrer „Wahrnehmung vom Anderen" zu unterscheiden. Insbesondere die Rollenspiele tragen im Alter
von drei bis fünf Jahren zu einer wesentlichen Stabilisierung des
Selbstbildes und des Selbstgefühls bei – in derselben Zeit, in der Kinder auch beginnen, die Bedeutung des Geschlechtsunterschiedes zu
erforschen.

Identität

Der Begriff *Identität* wird sowohl in der Umgangssprache als auch in der wissenschaftlichen Literatur häufig, wenn auch nicht immer einheitlich verwendet. Er ist als Konzept „männlicher Identität" einerseits zentral für ein tieferes Verständnis von männlicher Entwicklung, wird andererseits mit den verschiedensten Bedeutungen gefüllt.

Nach unserem Verständnis ist „Identität" sowohl der Prozess als auch das Ergebnis der Selbst-Verständigung des Individuums. Wir verstehen Identität nicht als etwas, das der Mensch, gleichsam ein für alle Mal, wie eine Persönlichkeitseigenschaft besitzt, sondern ein Zustand, der immer wieder neu hergestellt und gesichert werden muß. Identität entsteht im Ergebnis zweier unterschiedlicher, wenn auch zusammenhängender Suchbewegungen:

Die erste Bewegung zur Selbst-Verständigung bezieht sich auf die eigene Biographie und die darin enthaltene Abfolge lebensgeschichtlich bedingter Selbstentwürfe. Identität bedeutet in dieser vertikalen Richtung: ich-selbst zu sein trotz der vielfachen Veränderungen im Verlaufe meiner Lebensgeschichte.

Die zweite Bewegung bezieht sich auf die aktuellen sozialen Bezüge und die damit verbundene Vielfalt der Anforderungen, denen wir, wie auch immer, nachkommen müssen. Identität bedeutet in dieser horizontalen Richtung: Ich-selbst zu sein trotz unterschiedlicher Ansprüche die mit wechselnden Rollen, Funktionen und Lebenssituationen verbunden sind.

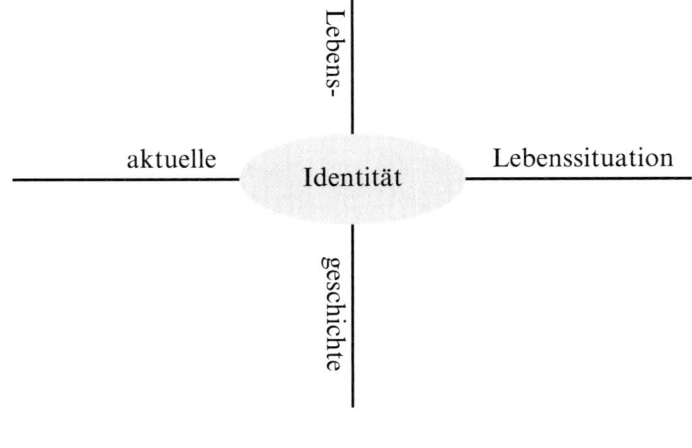

Umstritten ist in unserem Zusammenhang, ob mit dem Begriff männliche Identität eher die Beschreibung solcher Verständigungsprozesse erfaßt werden soll oder ob männliche Identität als normativer Begriff gebraucht wird und dann eher ein Entwicklungsziel darstellt und damit etwas über das „Gelingen" dieses Prozesses aussagt. Im ersten Fall kann die Orientierung an tradierten Stereotypen von Männlichkeit durchaus eine „Identität" ergeben, auch wenn sie auf einer Verdrängung wesentlicher Gefühle und früher Lebenserfahrungen aufbaut. Im zweiten Fall entsteht die Notwendigkeit, zu definieren, was eine „gelungene" Identitätsentwicklung von Männern sein soll. Eine solche Sichtweise wird unter anderem dadurch nahegelegt, daß „Unklarheit über ihre männliche Identität" inzwischen eine verbreitete Ursachenzuschreibung für Probleme von Männern und Jungen geworden ist.

Rahm et al. zufolge ist Identität „immer gleichzeitig *Ergebnis* und *Motor* der Entwicklung, sie ist die stärkste integrative und stabilisierende Kraft des Menschen" (1993, S. 149). Nachdem eine „archaische" (frühe) Identität bereits zu Beginn des zweiten Lebensjahres ausgeprägt wird – Stern (1991) spricht hier von einem *subjektiven Selbst* –, entsteht eine „reife" Identität ab dem vierten Lebensjahr aus der Integration des Selbstgefühls mit den Selbstbildern, in der Verbindung von leiblichen Erfahrungen und sozialem Handeln (vgl. Rahm et al. 1993, S. 191f.). Anders formuliert läßt sich sagen, daß Identität bedeutet, daß das eigene Handeln von der Sicherheit über die eigenen Gefühle und Wahrnehmungen getragen wird.

Vor diesem Hintergrund scheint die typische männliche Sozialisation nur wenig dazu geeignet zu sein, Identität hervorzubringen, weil sie Jungen den Zugang zu bestimmten Teilen ihres Erlebens und ihrer Wahrnehmung systematisch verschließt (z.B. „Jungen haben keine Angst"). Der daraus hervorgehende mangelnde Selbstbezug stellt ein zentrales Dilemma männlicher Sozialisation dar (vgl. Winter 1996; Böhnisch & Winter 1993, S. 22ff.). Einem solchen Verständnis von Identität widersprechen Konzepte wie *Geschlechtsrollenidentität*. Eine vollständige Anpassung an Rollenerwartungen macht es Jungen gerade unmöglich, ihre Gefühle mit ihrem sozialen Handeln in Einklang zu bringen. Was dabei entstehen kann, ist lediglich eine mehr oder weniger stabile Fassade, z.B. die des „starken Jungen".

117

Die Betonung des sozialen und interaktionalen Aspekts von Identität entkräftet die Kritik von sozialwissenschaftlicher Seite, daß der Identitätsbegriff Fragen nach sozialer Struktur und historischer Dynamik im Geschlechterverhältnis ignoriert (so die Kritik von Connell 1995a, S. 25). Umstritten ist, ob es „innere Wahrheiten" gibt, die nicht sozial vermittelt sind, wie es in der Diskussion um das „wahre Selbst", aber auch von Vorstellungen einer „wahren Männlichkeit" nahegelegt wird. Bei der Beschäftigung mit diesen Fragen wird deutlich, daß neben den sozialen Beziehungen dem leiblichen Erleben eine zentrale Bedeutung für das Verständnis von Prozessen der Identitätsentwicklung zukommt. Der Leib ist nicht nur „Boden" der entstehenden psychischen Strukturen, sondern bleibt zentraler Bezugspunkt für die lebenslange Entwicklung von Identität. Die „Archive des Leibes" (Petzold) gewährleisten, daß trotz aller Veränderungen im Lebenslauf ein kontinuierliches Gefühl des „ich-selbst" erhalten bleiben kann (vgl. Scheskat 1994, S. 59).

Die Entdeckung des Geschlechtsunterschiedes

Wenn Jungen in den Kindergarten kommen, haben sie den Geschlechtsunterschied schon „entdeckt". Noch nicht verstanden haben sie alle Konsequenzen, die damit verbunden sind. Die Fähigkeit, zu erkennen, daß sie selbst Junge oder Mädchen sind, ist so früh da, wie danach zu fragen möglich ist. Mit 18 Monaten können Kinder auch Erwachsene zu 90 Prozent richtig nach Geschlecht zuordnen. Ihr Verständnis dessen, was Inhalt ihres Selbstgefühls als Junge oder Mädchen sein kann, ist aber noch sehr umfassend (vgl. Hagemann-White 1984; Fast 1991 u.a.). Was ihnen fehlt, ist das Verständnis der *Geschlechtskonstanz*, unabhängig von ihren Wünschen, Merkmalen des äußeren Erscheinungsbildes oder spezifischen Verhaltensweisen. Dies entwickelt sich allmählich im Alter von zwei bis sieben Jahren. Die Forschungsergebnisse zu diesem Gebiet sind zahlreich und widersprüchlich. Sicherlich hängt dies auch mit der Ausdrucksfähigkeit der Kinder, den jeweiligen Lebensbedingungen und insbesondere dem Ausmaß der Tabuisierung von Geschlechtsthemen zusammen.

Fast (1991) beschreibt diesen Prozeß als *Geschlechterdifferenzierung*. Das früheste geschlechtliche Erleben von Kindern ist eine undifferenzierte Erlebensweise. Die Anatomie eines Jungen ist männlich, aber sein subjektives Selbstgefühl wird durch sein reales Geschlecht in keiner Weise eingeschränkt. „Sein Selbstgefühl umfaßt sämtliche Möglichkeiten, die er später einmal als männlich und weiblich einstufen wird; noch aber bilden sie ein undifferenziertes Konglomerat" (S. 44). Der Prozeß der geschlechtlichen Differenzierung setzt, wie andere Differenzierungen auch, mit der „Erkenntnis einer Grenze" ein. „Der geschlechtliche Unterschied zwischen Männern und Frauen setzt die Grenzen, die er anerkennen muß" (ebenda, S. 44). Freud nahm an, daß Mädchen in dieser Phase beginnen, einen *Penisneid* zu entwickeln. Wenn Jungen wahrnehmen, daß Mädchen und Frauen keinen Penis haben, vermuten sie, daß er ihnen „abgeschnitten" worden wäre, und entwickeln daher Kastrationsangst.

Richtig ist daran, daß *für Jungen* der Penis tatsächlich sehr wichtig werden kann, weil er ihnen Sicherheit über ihr Männlich-Sein gibt, und dies umso mehr, je mehr die Umwelt dies verstärkt und diesen Unterschied hoch bewertet. Es gibt ja ansonsten kaum Merkmale, die ihnen eine solche Sicherheit verschaffen könnten! Wichtig ist aber, daß es bei *beiden* Geschlechtern zu einem Gefühl des Verlusts und des Mangels kommt. „Jeder stellt mit nicht geringer Betrübnis fest, daß ihm etwas fehlt, was der andere hat. Daher auch die Spiele, bei denen – je nach dem Geschlecht des Kindes – Kissen oder Bälle zur Korrektur herhalten müssen" (Olivier 1989, S. 26). Auch Jungen müssen anerkennen, daß sie bestimmte Möglichkeiten nicht haben und nie haben werden. „Weiblich" sein bedeutet für einen Jungen zu diesem Zeitpunkt, „über bewunderte Eigenschaften zu verfügen, die er selbst nicht besitzen kann" – z. B. eine Brust zu haben oder einmal ein Kind bekommen zu können. Es bedeutet, „daß der Junge auf Selbstrepräsentanzen verzichtet, die er durch Identifizierungen erworben hat" (Fast 1991, S. 45).

Zu den biologischen Unterschieden kommen soziale Differenzierungen. Jungen dürfen sich z.B. eher schmutzig machen als Mädchen, und ihnen werden wildere Spiele zugestanden. Wenn sie aber z.B. Kleider und Röcke tragen wollen, reagiert ihre Umwelt auch heute noch irritiert – trotz aller verbaler Bekenntnisse für Gleichberechtigung!

Eine Mutter, deren fünfjähriger Sohn manchmal Mädchenkleider anziehen will und im Rollenspiel gern weibliche Rollen übernimmt, wird von anderen Müttern besorgt gefragt, ob sie nicht Angst habe, daß er „schwul werden könne"... *

Unter Umständen reagieren Kinder in dieser Phase mit Protest, Verleugnung der Geschlechterdifferenz oder anderen Reaktionen. So können Dreijährige noch durchaus der Überzeugung sein, daß sie einmal „Mutter" werden können oder „schwanger sind". Wenn allerdings ein Vier- oder Fünfjähriger behauptet, ein Mädchen zu sein, muß das nicht unbedingt heißen, daß er den Geschlechtsunterschied noch nicht richtig verstanden hat. Mit der gleichen Überzeugung kann er sich möglicherweise auch in einen Tiger oder einen Riesen verwandeln.

Daß Mädchen auf den Penis der Jungen neidisch sein können, ist einleuchtend – und sei es deswegen, weil Jungen damit besser im Stehen pinkeln können. Jungen (und Männern) fällt es dagegen schwerer, Neid auf Mädchen (und Frauen) einzugestehen. Hinweise auf Neidgefühle bei Jungen und auch bei Männern werden allerdings oft weniger bemerkt. Dies liegt zum Teil daran, daß Männer in unserer Gesellschaft häufig bevorzugt werden, sodaß Frauen viel eher Grund zum Neid zu haben scheinen. Für *Jungen* gilt das aber noch nicht in diesem Ausmaß: Sie können ihre Enttäuschung noch nicht so gut mit den Privilegien ausgleichen, die unsere Gesellschaft Männern einräumt.

Nach der „Entdeckung" des Geschlechtsunterschiedes entwickelt der Junge ein zunehmend weiter differenziertes Verständnis von Männlichkeit und Weiblichkeit. Im Miteinander mit Mutter und Vater probiert er zunächst alle in Frage kommenden Rollen und Beziehungen aus. „Innerhalb seines Selbst entwickelt der Junge eine auf seinen männlichen Körper bezogene Männlichkeit. Weiblichkeit wird Angehörigen des anderen Geschlechts zugeschrieben und auf den weiblichen Körper bezogen" (Fast 1991, S. 45). Die neue Bedeutung, die der Begriff „Junge" nun erhält, wird auf der einen Seite stark von der

---

* Situationsschilderungen, deren Quellen nicht angegeben sind, entstammen eigenen Beobachtungen im Rahmen unseres Forschungsprojektes.

jeweiligen Umwelt mit ihren Normen (d.h. den Ge- und Verboten) sowie ihren Möglichkeiten und Spielräumen bestimmt (siehe dazu den nächsten Abschnitt). Allerdings werden die damit verbundenen Vorgaben und Zumutungen an geschlechtstypisches Verhalten aus der äußeren Welt dem Kind nicht einfach von außen – im Sinne von Disziplinierung, Konditionierung oder Prägung – *auferlegt*. Vielmehr entscheiden die *inneren* Erlebnisweisen von Jungen und Mädchen darüber, was von den Angeboten der Umwelt ausgewählt, verändert oder übernommen wird. Kinder konstruieren im Laufe dieser Entwicklung eigenständig und aktiv ihr individuelles Junge- bzw. Mädchen-Sein. In dieser Zeit geht daher die Frage nach der Bedeutung des Geschlechtsunterschiedes auch von den Kindern selbst aus. Für Jungen beginnt hier die *Suche nach Männlichkeit* (vgl. Schnack & Neutzling 1990).

„Ich selbst werden": zwischen Abgrenzung und Identifikation

Umgangssprachlich (und damit leichter verständlich) können wir die Identitätsentwicklung mit der Frage umschreiben: *Wie werde ich „ich selbst"?* Antworten auf diese Frage beziehen sich auf drei Dimensionen:

- *so sein wie...* (Einstimmung, Identifikation, Ähnlichkeit)

- *anders sein als...* (Abgrenzung, Individualität, Verschiedenheit)

- *mich verändern und doch „ich selbst" bleiben* (Kontinuität)

Das „so sein wie" ist Grundlage unserer ersten Lebenserfahrung. Aber nur „so zu sein wie andere" führt zu Symbiose und totaler Anpassung. Daher ist es auch wichtig, „anders zu sein", sich von anderen zu unterscheiden. Im Extrem wiederum führt dies zu Isolation oder zur Psychose.

Obwohl die Grundzüge dieser Entwicklung für Mädchen entsprechend gelten, bedeutet die Entdeckung des Geschlechtsunterschiedes für Jungen und Mädchen etwas anderes. Für Jungen können wir in der folgenden Zeit feststellen: Sie haben zu wenig Möglichkeiten für das „so sein wie", dafür manchmal allzu viele für das „anders als". Diese Situation kann ihr Gefühl gefährden, sie selber bleiben zu können – ein Bruch, der möglicherweise in dieser Phase bei Jungen krasser als bei Mädchen ist (in der Pubertät kann das anders sein). Das große Problem für den Jungen in dieser Phase besteht darin, mit der Tatsache fertigzuwerden, daß die Mutter – wie auch die Erzieherinnen – einem andern Geschlecht angehören als er selbst. Die bis dahin ungebrochene Identifikation mit der Mutter und anderen Frauen erhält hier einen entscheidenden Knick. In den darauffolgenden Jahren erscheint der Junge psychisch und physisch labiler als das Mädchen. Er steht vor der Aufgabe, seine Identität in der Abgrenzung von „Weiblichkeit" und den ihn umgebenden Frauen zu entwickeln.

Abgrenzung ist ein wichtiger Bestandteil der Identitätsentwicklung, Identifikation ein anderer. In dieser Phase gewinnen erwachsene Männer eine neue und wichtige Bedeutung, wenn sie den Jungen als Identifikationsfiguren zur Verfügung stehen und sie in ihrer Selbstwerdung unterstützen. Nur in Beziehungen zu Männern können Jungen erfahren, daß bestimmte Eigenschaften sowohl zu Männern als auch zu Frauen „gehören" können. Fehlen sie, so besteht die Gefahr, daß ein Junge seine Identität nur durch Abgrenzung herzustellen sucht. Für die Abgrenzung von der Mutter können alle Erwachsene wichtig sein – auch die Erzieherinnen, die zeigen, daß es anderswo anders zugeht als zu Hause mit Mama. Aber wenn es um sein Männlich-Sein geht, dann wird sich ein Junge von allen Frauen abgrenzen – auch den Erzieherinnen. (➜ *Praxisübung (36): Jungen als „Männer"*).

Vierjährige ahmen im Rollenspiel noch öfter die Erzieherin nach und übernehmen wie diese die Mutterrolle. Fünfjährige werden das in der Regel nicht mehr tun: Sie werden stattdessen nach einer anderen Rolle suchen. Auf ihrer „Suche nach Männlichkeit" werden Jungen an verschiedenen Orten fündig:

- Sie suchen Kontakt zu realen Männern in ihrer Umgebung: in erster Linie dem Vater, weiter den Großvätern, Onkeln, Freunden der Eltern;

- sie greifen Bilder aus den Medien auf: aus Fernsehen, Comix, Action-Spielzeug;

- sie suchen Gemeinsamkeiten mit anderen Jungen;

● sie orientieren sich an Erwartungen und Bildern von Männlichkeit, die ihnen die Frauen vermitteln, mit denen sie es im Alltag zu tun haben.

Wenn Jungen zu wenige Vorbilder und positive Modelle finden, dann kann die Orientierung an Negativ-Bildern überwiegen. Vielen Jungen wird Männlichkeit in Form einer doppelten Negation vermittelt. Frauen werden gesellschaftlich und sprachlich als das „andere Geschlecht" definiert: Man(n) = Mensch. Frauen sind das „Besondere", Männer das „Normale". Eine Frau ist damit ein „Nicht-Mann". Dem Jungen aber wird sein Männlich-Sein zunächst in der Beziehung zur Mutter deutlich, „und diese ihm am nächsten stehende Erwachsene ist das, was er nicht sein darf, um ein Mann zu werden. So wird sein Geschlecht als Nicht-Nicht-Mann bestimmt" (Hagemann-White 1984, S. 92). Dies ist nicht nur ein Wortspiel. Tatsächlich wird Jungen wesentlich durch Negationen beigebracht, was ein Mann zu sein hat und wie er sich verhalten sollte (➜ *Praxisübung (37): Jungen als „Nicht-Frauen")*.
Die Ansicht, daß „ein Junge sich von seiner Mutter abgrenzen muß, um ein Mann zu werden", ist inzwischen fast ein Allgemeinplatz. Daher merken wir ausdrücklich drei Dinge an:

● Jungen lernen nicht nur von Männern, was Männlichkeit bedeutet. Sie orientieren sich auch an den Erwartungen von Frauen.

● Es ist in erster Linie das Fehlen greifbarer männlicher Identifikationsfiguren, das Abgrenzung von Frauen zu einem zentralen Element von Männlichkeitsdefinitionen macht.

● Jungen brauchen nicht einfach irgendwelche Männer, sondern Männern, die für sie da sind und ihr eigenes Mann-Sein konstruktiv gestalten können.

Wenn Erzieherinnen von Jungen berichten, mit denen sie Probleme haben, heißt es häufig: „Ich komme an ihn einfach nicht 'ran". Das wird vor diesem Hintergrund verständlicher: der Junge will nicht, daß die Frauen zu nah „an ihn 'rankommen". Wenn Jungen sich in krasser Weise von Erzieherinnen abgrenzen, Streit suchen oder auch zwischen Nähe und Distanz hin- und herpendeln, dann kann das etwas mit ihrer „Suche nach Männlichkeit" zu tun haben. Es kann sein, daß ihnen Antworten auf die Frage fehlen, was ihr Männlich-Sein bedeutet, so daß als einzige Antwort die Verweigerung und die störende Auffälligkeit bleibt. Und wie in der Beziehung zur Mutter geht jeder Schritt der Abgrenzung mit Angst vor Liebesverlust einher, was ihr Pendeln zwischen Nähe und Abgrenzung, zwischen Hilflosigkeit und Aggression zum Teil erklären kann.

Diese Überlegungen können dazu beitragen, das scheinbar widersprüchliche Verhalten von Jungen, mit dem viele Erzieherinnen (und Mütter) oft Probleme haben, besser zu verstehen:

> *Andi geht immer in die Opposition und stört den Gruppenkreis – aber wehe, er wird ẽrausgeschmissen!*

> *„Ich bin hier der Boß" tönt Frank groß herum– aber verhält sich manchmal „wie ein Baby".*

> *Jörg markiert den „großen Hecht" – aber kann seine Schuhe nicht allein zubinden. (vgl. hierzu auch → Regression, S. 70).*

Es kann aber auch sein, daß Jungen von den Erwachsenen nur dann als „richtige Jungen" wahrgenommen werden, wenn sie sich so auffällig benehmen. Vielleicht sind wir trotz aller fortschrittlichen Vorstellungen innerlich der Meinung, daß wir Jungen daran erkennen, daß sie lauter sind und mehr umhertoben als Mädchen. Typische Beispiele dafür sind der „liebenswerte Macker" oder der Störenfried, „dem man nichts übelnehmen kann". Oder ein zurückhaltender und unsicherer Junge irritiert uns: „Ein bißchen mehr Rabauke würde ihm ganz gut zu Gesicht stehen". Dann werden sich Jungen mit unbeirrbarem Spürsinn an diesen – uns selbst oft unbewußten! – Geschlechtsstereotypen und den damit verbundenen Erwartungen orientieren, die ihnen Sicherheit über ihr Männlich-Sein versprechen (→ *Praxisübung (35): Was ist ein „richtiger" Junge – was ist ein „guter Junge"?*).

Geschlechtsidentität und soziale Zuschreibungen

In dem Alter, in dem sie in der Kindertagesstätte sind, lernen Jungen und Mädchen, was für ihr Geschlecht typisch ist. Das Erlernen der Geschlechtsstereotype läßt sich in drei Phasen gliedern:

Unkenntnis – Rigidität – Flexibilität (vgl. Trautner et al. 1988). Schon vier- bis fünfjährige Kinder haben ein beträchtliches Wissen von Geschlechtsstereotypen. Dabei fällt ihnen die Zuordnung von Gegenständen oder Verhaltensweisen, die zum eigenen Geschlecht gehören, leichter (oder ist ihnen wichtiger) als von zum entgegengesetzten Geschlecht gehörigen. Bis zum Alter von sieben Jahren nimmt das Wissen um Geschlechtsstereotype dann rapide zu, wobei die Kinder zunächst – zur eigenen Sicherheit – sehr *rigide* sind. Einige Eigenschaften werden dabei zunächst noch eher dem entgegengesetzten Stereotyp zugeordnet: So wird nach einer Untersuchung *Beständigkeit/Zuverlässigkeit* eher mit Frauen verbunden (vgl. Williams et al. 1981, S. 343) – vermutlich, weil Kinder diese Eigenschaften eher an ihren Müttern wahrnehmen als an ihren Vätern.

Die Geschlechtsangemessenheit von Aktivitäten und Gegenständen sowie die Wahl gleichgeschlechtlicher Spielkameraden und Vorbilder wird zunehmend wichtiger. Wenn das Wissen um Geschlechtsstereotype gefestigt ist, werden Kinder wieder *flexibler*: Sie erkennen, daß neben den Unterschieden auch Gemeinsamkeiten zwischen den Geschlechtern existieren, und daß es auch innerhalb eines Geschlechts große Unterschiede gibt. Eine ähnliche Entwicklung gibt es auch beim Spracherwerb, in der das Erlernen der Regeln zunächst zu falschen – aber „korrekt" gebildeten – Verbformen wie ‚ich bin gegeht' führt, bevor Kinder in der Lage sind, Ausnahmen zu begreifen.

Problematisch ist an diesen Untersuchungen, daß so getan wird, als ob sich eindeutig sagen lasse, was „Männlichkeit" ist. „Möglicherweise bedeutet *Männlichkeit* für kleine Jungen aber etwas anderes als für Erwachsene – dies als mangelndes Wissen auszulegen ist vielleicht nur Erwachsenensicht" (Rohrmann 1994, S. 58).

Die manchmal extremen Ansichten von Kindern über „richtiges" und angemessenes Verhalten von Männern (arbeiten!) und Frauen (Kinder hüten!) lassen sich zum Teil damit erklären, daß Kinder zunächst vereinfachen, um grundlegende Zuordnungen zu verstehen. Auch wir haben irgendwann gelernt, daß Männer „stark", Frauen „schwach" sind und so weiter. Unsere Welt ist von derartigen Zuschreibungen durchzogen - auch wenn wir das kritisch sehen und verändern wollen. Was bedeutet das? Wir sollten es nicht immer zu hoch bewerten, wenn insbesondere Jungen bis zum Schulalter starre Ansichten darüber haben, wie Jungen und Mädchen, Männer und Frauen zu sein haben.

Sie brauchen manchmal diese übertriebene Eindeutigkeit. Die alltäglichen geschlechtsbezogenen Einstellungen von Kindern sind im übrigen nicht so starr und festgelegt, wie es sich manchmal anhört. Wenn es um sie selbst oder ihre Freunde geht, sehen sie vieles nicht so eng! Zudem werden Kinder nicht nur durch ihre Umwelt zu Jungen und Mädchen *gemacht*. Sie suchen selbst aktiv nach der Bedeutung, die ihr Geschlecht für ihr ganzes Sein hat, und entwickeln ihre eigene Sicht der gesellschaftlichen Geschlechtszuschreibungen. Das bedeutet, daß Kinder die geschlechtstypischen Zuordnungen nicht einfach übernehmen. Vielmehr *spielen* sie auch mit ihnen – manchmal durchaus auch im Sinne einer echten Karikatur oder Satire (vgl. Wegener-Spöhring 1993, S. 220). Andererseits kann hier auch der Beginn einer Entwicklung liegen, die Jungen zunehmend auf „männliche" Eigenschaften beschränkt und ihnen andere Erlebensbereiche verschließt.

In unserer Gesellschaft sind viele Aspekte des Lebens nach Geschlecht unterschieden (➜ *Kultur der Zweigeschlechtlichkeit*, S. 105ff.). Die unterschiedlichen „Welten" von Jungen und Mädchen, Männern und Frauen werden auch in der Sprache deutlich. Sprache bildet die Wirklichkeit ab, aber andererseits erschafft sie diese auch: Kinder lernen, welche Eigenschaften, Gegenstände und Verhaltensweisen „weiblich" und „männlich" sind – und welche Bewertungen damit verbunden sind. Daß Jungen und Mädchen schon früh „unterschiedliche Sprachen" lernen, führt dazu, daß sich später in der Schule der Wortschatz von Jungen nur zu zwei Dritteln mit dem von Mädchen deckt – Jungen fühlen sich eher in den Bereichen Technik und Sport zu Hause und kennen (und verwenden!) mehr „Tabu-Wörter", Mädchen nennen eher Wörter aus der Welt von Puppen, Kleidern, Tieren und Musik als Lieblingswörter (vgl. Richter & Brügelmann 1994; zum geschlechtstypischen Sprachverhalten von Männern und Frauen vgl. Güthner & Kotthoff 1991; Tannen 1991; Tannen 1997).

Kinder lernen nicht nur die Informationen und Bewertungen, die in derartigen Gegensätzen enthalten sind, sondern sie erfahren die Welt als durch den Geschlechterunterschied strukturiert. Dies wird noch dadurch verstärkt, daß Erwachsene oft unterschiedlich auf ein und dasselbe Verhalten reagieren, je nachdem ob es von einem Jungen oder einem Mädchen gezeigt wird.

Dies führt dazu, daß Kinder Gegenstände. Eigenschaften und Verhaltensweisen von vornherein in Bezug auf das Geschlecht wahrnehmen, erleben und einordnen, unabhängig davon, wie geschlechtstypisch diese in Wirklichkeit sind. Bem (1983) nennt dies *geschlechtsspezifisches Verarbeiten.* Bourdieu spricht vom *sozialen Habitus* und meint, daß es bereits auf einer unbewußten Ebene zu einer Entsprechung von sozialer Strukturierung und dem individuellen Handeln kommt: „Das Kind bildet seine geschlechtliche Identität als Hauptbestandteil seiner sozialen Identität zugleich mit seiner Vorstellung von der Arbeitsteilung zwischen den Geschlechtern" und den gesellschaftlichen Definitionen der sozialen Aufgaben von Mann und Frau (Bourdieu 1987, S. 144f., zit. nach Brandes et al. 1996, S. 108). Was lernen Kinder dabei?

● Sie lernen, was in ihrer Umwelt als „männlich" und „weiblich" gilt.

● Sie lernen damit auch, was für Eigenschaften mit ihrem eigenen Geschlecht, und damit mit ihnen selbst, verbunden zu sein haben.

● Sie lernen, in welchem Ausmaß bestimmte Eigenschaften für Mädchen und Jungen – und damit für sie selbst – „angemessen" sind.

Wenn wir hier von „Lernen" sprechen, so geht es jedoch nicht in erster Linie um bewußtes Erfassen von Regeln, auch nicht um subjektive Vorstellungen, innere Bilder oder ein bestimmtes ideologisches Männer- oder Frauenbild. Stattdessen werden solche geschlechtstypischen Unterscheidungen bereits sehr früh auf der unbewußten Ebene in Form von körperlichen Haltungen und seelischen Prozessen aufgenommen.

Dies kann zur Folge haben, daß bestimmte Eigenschaften überhaupt nicht mit einem Geschlecht in Verbindung gebracht werden. So ist z. B. die Eigenschaft *Fürsorglichkeit* für Jungen oft ohne Bedeutung: Erwachsene schenken der Frage, wie fürsorglich ein kleiner Junge geworden ist, selten Beachtung.

Im Spiel mit einigen Mädchen bringt ein Junge seine Power-Ranger-Puppe ins Bett und deckt sie zu. Eine beobachtende Erzieherin meint daraufhin zu einer Kollegin, daß der Junge die Mädchen

„nachgemacht" hätte. Daß ein Junge von sich aus seine Puppe zu Bett bringen möchte, kann sie sich offensichtlich nicht vorstellen (→ Spielzeug – Die Puppen der Jungen, S. 193).

Oder hyperaktives Verhalten von Jungen wird mißverstanden, weil es als aggressiv interpretiert wird, wogegen der Aspekt der Hilflosigkeit übersehen wird. Jungen erfahren dadurch, daß Hilflosigkeit nicht zu Jungen „gehört", selbst wenn bewußt eine andere Ansicht vertreten wird. Wenn Jungen Hilflosigkeit dann nicht mehr offen zeigen, so ist das keine Angelegenheit bewußter Kontrolle, sondern in ihre Körper „eingeschrieben". Und je früher der Körper sich derartige Haltungen einverleibt, umso unaussprechlicher sind damit verbundene Erfahrungen. Was aber an Kindern nicht wahrgenommen wird, entwickeln sie auch nicht weiter. Das kann dazu führen, daß aus der Sicht von Kindern die Geschlechter sich nicht nur im Ausmaß unterscheiden, in dem bestimmte Eigenschaften auf sie zutreffen („Frauen sind fürsorglicher als Männer"), sondern unterschiedlich im Wesen zu sein scheinen („Fürsorge ist weiblich") (vgl. Bem 1983, S. 604; Rohrmann 1994, S. 59f.).

Die Zuordnung von Verhaltensweisen als „männlich" oder „weiblich" liegt auch manchen Sichtweisen zugrunde, die Veränderungen anstreben, z.B. Aussagen wie der, daß Jungen auch „weibliche Anteile" entwickeln sollen. In Wirklichkeit sind Gefühle oder Eigenschaften nicht „männlich" oder „weiblich". Sie werden aber von Jungen und Mädchen, von Männern und Frauen unterschiedlich erlebt. Die Frage ist, wie Jungen Angst, Scham und Trauer, aber auch Genuß, Zärtlichkeit und Lust *als Jungen* leben können.

PRAXISÜBUNGEN

Als Einstieg zum Thema geschlechtsbezogene Sozialisation in der Familie eignet sich → *Praxisübung (48): Parzival.*

Praxisübung (33): Mama kocht, Papa geht arbeiten

Um Einflüsse des Elternhauses konkret deutlich zu machen, können Erfahrungen mit den Eltern der Kinder gesammelt werden. Auf zwei Plakaten werden Stichpunkte zu Vätern und Müttern gesammelt.

- *Was teilen Kinder direkt über ihre Mutter, was über ihren Vater mit?*

- *Was erfahren Kinder im familiären Alltag über Verhaltensweisen, Aufgaben und Eigenschaften von Vater und Mutter, Männer und Frauen?*

- *Wie drücken sich diese Erfahrungen in Gesprächen und Spielen von Kindern aus? Was teilen die Kinder durch ihr Verhalten über ihre Eltern mit?*

Auswertung
Die gesammelten Stichpunkte können Grundlage für ein Gespräch über geschlechtstypische Sozialisation sein. Sie können aber auch Ausgangspunkt für die Planung eines Projekts mit den Kindern bzw. den Eltern sein (→ *Projekte*, S. 2633).

Praxisübung (34): Eltern im Kindergarten

Ein weiterer Zugang sind direkte Beobachtungen des elterlichen Verhaltens durch die Erzieherinnen. Themen sind:

- *Was ist beim Bringen und Abholen der Kinder zu beobachten?*

- *Woran zeigen Mütter und Väter bei Elterngesprächen und Elternabenden Interesse?*

(→ *Elternarbeit*, S. 272ff.)

Praxisübung (35): Was ist ein „richtiger" Junge – was ist ein „guter Junge"?

Die Gruppe wird geteilt. Die eine Hälfte der Teilnehmerinnen soll auf einen Zettel notieren, was ihnen zum Stichwort „ein richtiger Junge" einfällt; die andere Hälfte entsprechend zum Stichwort „ein guter Junge". Hierfür sind nur wenige Minuten erforderlich.

Auswertung
Die Begriffe werden in zwei Spalten auf der Tafel oder einem Plakat gesammelt. Das Ergebnis spricht für sich. Das eher „langweilige" Gesamtbild des „guten" Jungen machen den Teilnehmerinnen unmittelbar einsichtig, warum viele „problematische" Eigenschaften für Jungen attraktiver sind – und was die inneren Bilder der Erzieherinnen damit zu tun haben.

Die folgende Übung eignet sich zur Einbeziehung der Erfahrungen der Teilnehmerinnen in eine theoretische Darstellung der Entwicklung von Jungen.

Praxisübung (36): Jungen als „Männer"

Die Gruppe sammelt Beispiele, in denen es Jungen um ihr Mann-Sein geht.

Auswertung

● *In welchen Situationen stellen sich Jungen als „Männer" dar?*

● *Wann sprechen sie ausdrücklich von sich als „Männern"?*

● *Wann ist es Jungen wichtig, sich als „Männer" zu sehen und von anderen (Jungen, Erzieherinnen, Eltern....) so wahrgenommen zu werden?*

Praxisübung (37): Jungen als „Nicht-Frauen"

Diese Übung knüpft an (Praxisübung (2): Was ist männlich, was ist weiblich? an. Hier wurden Stereotype von Männlichkeit und Weiblichkeit gesammelt. Nun geht es darum, die dort aufgelisteten Stereotype von Weiblichkeit „umzukehren". Die Gegenstereotype werden auf einer Wandzeitung festgehalten.

Auswertung
Im Anschluß an die theoretische Einführung zum Thema „Abgrenzung von Weiblichkeit als Definition von Männlichkeit" diskutieren die Teilnehmerinnen die These: So sollen Jungen sein! Sollen Jungen so sein?

WEITERFÜHRENDE LITERATUR

Rohrmann, Tim (1994): Junge, Junge – Mann, o Mann. Die Entwicklung zur Männlichkeit. Reinbek: Rowohlt.

Zur Entwicklung im ersten Lebensjahr:

Dornes, Martin (1992): Der kompetente Säugling. Die präverbale Entwicklung des Menschen. Frankfurt: Fischer.

Zur Entwicklung in der Familie:

Olivier, Christiane (1989): Jokastes Kinder. Die Psyche der Frau im Schatten der Mutter. München: dtv.

Zum Verhalten und Erleben von Mädchen und Jungen in einer Krabbelstube:

Schmauch, Ulrike (1993): Kindheit und Geschlecht. Anatomie und Schicksal. Zur Psychoanalyse der frühen Geschlechtersozialisation. Basel & Frankfurt: Stroemfeld/Nexus.

Zur Bedeutung des Vaters auch in der ersten Lebenszeit:

Olivier, Christiane (1994): Die Söhne des Orest: Ein Plädoyer für Väter. Düsseldorf: Econ.

Zur psychoanalytischen Entwicklungstheorie:

Mertens, Wolfgang (1992): Entwicklung der Psychosexualität und der Geschlechtsidentität. Band 1: Geburt bis 4. Lebensjahr. Stuttgart: Kohlhammer.

5.3 LEITBILDER VON MÄNNLICHKEIT

Männlichkeitsideologien: Der Beschützer, der Versorger, der Liebhaber

Ob in einer Bar in New York, ob auf der südpazifischen Insel Truk, ob bei den Eskimos oder in einem kleinen spanischen Dorf – überall auf der Welt scheinen Männer ähnliche Aufgaben und soziale Funktionen zu haben. Der Anthropologe Gilmore, der eine große Anzahl unterschiedlicher Kulturen sowohl westlicher als auch indigener Gesellschaften untersucht hat, beschreibt die den Männern gesellschaftlich abverlangten Leistungen als "imperative Triade": *Erzeuger – Beschützer – Versorger* (1991). Damit sind positive, für den Erhalt und die Weiterentwicklung der untersuchten Gesellschaften wichtige und allgemein anerkannte Aspekte von Männlichkeit gemeint.

● Von „echten" Männern wird erwartet, daß sie Kinder zeugen und sich in der Sexualität aktiv und potent zeigen – der Erzeuger.

● Sie müssen Tapferkeit beweisen und ihre Familien bzw. die von ihnen Abhängigen vor Gefahren beschützen. Dazu müssen sie Mut zeigen und letztlich bereit sein, ihr Leben zu riskieren – der Beschützer.

● Und schließlich müssen sie arbeiten oder erfolgreich wirtschaften, um den Erhalt ihrer Familie und nicht selten ihrer gesamten Verwandtschaft zu sichern – der Versorger.

Ihre Fähigkeit, diese gesellschaftlichen Anforderungen zu erfüllen, müssen Jungen und Männer im Laufe ihrer Entwicklung lernen und unter Beweis stellen – oft durch Handlungen, die mit diesen Zielen zunächst nicht direkt im Zusammenhang zu stehen scheinen. In den meisten Gesellschaften geht es dabei um das Bestehen in Auseinandersetzungen oder um Konkurrenz, um Härte, Kampf- und Opferbereitschaft. Auffällig ist aber, daß den Leitbildern durchaus das Gebot des "für-andere-da-seins" zugrundeliegt. Die von den Männern erwarteten Leistungen sind damit also nicht Selbstzweck, sondern werden in den Dienst von Familie und Gesellschaft gestellt.

In diese Traditionen einer für die Gesellschaft "guten" Männlichkeit wächst ein Junge allerdings nicht von allein herein. In den meisten

Kulturen wird davon ausgegangen, daß „wahre Männlichkeit" *erworben* werden muß. Dazu gehört, daß die zu erlangende Autonomie des Mannes schon früh erzwungen werden muß, insbesondere durch eine Trennung von der Mutter und Welt der Frauen sowie einer Distanzierung von den eigenen Gefühlen und einer Abspaltung der eigenen kindlichen Anteile. Die dadurch erzeugte Autonomie und Unabhängigkeit ist kein Gegensatz zur Bezogenheit des Mannes auf Familie und Gemeinschaft, sondern geradezu ihre Voraussetzung: erst der von emotionalen Kindheitsbindungen gelöste Mann ist in der Lage, seine ganze Kraft in den Dienst der Gesellschaft zu stellen. In diesem Sinne ist auch das in neueren "mythopoetischen" Männlichkeitstheorien beliebte Bild vom *Krieger* zu verstehen. Die soziale Verantwortlichkeit des *Beschützers und Versorgers* drückt sich allerdings oft nur auf der materiellen Ebene aus und wird nicht im Sinne von *Fürsorglichkeit* verstanden. Der „Familienernährer" alten Stils, der sich "für seine Familie totschuftet", aber emotional für Frau und Kinder unerreichbar bleibt, hat subjektiv das Gefühl, „für die Kinder da zu sein" – Frau und Kinder empfinden das möglicherweise ganz anders.
Zwiespältig ist auch das dritte von Gilmore genannte Leitbild, das des *Erzeugers*. In traditionellen Gesellschaften ist das Zeugen von vielen Kindern, insbesondere Söhnen, die Grundlage der materiellen Absicherung der Familie. Kinder stellen die Versorgung der Eltern im Alter und bei Krankheit sicher. Familienvermögen und öffentliche Positionen werden an sie weitergegeben – vor allem an die Jungen als "Stammhalter". Neben dieser materiellen steht die emotionale Bedeutung, daß ein Mann seine "Männlichkeit" durch ein aktives Sexualverhalten unter Beweis stellen muß. Sprachlich läßt sich dies in der Doppelbedeutung des Wortes *Potenz* wiederfinden, das einerseits allgemein "Fähigkeit" bezeichnet, andererseits im sexuellen Sinn Zeugungsfähigkeit oder darüber hinaus "sexuelle Bereitschaft".
In unserer Gesellschaft ist es kein Privileg mehr, viele Kinder zu haben – im Gegenteil. Dennoch bleibt das Bild des starken, sexuell attraktiven Mannes für Männer wie Frauen nach wie vor lebendig. Dennoch ist durch das veränderte Verhältnis der Geschlechter der "Frauenheld" alten Typs in Verruf geraten. Daher ist es nicht überraschend, daß in manchen neuen Männlichkeitsentwürfen an seine Stelle das Bild des *Liebhabers* tritt, bei dem Sinnlichkeit und Einfühlungsvermögen im Vordergrund stehen. So ist für Moore & Gillette

der Liebhaber "das tieferliegende Energiemuster von Lebhaftigkeit, Lebendigkeit und Leidenschaft" (1992, S. 161) im erwachsenen Mann. Männlichkeit wird schon früh für Jungen zu einer zentralen normativen Orientierung. Sie entsteht Schritt für Schritt, wobei in den einzelnen Phasen dieses Prozesses schmerzhaften Ablösungen eine wichtige Rolle zukommt. Männlichkeit bleibt daher immer prekär. Sie wird immer wieder in Frage gestellt und muß daher täglich neu demonstriert werden. Der ständigen Selbstdarstellung in der Öffentlichkeit kommt dabei zentrale Bedeutung zu. Öffentliche Räume sind männlich dominiert, weil Männer hier unter dem kritischen Blick nicht nur der Frauen, sondern vor allem auch der eigenen Geschlechtsgenossen ihre "Männlichkeit" unter Beweis stellen müssen.

In manchen Gesellschaften beginnt die Einübung geschlechtstypischen Verhaltens früh, in anderen sind die ersten Lebensjahre in dieser Beziehung sehr frei. In jedem Fall sind aber die meisten Gesellschaften der Welt der Ansicht, daß "wahre Männlichkeit" im Gegensatz zu Weiblichkeit nicht von allein im Laufe der biologischen Entwicklung entsteht, sondern erworben und/oder von außen herbeigeführt werden muß.

In traditionellen Gesellschaften wird der Übergang vom Kind/Jungen zum Mann durch überlieferte Vorschriften geregelt. Dies bedeutet, daß *Jungen* von gewissen Anforderungen und Tabus erwachsener Männlichkeit noch befreit sind. Daß Kinder in indigenen Kulturen manchmal sehr frei aufwachsen, was auf den ersten Blick im Gegensatz zu den sehr starren Strukturen dieser Gesellschaften zu stehen scheint, wird hiermit verständlich. Während der Übergang in manchen Gesellschaften wie bei uns allmählich vor sich geht, haben andere Gesellschaften Rituale, die "Jungen zu Männern machen". *Initiationsriten* trennen Jungen auf oft gewaltsame Weise von der "Welt der Mütter". Über teils extreme Grenzerfahrungen werden Jungen in die Welt der Männer eingeführt. Dies sorgt dafür, daß ein initiierter Jugendlicher eine gewisse Sicherheit darüber hat, nun ein Mann zu sein – schließlich hat er alle dazu notwendigen Prozeduren überstanden.

In unserer Gesellschaft setzt sich das Ideal einer möglichst "freien" Kindheit, in der Kinder sich ihren inneren Bedürfnissen entsprechend ausdrücken und entwickeln können, zunehmend durch. Dies geschieht jedoch nicht im Rahmen einer Kultur, die die Grenzen dieses

Zugewinns an „Freiheit" eindeutig festlegt und sichert. Im Gegenteil: Grenzen zwischen Generationen verwischen. Kinder werden „ernst genommen", was manchmal bedeuten kann, ihnen Entscheidungen zuzumuten, für die sie noch nicht reif genug sind; für Erwachsene wiederum ist jung sein ein Ideal und „Kind zu bleiben" manchmal eine positive Eigenschaft und zumindest nicht völlig abwegig. Zudem ist nicht von der Hand zu weisen, daß die nachlassende soziale Kontrolle von „Männlichkeit" durch eine verstärkte innengeleitete Selbstformierung der Jungen ersetzt wird. Je weniger eine Gesellschaft solche Übergänge regelt, desto mehr sind Jungen bei dieser Entwicklungsaufgabe auf sich allein gestellt.

JUNGEN UND MÄNNLICHKEIT

Jungen bringen aus dem Elternhaus bereits Vorstellungen davon mit, was Männlichkeit bedeutet. In der Kindergartenzeit beginnen sie, sich mit gesellschaftlichen Bildern von Männlichkeit auseinanderzusetzen, die sie im Alltag mit anderen Kindern und Erwachsenen wahrnehmen oder die ihnen durch Medien und Spielzeug vermittelt werden. Die öffentliche Selbstdarstellung ist ein wichtiger Aspekt traditioneller Männlichkeitsbilder. Weil die Kindertagesstätte der erste „öffentliche Ort" ist, an dem Jungen einen großen Teil ihrer Zeit verbringen, stellen Jungen sich auch hier als „Männer" dar.

Wie lernen Jungen, was Männlichkeit bedeutet?

Untersuchungen zeigen, daß Jungen nach wie vor eher darin unterstützt werden, sich der Außenwelt zuzuwenden und aktiv mit ihrer Umwelt umzugehen. Ihr Mut und ihre Leistungsfähigkeit, gerade auch die des Körpers, werden von den Erwachsenen unterstützt oder sogar gefordert, während Mädchen häufiger gebremst oder zur Vorsicht gemahnt werden. Viele Jungen entwickeln eine Lebenshaltung, die sich so umschreiben läßt: *Die Welt gehört mir! Meine Handlungen können sich in der Welt auswirken* (vgl. Rohrmann 1994 S. 92). Viele Jungen können daher besser mit der Realität der materiellen Umwelt umgehen. Mädchen kommen dagegen oft mit der Realität von Beziehungen besser zurecht. Nur ist die erfolgreiche Lösung eines technischen Problems meist sichtbarer als z.B. das geschickte Handhaben eines Konflikts! Jungen werden auch eher dazu ermutigt, Grenzen zu überschreiten. Wo Mädchen überängstlich sind, sind Jungen „übermütig" – und der positive Beiklang dieses Begriffs läßt übersehen, daß sie damit oft weder sich selbst noch anderen Gutes tun. So kommt es dazu, daß Jungen und Männer selbstbewußter wirken. Dieses Selbstbewußtsein ist allerdings zum Teil nur eine Fassade und hat viele Schattenseiten – für alle Beteiligten:

- Unsicheres Verhalten von Jungen wird oft nicht wahrgenommen, falsch verstanden (z.B. als hyperaktives oder „mutiges" Verhalten) oder sogar kritisiert. Jungen lernen so, daß Angst, Hilflosigkeit oder Schwäche „nicht zu Männern gehört".

- Die sozialen Fähigkeiten von Jungen werden nicht in gleichem Maße entwickelt wie ihre Fähigkeiten, mit Dingen umzugehen. Ihnen wird weniger Verantwortung für sich selbst und ihre Beziehungen zugetraut und zugemutet. Das „Selbstbewußtsein" der Jungen versagt hier oft.

- Jungen neigen dazu, unangenehme Gefühle zu „überspringen". Wenn sie einen Teil ihrer Gefühle und der Gefühle anderer nicht wahrnehmen, dann können sie keine innere Sicherheit entwickeln. Hinter ihrer Aktivität steht oft Orientierungslosigkeit.

- Von Jungen wird weniger Rücksichtnahme erwartet und gefordert. Sie lernen nicht, Grenzen wahrzunehmen und zu akzeptieren, weder ihre eigenen noch die der anderen. So kommt es, daß sie andere stören und verletzen und auf Angriffe mit Gegenangriffen reagieren – sich damit aber letztlich auch selbst verletzen.

- Jungen lernen nicht ausreichend, Konflikte miteinander zu lösen. Oft gilt stattdessen das „Recht des Stärkeren" zur Durchsetzung der eigenen Interessen. Wenn Jungen dabei wiederholt scheitern, kann es sein, daß sie zunehmend gewalttätigeres Verhalten zeigen.

- Erlittene Demütigungen im Kampf um Anerkennung schwächen das Selbstbewußtsein und lassen es in Widerspruch zur gesellschaftlich geforderten Stärke treten. In diesem Dilemma suchen nicht wenige Jungen (und später Männer) einen Ausweg in der Gewalt gegen Schwächere.

● Jungen, die sich in der Jungenwelt nicht behaupten können, haben schlechte Chancen. Sie sind unsicher, können sich nicht wehren und ziehen sich schnell zurück. Damit machen sie zwar den Erwachsenen weniger Probleme, aber geraten in der Jungengruppe in eine Außenseiterposition.

In der Kindertagesstätte liegen die beiden Seiten oft noch dicht beieinander: Der weiche, empfindliche und verletzliche Junge, der weinend zur Erzieherin gelaufen kommt, weil ihm etwas wehtut – und der kleine Rabauke, der „groß tut", sich aktiv seine Welt aneignet und sich in jeden Kampf stürzt. Oft ist aber auch zu bemerken, wie Jungen aktiv werden, wenn sie eigentlich traurig sind oder Angst haben. Es ist wichtig, daß wir beide Seiten wahrnehmen und annehmen. Dann können auch Jungen lernen, beide Seiten in sich zu akzeptieren.

Mann-Sein im Umbruch

In den letzten Jahrzehnten sind die tradierten Vorstellungen von Männlichkeit in unserer Kultur ins Wanken geraten. Gesamtgesellschaftlich bedingte Prozesse der Individualisierung und Wandlungen des Geschlechterverhältnisses haben dazu geführt, daß es für Jungen (und auch für Eltern!) keine eindeutige Vorstellung erwachsener Männlichkeit mehr gibt. Das alte Männerbild hat seine objektive Grundlage – die alleinige Ernährerfunktion des Mannes – weitgehend verloren, und die Vorstellungen davon, wie Männer sein sollen, verändern sich. Dabei eilt das Bewußtsein dem konkreten Handeln oft voraus, und das alltägliche Verhalten erweist sich als oft nur schwer veränderbar. Die Widersprüchlichkeit individueller und gesellschaftlicher Anforderungen an Männer werden besonders am Gegensatz zwischen Berufsleben und Familie deutlich: während im Arbeitsleben weitgehend ungebrochen die „klassisch männlichen Tugenden" verlangt werden, wird vom Mann als Partner und Vater zunehmend die Fähigkeit zur Beziehungspflege und Beziehungsgestaltung erwartet (vgl. Brandes & Bullinger 1996b; Schnack & Gesterkamp 1996).

Inzwischen sind modernisierte Formen *hegemonialer Männlichkeit* zu beobachten, z.B. in der mehr an „Sachverstand" orientierten Männlichkeit technokratischen Stils, die dennoch die Dominanz von Männern über Frauen beibehält, oder in der aggressiven Rhetorik der Neuen Rechten. Gleichzeitig gibt es „alternative" Männerbilder, und die individuellen Einstellungen und Lebensläufe von Männern sind nicht mehr klar an bestimmten Männlichkeitsbildern ausgerichtet, sondern zunehmend widersprüchlich (vgl. Connell 1995a & b; Winter 1996). Das bedeutet aber nicht unbedingt, daß Jungen nun alle Wege offenstehen und sie sich ihren individuellen Weg zum Mann-Sein „aussuchen" können. Zwar stehen Formen überlieferter Männlichkeit neben neuen Männerbildern, aber die „Auswahl" geschieht nicht „frei", sondern auf dem Hintergrund der je individuellen Lebensgeschichten und sozialen Anforderungen.

Dabei wird deutlich, daß die Veränderungen des Mann-Seins unterschiedliche soziale Gruppen in ganz unterschiedlichem Ausmaß betreffen. Das größte Ausmaß an Verunsicherung wird in den Mittelschichten sichtbar, während sich sowohl in den gesellschaftlichen Eliten als auch in der Arbeiterschaft wenig Veränderungsbereitschaft zeigt.

Während es am „oberen Rand" des Spektrums dabei um den Erhalt von Privilegien geht, steht am „unteren Rand" mehr der generelle Kampf gegen weitere soziale Verluste und Ausgrenzung dahinter (vgl. Brandes & Bullinger 1996b, S. 53). Von den Umbrüchen des Mann-Seins bislang weniger beeindruckt sind vielfach auch Ausländer- und Aussiedlerfamilien, in denen das traditionelle Männerbild noch kaum in Frage gestellt wird.

Diese gesellschaftlichen Unterschiede werden auch in die Kindertagesstätten hineingetragen. Ein Kindergarten in einem sozialen Brennpunkt oder eine Einrichtung mit hohem Ausländeranteil wird es mit ganz anderen Männerbildern im sozialen Umfeld (und damit auch in der Vorstellung) der Kinder zu tun haben als eine Elterninitiative. Schwierig wird es insbesondere dort, wo unterschiedliche Vorstellungen von Eltern und Erzieherinnen aufeinanderprallen. In diesem Zusammenhang ist es fast erstaunlich, in welch großem Ausmaß „typische Jungenverhaltensweisen" in ganz unterschiedlichen Lebenswelten berichtet werden.

Bestimmte Formen des Verhaltens von Jungen sind daher als *jungentypische Bewältigungsversuche konkreter Lebensumstände* zu verstehen, manchmal auch als einzige Auswege aus Situationen, in denen Jungen nicht wissen, wer sie sind und wohin sie gehören. Dennoch ist die zunehmenden Offenheit gesellschaftlicher Männerbilder auch eine große Chance, denn sie öffnet Wege für ein „anderes" Junge- und Mann-Sein (vgl. Winter 1996).

Jungen in geschlechtsbezogenen Gegensätzen

Die Kindertagesstätte nimmt eine Zwischenposition zwischen „Frauenwelt" und „Männerwelt" ein (➔ S. 61 und 79). Sie ist noch ein „geschützter Raum", der vom „männlichen Kampf in der Außenwelt" noch weitgehend freigehalten wird. Sie ist aber für Jungen (und Mädchen) auch der erste öffentliche Raum, in dem es um männliche Selbstdarstellung geht.

Über die Vorgeschichte und die sonstigen Alltagserfahrungen der Kinder und Erwachsenen sowie über die Medien dringen die gesellschaftlichen Bilder von Männlichkeit in den Alltag der Kindertagesstätte ein. Die „Zwitterposition" der Kindertagesstätte wirft dabei Fragen auf:

● Was bedeutet „Männlichkeit" in der Kindertagesstätte? Was heißt es, in dieser Umwelt ein „guter Junge" oder ein „richtiger Junge" zu sein?
(→ *Praxisübung (35): Was ist ein „richtiger" Junge – was ist ein „guter" Junge?*).

● Wann erleben sich die Jungen als „Kinder" im Verhältnis zu den erwachsenen Erzieherinnen, wann als „Männer" im Verhältnis zu Frauen? Sind sie die „Männer" in der Einrichtung?

Mit geschlechtsspezifischen Erwartungen ihrer Mitmenschen müssen sich Jungen von Beginn ihres Lebens an miteinander aussetzen. Sie stehen auf verschiedene Weise in Gegensätzen:

● Als *Kinder* haben sie es, unabhängig vom eigenen Geschlecht, mit den Erwachsenen, den Eltern und ErzieherInnen, zu tun. Weil überwiegend Frauen für die Erziehung zuständig sind, stehen sie dabei oft Frauen gegenüber.

● Als *Noch-nicht-Männer* leben sie mit den Mädchen und den Erzieherinnen im von Frauen dominierten „Binnenraum" der Versorgungsbeziehungen, der dem männlich dominierten „Außenraum" der Gesellschaft gegenübersteht. Frauen und Kinder stehen als *nicht-männlich* den Männern gegenüber.

● Als *Jungen* stehen sie andererseits den Mädchen und den Erzieherinnen nicht nur als Kinder männlichen Geschlechts, sondern auch als *kleine Männer* gegenüber.

● Als einzelne Individuen treffen Jungen auf die Polarität von *männlichen und weiblichen* Stereotypen, wie sie sich in ihrer jeweiligen Umwelt ausdrücken. ErzieherInnen und andere Kindern haben, oft unbewußt, bestimmte Vorstellungen davon, wie ein Junge oder Mädchen zu sein hat und was „männlich" ist. Sie können „richtige Jungen" sein und sich wie „kleine Macker" aufführen, oder „Muttersöhnchen" sein und „Mädchenspiele" spielen.

Jungen werden also nicht durch ihr Geschlecht automatisch Mitglied der Gruppe der Jungen, sondern müssen sich mit einem Bündel von Erwartungen und Verhaltensweisen auseinandersetzen, das in ihrer

Umwelt das Junge-Sein definiert. Es geht dabei um mehr als nur um einfaches und alltägliches Einüben von „männlichem" Verhalten. Jungen können sich zwischen all diesen Erwartungen sehr zerrissen fühlen! Natürlich sind auch Mädchen noch keine Frauen, und ihr Weg dahin ist alles andere als unproblematisch. Für Jungen ist aber schwierig, daß „weibliche" und „kindliche" Eigenschaften oft nahe beieinander liegen, „männliche" und „kindliche" Eigenschaften dagegen häufig entgegengesetzt zu sein scheinen. Immer wieder erleben sie, daß „Männlichkeit" nicht zu Jungen gehört oder ihr sogar entgegengesetzt wird. Junge Männer, die den Anforderungen ihrer Umwelt an männliches Verhalten nicht nachkommen, werden oft verächtlich entweder als „kindisch" oder als "weiblich" bezeichnet.

„Männliches" Verhalten von Jungen beruht auf dem Bedürfnis, Eigenschaften anzunehmen und zu zeigen, die sie mit Männlichkeit in Verbindung bringen – dies sind vor allem auch körperliche Attribute wie Größe und Kraft. Jungen nehmen wahr, daß sie diese Eigenschaften nicht haben, und versuchen daher, entsprechendes Verhalten zu imitieren – sie „tun groß" oder „blasen sich auf" (vgl. Ullian 1981). In diesem Sinne wird „mackerhaftes" Verhalten von Jungen gerade dadurch verständlich, daß sie weder psychisch noch körperlich die gesellschaftlichen Erwartungen an Männlichkeit erfüllen können (➜ *Praxisübung (36): Jungen als „Männer"*).

Die angesprochenen Leitbilder können für Verhalten und Probehandeln von Jungen als Orientierung dienen. In anderer Hinsicht sind sie für die Jungen noch Zukunftsmusik: Sie *werden* versorgt, und es wird *für sie* gearbeitet. Auch als Beschützer sind Jungen denkbar ungeeignet – vielmehr brauchen sie selbst Schutz. Und ihre Zeugungsfähigkeit ist für sie noch kein Thema. Während zudem die weibliche Fruchtbarkeit als Schwangerschaft für Kinder sichtbar und für Mädchen zu einer Identifikationsmöglichkeit wird, taucht die sexuelle Potenz des Mannes meist nur in Form von „schmutzigen" Witzen auf, welche die Jungen oft nicht einmal richtig verstehen. Erotisches und sexuelles Miteinander von Kindern spielt sich heute weitgehend in einer Grauzone zwischen theoretischer Bejahung und tatsächlicher Vermeidung seitens der Erwachsenen ab. Liebesgefühle zur Mutter wiederum geraten in Konflikt mit der Notwendigkeit von Abgrenzung. Ein gesichertes und in sich stimmiges Selbstbild als *Erzeuger/*

Liebhaber, Beschützer und *Versorger* können Jungen daher noch nicht aufbauen.

Selbstverständlich ist es nicht wünschenswert ist, wenn Jungen problemlos in traditionelle Männlichkeit hineinwachsen. Es geht auch nicht darum, die überkommenen Leitbilder zu modifizieren, um Jungen zu „richtigen" Männern zu machen, wie das in manchen Ansätzen aus mythopoetischer Richtung versucht wird. Stattdessen lassen sich die von Gilmore benannten Leitbilder als gesellschaftlich bereitgestellte *Definitionsräume* begreifen, in denen Jungen nach individuellen Antworten auf die Frage nach der Bedeutung ihres Männlich-Seins suchen. Die Beschäftigung mit Männlichkeitsideologien kann beim Verständnis der folgenden Zusammenhänge helfen:

● Daß Junge-Sein und Männlichkeit so oft gegensätzlich erscheinen, ist ein grundlegendes Dilemma traditioneller Männlichkeit und nicht nur ein aktuelles gesellschaftliches Problem.

● Manche Verhaltensweisen von Jungen lassen sich als Versuch verstehen, gesellschaftliche „Imperative" von Männlichkeit nachzuspielen.

● Die Jungen von Medien nahegelegten Männerbilder sind ebenfalls ein – wenn auch oft „platter" – Ausdruck traditioneller „guter" Männlichkeit (➜ S. 193ff.).

LEITBILDER VON MÄNNLICHKEIT – LEITBILDER FÜR JUNGEN?

Gilmore hat beschrieben, daß trotz eines „schillernden Spektrums" von Männlichkeitsbildern in verschiedenen Kulturen die drei moralischen Gebote *Beschützen – Versorgen – Erzeugen* immer dann in den Vordergrund treten, wenn wahre Männlichkeit betont wird. Über Beobachtungen von Erwachsenen und insbesondere über die Medien dringen solche Leitbilder im Kindergartenalter allmählich in das Bewußtsein der Jungen ein. Sie treffen dort auf das innere Bedürfnis nach Klarheit über die eigene männliche Identität.

Wir können uns daher fragen:

- Wie lösen Jungen die paradoxe Situation, daß sie sich in vorherrschenden Leitbildern von Männlichkeit nur bedingt wiederfinden können?

- Inwieweit werden Jungen als „kleine Männer" wahrgenommen oder eben gerade nicht als Männer? Werden damit wesentliche Aspekte ihrer Persönlichkeit, ihrer Gefühle und Verhaltensweisen überbetont oder aber übersehen?

Kann ein Junge ein *Beschützer* sein?

Die Dimension *Schützen – Geschützt werden* spielt im Alltag von Jungen eine entscheidende Rolle. Im Kindergartenalter lernen Kinder allmählich, vom Schutz der Erwachsenen unabhängiger zu werden. Dies bezieht sich einerseits auf Risiken der sozialen Umwelt. Kinder werden zunehmend aus der direkten Obhut der Erziehungspersonen entlassen und müssen lernen, neue Situationen selbst einzuschätzen. Andererseits geht es um Schutz bei zwischenmenschlichen Konflikten. Diese treten im Kindergartenalter zunehmend auf, und Kinder müssen lernen, solche Situationen unter Gleichaltrigen selbständig zu regeln. Im Alltag erleben kleine Jungen viel häufiger Frauen als Beschützerinnen: Mütter schützen ihre Kinder vor Fremden oder nicht selten auch vor dem „strengeren" Vater; Erzieherinnen greifen in Konflikten ein, um „ihre" Kinder zu schützen usw. Daß der Vater den Jungen „vor der Mutter schützt" (oder, psychoanalytisch gesprochen, ihm hilft, sich aus der engen Bindung an sie zu lösen) ist dagegen alles andere als selbstverständlich. Vielleicht wird er auch in anderen Situationen seinen Sohn nicht schützen (und damit vorleben, wie das funktioniert), sondern von ihm erwarten, daß er sich „wehren kann". Vielleicht wird von Jungen schon früh erwartet, andere oder sogar die Mutter zu „beschützen". Nur: eine starke Schulter zum Anlehnen haben kleine Jungen noch nicht. Sie müssen also selbst darauf kommen, was „beschützen" wohl bedeuten kann.

Die fatalste Variante von Probehandeln ist es, wenn vom Beschützen schließlich nur noch der „Kampf gegen (fiktive, phantasierte, nicht verständliche) Bedrohungen" bleibt, wie es viele Actionserien im Fernsehen oder in Comics abbilden.

Wir können uns fragen:

- Wieviel Freiraum geben wir Jungen, sowohl was das Eingehen von Risiken in der Umwelt angeht, als auch, was das selbständige Lösen von Konflikten betrifft?

- Wieviel Hilflosigkeit gestehen wir Jungen zu; wie gut können wir es annehmen, daß Jungen Schutz und Hilfe suchen, wenn sie sich Anforderungen nicht gewachsen fühlen?

- Inwieweit versuchen Jungen, der Kontrolle, die mit der schützenden Funktion der ErzieherInnen verbunden ist, zu entgehen?

- In welchen Situationen, in welchen Momenten nehmen sie unseren Schutz in Anspruch, schlüpfen vielleicht in die Rolle des „hilflosen Kleinkindes"?

- Wo können Jungen selbst als Beschützer auftreten; wen oder was beschützen sie? Sind dies reale Situationen oder phantasierte Idealbilder?

Kann ein Junge ein *Versorger* sein?

Wie beim Beschützer läßt sich auch beim Aspekt *Versorgen –
Fürsorge* eine Polarität vom „Selbstversorger" und „hilflosen
Kleinkind" feststellen. Im Kindergartenalter lernen Kinder, selbst
die Verantwortung für eine Vielzahl alltäglicher Vorgänge zu
übernehmen – der Gang zum Klo, das Anziehen, das Tisch-
abräumen... Im Vordergrund steht die zunehmende Unabhängigkeit von direkten Versorgungsleistungen der Eltern und
ErzieherInnen: „Das kann ich schon selbst".

Wenn es um das Versorgen anderer geht, stellt sich für Jungen
dabei das Problem, daß die konkreten, körpernahen Versor-
gungsaufgaben nach wie vor eher weiblich besetzt sind. Das
traditionell männliche Leitbild des materiellen Versorgers –
„Papa geht arbeiten" – ist für Jungen viel weniger faßbar.

Was für „Arbeiten" sind für Jungen sichtbar, wo können sich
kleine Jungen daran aktiv beteiligen? Das sind entweder Phan-
tasiespiele (und von daher ist es nicht überraschend, wenn die
Rollenspiele von Jungen „phantastischer" und weiter von der
Realität entfernt sind als die von Mädchen!) oder oft wieder
Reproduktiontätigkeiten wie „Tischdecken", die eher dem traditionell weiblichen Leitbild entsprechen. Versorgungsvorgänge
wie Anziehen, Füttern, ins Bett bringen werden im Rollenspiel
oder mit Puppen unmittelbar nachvollziehbar. Einen direkten
körperlich-emotionalen Bezug von „Arbeit" zum „Versorgen Anderer" erleben Jungen dagegen bei ihren Vätern bzw. Eltern oft
nicht (Stichwort: „entfremdete Arbeit"). Wenn Jungen sich „bedienen" und „verwöhnen" lassen oder bestimmte Tätigkeiten
nicht übernehmen wollen, weil es „Weiberkram" ist, dann kann
das daran liegen, daß sie daran gewöhnt sind, daß „Mama alles
macht". Vielleicht haben sie aber auch gelernt, daß Mann-Sein bedeutet, für so etwas nicht zuständig zu sein. Übernehmen Väter
und Männer einen größeren Anteil an häuslichen Versorgungs-
aufgaben, dann liefern sie Jungen konkrete Identifikationsmög-
lichkeiten. Schließlich kann es aber auch bedeuten, daß ein Junge einfach noch „klein" bleiben möchte und den Anforderungen
zunehmender Selbständigkeit nicht immer gewachsen ist.

Wir können uns fragen:

- Wieviel Raum geben wir Bedürfnissen von Jungen, „klein" zu bleiben? Haben wir lieber „Selbstversorger", oder fühlen wir uns besonders wohl, wenn wir für die Kleinen da sein können?

- Wie bewerten wir unsere eigene Tätigkeit? Inwieweit erkennen wir Erziehung und Versorgung von Kleinkindern als Arbeit an – und vermitteln das den Kindern?

- Wann wollen Jungen sich „bedienen" und „verwöhnen" lassen? Steckt dahinter Achtlosigkeit, Unsicherheit oder nur der Wunsch, noch einmal „klein" sein zu dürfen?

- Was für „Arbeiten" sind für Jungen sichtbar, wo können sich Jungen daran aktiv beteiligen?

- Wieviel Verantwortung geben wir Jungen für das Versorgen anderer?

Wie sieht es mit dem dritten Leitbild aus, dem *Erzeuger* und *Liebhaber?*

Für kleine Jungen ist oft wenig sichtbar oder vorstellbar, wie der Beitrag von Männern zu Erotik und Sexualität aussieht. Mädchen können sich „schön machen" und üben manchmal damit früh ihren Part im Spiel der Geschlechter ein. Und Jungen? Vielleicht proben sie schon früh das Gegenstück zum Schönheitszwang: Das „cool sein"; das Erwecken des Eindrucks, man(n) wisse über alles Bescheid, obwohl man keine Ahnung hat. Jungen können zwar zum „kleinen Verführer" werden. Vom tatsächlichen erotischen und sexuellen Verhalten von Männern bekommen sie aber wenig mit – eher sind es verzerrte Medienbilder, die ihre Vorstellungen prägen.
Während sich erotische Beziehungen zu anderen Kindern im Kindergartenalter nur sporadisch und allmählich entwickeln, nimmt die Mutter als „erste Frau im Leben des Mannes" emotional einen zentralen Platz im Erleben von Jungen ein. Mama ist die „große Liebe" – aber ihre Zuwendung kann auch zuviel

sein und erdrücken. Die intensive emotionale und körperliche Beziehung zwischen Mutter und Sohn bewegt sich manchmal an der Grenze zum sexuellen Übergriff und überschreitet sie gelegentlich. Die Position des „kleinen Liebhabers" ist für Jungen sehr zwiespältig!

Es wird gesagt, daß es für Jungen von Vorteil ist, daß ihr Penis zu sehen ist und auch von den Erwachsenen bemerkt und kommentiert wird. Leichter als Mädchen, deren Geschlechtsteile verborgen sind und auch seltener benannt werden, können Jungen ein gutes Gefühl zu dem Körperteil bekommen, das später für Lust und Zeugung da ist. Ob das stimmt, ist fraglich. Der Penis des Jungen ist nicht nur Gegenstand von Bewunderung, sondern auch von Spott und Schimpfworten („Schlappschwanz!"). Zudem ist für ihn nicht direkt ersichtlich, was dieses Körperteil und die Lust, die er empfindet, mit dem Mann-Sein zu tun hat. Die Fruchtbarkeit der Frau – die Schwangerschaft – ist für Kinder sicht- und spürbarer als der männliche Anteil an der Fortpflanzung. So kann ein Mädchen eher erahnen oder erspüren, was es später selbst vielleicht einmal erleben kann. Für Jungen und Männer dagegen ist ihre Fruchtbarkeit kaum einmal Thema. Wenn überhaupt, zählt das Ergebnis.

Wir können uns fragen:

● Wie drücken wir mit Jungen Zuneigung und Nähe aus? Wo geht es dabei mehr um „mütterliches" Verhalten im Sinne des Beschützens und Versorgens? Wo schwingt auch einmal Erotik mit?

● Wann suchen Jungen unsere Nähe und bringen uns starke Gefühle entgegen? Wann wehren sie sich gegen unsere Zuwendung und wollen nicht der „geliebte Kleine" sein?

● Was bedeutet es für Jungen, einen Penis zu haben? Können sie stolz darauf sein und sich damit wohl fühlen?

● Was löst es in uns aus, wenn wir sexuelles Verhalten von Kindern mitbekommen?

● Wo gibt es im Kindergarten sexuelle Anspielungen oder Beschimpfungen? Wo sind wir dadurch verunsichert? Wo steckt Unsicherheit bei den Jungen dahinter?

Für die Entwicklung von Jungen ist entscheidend, ob ein Beschützer selbst Schutz benötigen darf, oder sich – mangels realer Möglichkeiten, andere zu beschützen – vor allem darüber definiert, selbst keinen Schutz zu benötigen und allein klar zu kommen. Es ist wichtig, daß sie sich selbst als Versorger erleben können – anstatt den Eindruck zu bekommen, daß Mann-Sein bedeutet, keine Fürsorge mehr zu benötigen. Und schließlich brauchen sie ihre eigenen Wege zu Lust und Liebe, damit sie lernen, daß Liebe nicht etwas ist, womit Mütter Kinder überschütten (so daß man manchmal davor weglaufen muß!), sondern etwas, was zwischen zwei Menschen lebendig wird.

PRAXISÜBUNGEN

Die folgende Übung soll die zum Thema Jungensozialisation geschilderten Inhalte körperlich spürbar machen.

 Praxisübung (38): Wie fühlen sich Jungen in ihrem Körper?

Die Teilnehmerinnen werden aufgefordert, sich einen Jungen vorzustellen (➜ *Praxisübung (1): Ich und ein Junge, der mich stark beschäftigt*) und zu spüren, wie dieser Junge sich in seinem Körper fühlen könnte.
Zu Beginn wird eine Einstimmung im Raum durchgeführt (im Raum umhergehen, schnell, langsam, schwer, leicht, usw.). Möglich ist auch eine spielerische Rückführung bis ins Kindergartenalter, immer unter dem Aspekt der Bewegung.
Sodann „verwandeln" sich die Teilnehmerinnen in einem besonders angekündigten Moment – Jetzt! – in einen Jungen. Die Aufmerksamkeit wird immer wieder auf den Körper und die Art und Weise der Bewegung gelenkt. Dazu können Vorgaben wie die folgenden gemacht werden:

- *Wie fühlt es sich im Körper an, ein Junge zu sein?*
- *„Tu, was du willst!"*
- *„Fünf Minuten Tobezeit"*
- *Wo kannst du dich 'mal ausruhen?*
- *Du bis unsicher, willst es dir aber nicht anmerken lassen.*
- *Du möchtest überall dabei sein, wo was los ist. Du hast Angst, etwas zu verpassen!*
- *Du würdest gern wild umherspringen, aber es ist zu wenig Platz bzw. es ist eigentlich verboten.*
- *Du bist wütend, aber willst keinen Ärger mit der Erzieherin.*
- *Du versuchst, andere zu ärgern, ohne daß die Erzieherin es mitbekommt.*
- *Du mußt ständig Angst haben, daß dir jemand in den Rücken schlägt.*
- *Was würdest du als Junge am liebsten tun? Was würde die Spannung in dir lösen?*

Zum Abschluß werden die Teilnehmerinnen aufgefordert, sich auf angenehme Weise zu bewegen und/oder sich einen Platz zu suchen, an dem sie sich wohlfühlen, sich zu entspannen und die Eindrücke noch einmal an sich vorbeiziehen zu lassen.

Auswertung
Die aufgetauchten Empfindungen werden anschließend in Kleingruppen oder der Gesamtgruppe besprochen.

Zum Abschluß ist es möglich, als Kontrast eine entspannende Körperreise oder Kontaktübung durchzuführen.

Jungen wollen oft bestimmen. Das wird von dem anschließenden einfachen Spiel aufgegriffen, das sich mit Jungen spielen läßt, aber auch als Auflockerung in der Fortbildung eingesetzt werden kann:

Praxisübung (39): Der Bestimmer

Alle gehen im Raum umher. Eine Person erhält einen Ball oder anderen Gegenstand und darf bestimmen, was die anderen machen sollen (wie sie gehen sollen, welches Geräusch sie machen sollen usw.). Dann wandert der Ball weiter.

Auswertung
Zu zweit oder in der Gesamtgruppe besprechen die Teilnehmerinnen die folgenden Fragen:

- *Wie haben Sie sich gefühlt?*
- *Was hat Ihnen besonders Spaß gemacht?*
- *Haben Sie auch Widerstände gegen die Übung gespürt? Wann genau?*
- *Gibt es Parallen zu Ihrem Verhalten in anderen Lebensbereichen?*

Praxisübung (40): Sind Jungen „Kleine Männer"?

Die Teilnehmerinnen sammeln Eigenschaften und Verhaltensweisen, in denen (kleine) Jungen und Männer

- ähnlich sind
- verschieden sind.

Auswertung
Die gesammelten Eigenschaften und Verhaltensweisen werden auf Tafel oder Plakaten gesammelt und zunächst nach *biologischen* (Penis, Körperbau, Haarwuchs, Stimme...) und *sozialen Aspekten* (Gefühle zeigen, mit Autos spielen, „cool" sein) differenziert. Dies kann vom Leiter schon während des Sammelns strukturiert werden.

Angesichts der meist geringen Anzahl von Ähnlichkeiten, insbesondere bezüglich körperlicher Gegebenheiten, wird dann gefragt, bei welchen der genannten Unterschiede Jungen Frauen ähnlicher oder „näher" sind als Männern. Das Ergebnis spricht für sich (höhere Stimme, weniger behaart, kleiner, geringere Körperkraft, zeigen mehr Gefühle, weinen...).

Davon ausgehend können die folgenden weiterführenden Fragen besprochen werden:

- *Was für Eigenschaften und Verhaltensweisen ahmen Jungen nach?*
- *Wie erfolgreich sind sie dabei?*
- *Was für Eigenschaften und Verhaltensweisen von Männern werden Jungen zugeschrieben, obwohl sie sie selbst nicht haben?*

WEITERFÜHRENDE LITERATUR

Zu Jungen auf der Suche nach Männlichkeit

Schnack, Dieter & Neutzling, Rainer (1990): Kleine Helden in Not. Jungen auf der Suche nach Männlichkeit. Reinbek: Rowohlt.

Schnack, Dieter & Neutzling, Rainer (1997): „Der Alte kann mich mal gern haben". Über männliche Sehnsüchte, Gewalt und Liebe. Reinbek: Rowohlt.

Zu Männlichkeitsideologien überall auf der Welt:

Gilmore, David G. (1991): Mythos Mann. Rollen, Rituale, Leitbilder. München & Zürich: Artemis & Winkler.

Zu den gesellschaftlichen Veränderungen des Mann-Seins:

Brandes, Holger & Bullinger, Hermann (1996b): Männlichkeit im Umbruch. Soziologische Aspekte der Veränderung männlicher Lebenswelt. In: Dies. (Hg.): Handbuch Männerarbeit. Weinheim: Psychologie Verlags Union. S. 36-58.

Zu neuen Leidbildern von Männlichkeit:

Blei, Robert (1997): Der Faselhans. Die vergebliche Suche des Mannes nach dem Eigentlichen. Völlenbach/Allgäu: Kunterbunt.

6.1 SPIEL

> Spiel ist der Bereich, in dem das Ungesagte ausge-
> drückt wird, in dem Wünsche erfüllt und nicht aner-
> kannte Sehnsüchte gestillt werden. Es ist die Sprache,
> in der wir uns unsere Geheimnisse mitteilen.
>
> Brian Sutton-Smith

Jungenwelten und Mädchenwelten

Der Erfahrungsaustausch von Erzieherinnen hinsichtlich der Frage
nach geschlechtstypischem Verhalten im Kindergarten wird mit größ-
ter Wahrscheinlichkeit immer wieder auf die gleichen Beobachtungen
und Erfahrungen stoßen:

> *Mädchen sind eher leise, Jungen eher laut. Mädchen malen und
> basteln, Jungen bauen und werken. Jungen toben und raufen,
> Mädchen stehen am Rand und schauen zu.*
> *Mädchen sind leichter zu führen, Jungen machen Probleme. Von
> den Spielgruppen der Jungen sind Mädchen oft ausgeschlossen.*

Derartige Beobachtungen, die auch für Schulkinder typisch sind, lassen sich im Kindergartenalltag immer wieder machen. Dennoch gibt
es bei genauerem Nachfragen viele Ausnahmen, Abweichungen und
Differenzierungen von dieser generellen Tendenz.
Viele Erzieherinnen, aber auch manche entwicklungspsychologische
Untersuchungen erkennen kaum Unterschiede im Verhalten von Jungen und Mädchen im Kleinkindalter. Bedeutet das, daß die Kluft zwischen den Geschlechtern im Kindergarten noch nicht so tief ist und
damit das Thema beiseite gelegt werden kann? Durchaus nicht. Im
Kindergarten werden die Grundlagen für die weitere Entwicklung
gelegt. Und auch in diesem Alter ist geschlechtstypisches Verhalten
und die Trennung der Geschlechter bereits zu beobachten. Schon im
Alter von weniger als drei Jahren zeigen sich die typischen Geschlechtsunterschiede, wenn Mädchen und Jungen zusammenkommen: Die Jungen sind aktiver und nehmen mehr Raum ein, die

Mädchen werden passiv, stehen häufig am Rand und schauen zu. Bereits in diesem Alter beginnen Kleinkinder, Spielpartner des gleichen Geschlechts zu bevorzugen und einander in geschlechtstypischem Verhalten zu bestärken. In der Grundschule bilden Jungen und Mädchen dann deutlich voneinander abgegrenzte Gruppen. Im Hort und in der Schule stören Jungen häufiger das Spiel der Mädchen als umgekehrt. Andererseits lehnen sie Mädchen als Spielpartnerinnen ab, weil sie deren Spiele „langweilig" finden. Aber auch die Mädchen grenzen sich von den Jungen ab, weil sie deren unsoziales und aggressives Verhalten ablehnen. Die Entwicklung geht häufig so stark auseinander, daß sogar von verschiedenen *Kulturen* oder *Welten* gesprochen wird: Jungen spielen andere Spiele, gehen anders miteinander um und entwickeln eine andere Sprache als Mädchen (➜ *Die Kultur der Zweigeschlechtlichkeit*, S. 105ff.).

Interessanterweise gibt es, was den Zeitpunkt betrifft, deutliche Geschlechtsunterschiede. Bei Jungen beginnt die Bevorzugung anderer Jungen später als bei Mädchen. In der weiteren Entwicklung steigt die Orientierung an gleichgeschlechtlichen Modellen und geschlechtstypischen Tätigkeiten bei Jungen deutlich an und bleibt dann auf hohem Niveau, während sie bei Mädchen später eher wieder zurückgeht (vgl. Rohrmann 1994, S. 58f.). Oft sind es insbesondere die älteren Jungen, die gern unter sich bleiben.

Kinder *lernen* geschlechtstypisches Verhalten weniger voneinander als daß sie sich gegenseitig daran *erinnern*, was sie über „richtiges" und „falsches" Verhalten bereits mitbekommen haben.

Erik (4 Jahre) sitzt minutenlang allein herum, wirkt müde und ziellos, geht umher, sitzt wieder, legt sich auf den Boden und schaut einen Moment lang anderen Kindern zu. Dann streift er umher und schaut sich in der Puppenecke um. Ein Mädchen: „Hey, was soll das?" Erik zeigt keine Reaktion. Das Mädchen meint zur danebenstehenden Erzieherin: „Inge, der geht einfach hier 'rein!" Inge: „Wieso ‚einfach'? Ich dachte, die Puppenecke ist für alle Kinder da?" (Unterdessen geht Erik allmählich wieder aus der Puppenecke heraus). Das Mädchen: „Ohne mich zu fragen?" Inge: „Er braucht nicht zu fragen. Es ist doch weiter keiner drin, es ist doch genug Platz."

Trotz der Intervention von Inge ist die Botschaft vermutlich für Erik klar: Er gehört nicht in den „Mädchenbereich" – zwar wird er nicht aktiv vertrieben, aber es geht auch niemand darauf ein, daß er wieder geht. Eine Frage des „Platzes" ist das sicherlich nicht.

Spielverhalten

Was ist über das Spielverhalten von Jungen und Mädchen bekannt (vgl. zum folgenden Abschnitt Bönold 1992; Fried 1990; Thoma et al. 1996; Verlinden 1995)?

Zunächst einmal gibt es eine Reihe von Gemeinsamkeiten. Jungen und Mädchen spielen selten allein. Sie zeigen mehr Gemeinsamkeiten als Unterschiede in ihren spontanen Spielinteressen. Am ehesten treffen Jungen und Mädchen beim Malen und Basteln, bei Rollenspielen und bei Regelspielen aufeinander. In vielen Verhaltensbereichen ist davon auszugehen, daß es keine generellen Unterschiede zwischen Jungen und Mädchen gibt.

Dennoch unterscheiden sich ihre Spielwelten oft. Jungen bevorzugen noch mehr als Mädchen „rollentypische" Spiele. Bauen ist eine typische Jungendomäne und der insgesamt am stärksten geschlechtstypische Spielort. Auch medienbezogene Spiele sind vorwiegend Spiele der Jungen. Eine Lieblingsbeschäftigung der Jungen ist das Toben. Sie spielen raumgreifend, eher „draußen" als „drinnen", kontrollieren größere Räume als Mädchen und entfernen sich weiter aus der Aufsicht der Erwachsenen. In der Kindertagesstätte äußert sich das darin, daß Jungen sich wilder bewegen, öfter in der Halle spielen (wollen) oder durch das Haus streifen.

Basteln, Malen und andere feinmotorische Aktivitäten sind dagegen eine typische Domäne der Mädchen. Sie stellen hier meist die Überzahl. Mädchen halten sich häufiger in der Puppenecke auf und spielen mehr Rollenspiele. Möglicherweise wird ihr „raumsparendes" Verhalten dadurch unterstützt, daß die Erzieherinnen sich mehr mit den am Tisch sitzenden Mädchen beschäftigen. Permien & Frank vermuten, daß das raumgreifende Verhalten der Jungen dadurch mitbegründet sein könnte, „daß Jungen häufiger als Mädchen ohne Anleitung der Erzieherin spielen, da viele Spielangebote, wie beispielsweise das Basteln, eher die Interessen der Mädchen ansprechen und die Jungen sich dabei langweilen" (Permien & Frank 1995, S. 51). Andererseits kann es sein, daß Jungen eher Eigenständigkeit zugestanden wird, während Mädchen nur dann mehr beachtet werden, wenn sie nahe bei der Erzieherin bleiben (vgl. Jaletzke 1995, S. 162).

Verlinden berichtet aus seinen Untersuchungen, daß die meisten Kinder lieber in geschlechtsgemischten Gruppen spielen. Andere Studien zeigen dagegen, daß insbesondere ältere Jungen sich gern von der Gruppe absondern, was auch wir in unserer Untersuchung beobachte konnten. Jungen ziehen es häufiger vor, unter sich zu bleiben. Mädchen sind dagegen stärker daran interessiert, in der Nähe der Erzieherin zu spielen und zu sprechen. Mit zunehmendem Alter prägen sich diese Vorlieben noch deutlicher aus.

Die größten Unterschiede zwischen Jungen und Mädchen betreffen das Konfliktverhalten. Mädchen sind eher verbal aggressiv, Jungen eher körperlich. Sie fallen häufiger durch Angriffe und Konflikte auf – und sind auch häufiger Opfer von Aggressionen und Gewalt.

Jungengruppen

Wodurch zeichnet sich das Verhalten von Jungen untereinander aus? Wenn ältere Jungen frei entscheiden können, mit wem sie zusammen spielen, entscheiden sie sich oft für andere ältere Jungen. Nicht selten dominieren sie das Geschehen in der Einrichtung, stören gemeinsame Aktionen wie Sitzkreise, schließen Mädchen und kleine Jungen von ihren Spielen aus oder versuchen, sich der Aufsicht der ErzieherInnen zu entziehen. Jungen spielen häufiger in größeren Gruppen als Mädchen. Wenn Jungen allerdings, wie in manchen Kindergruppen, nur ein oder zwei Altersgenossen vorfinden, dann können solche Gruppen nicht gebildet werden. Dies gilt besonders für die Freispielphasen morgens und nachmittags, in denen nicht alle Kinder anwesend sind. Andererseits schränken Regelungen, die nur jeweils zwei oder drei Kindern erlauben, den Gruppenraum zu verlassen, die Möglichkeiten der Gruppenbildung und des unbeeinflußten Spiels in der Jungengruppe erheblich ein. Die für Jungengruppen typischen Prozesse und Verhaltensweisen treten unter den genannten Bedingungen nicht oder nicht in diesem Ausmaß auf. Zu zweit oder zu dritt entwickeln Jungen meist weit weniger Dynamik (obwohl es den Erzieherinnen manchmal auch schon reicht...).

Wie Jungen in diesen Spielgruppen miteinander umgehen, hängt stark mit den sozialen Kompetenzen der einzelnen Jungen zusammen. Hierarchien haben eine große Bedeutung für die Gruppen, und bei Unklarheiten kann es über längere Zeit zu Machtkämpfen kommen. In Auseinandersetzungen wird wiederholt hervorgehoben, wer der „Boß" ist. Schwierig wird es dabei vor allem für außenstehende Kinder. Manchmal wird Mädchen und kleineren Jungen großzügig „erlaubt", in der Gruppe der älteren Jungen mitzuspielen, oder sie verschaffen sich durch selbstbewußtes Auftreten Zutritt. In der Regel entscheiden die „mächtigen", in der Gruppenhierarchie oben stehenden Jungen darüber. Nicht selten neigen gerade die weniger mächtigen Gruppenmitglieder besonders dazu, außerhalb stehende Kinder auszugrenzen – vielleicht, um ihren eigenen Einfluß auszuspielen oder ihre eigene Macht zu demonstrieren. Die eigentlichen „Führer" sind dagegen oft zugänglicher und „sozial kompetenter".

Viele dieser Vorgänge sind für die ErzieherInnen nicht sichtbar. Zwar wird es nicht immer beachtet, wenn eine Erzieherin sich als „Ober-Boß" bezeichnet, um ihre Position deutlich zu machen. Aber in der Regel wird die Autorität der Erwachsenen nicht in Frage gestellt, und bei Konflikten und spätestens bei Verletzungen wird stets ihre Hilfe gesucht. Ein Junge, der in der Jungengruppe eine dominante Position einnimmt, kann im Kontakt mit den Erwachsenen durchaus angepaßt und „gehorsam" sein. Hier wird besonders deutlich, daß unbeobachtete Peergruppen schon im Kindergarten einen eigenen Bereich darstellen, in dem andere „Gesetze" gelten als in Zweierbeziehungen oder in von Erwachsenen kontrollierten und mitgestalteten Situationen.

Unter dem Aspekt des angestrebten Ziels, tradierte Geschlechtsstereotype zu überwinden, ist dies ein wichtiger Gesichtspunkt: Diese Formen jungentypischen Verhaltens, die eine wesentliche Grundlage für späteres Dominanzverhalten von Männern darstellen können, treten nicht als „problematisches Verhalten" im Kontakt mit den Erzieherinnen auf und sind daher pädagogischen Bemühungen weniger zugänglich.

Diese Problematisierungen sollen nicht die positiven Aspekte von Jungengruppen überdecken. Innerhalb der Gruppen wird oft konstruktiv miteinander gespielt, und es gibt viele Beispiele für gelungene Selbstorganisation. Oft werden auftretende Konflikte rasch gelöst, wozu auch die nicht immer unproblematische Aufforderung „Regelt das unter euch!" seitens der ErzieherInnen beiträgt. Finden Jungen entsprechende Rahmenbedingungen vor und werden sie eine Zeitlang in Ruhe gelassen, dann sind sie zu erstaunlichen kreativen Gemeinschaftsleistungen und Aktionen fähig.

Raufen und Toben

Besonders deutlich wird die Dynamik von Jungengruppen bei einer ihrer Lieblingsbeschäftigungen, dem „Raufen und Toben". Dies wird von Erzieherinnen oft irrtümlich mit „Gewalt" in Verbindung gebracht (→ *Gewalt im Spiel?*, S. 160):

In der Matratzenecke sind Björn und Arne miteinander am – ja, am was? Mal sieht es wie Kämpfen aus, mal wie Schmusen. Mal schubst einer den anderen, mal legt er seine Arme um ihn. Ein Junge schmeißt den anderen auf die Matratze und legt sich selbst darauf. Sie necken sich die ganze Zeit. Nennen wir es „spielerisches Rangeln".

Aber jetzt sollen sie aufräumen, und: „Ich möchte keine Kämpferei haben!", sagt Inge, die ansonsten bei den Kindern sehr beliebte Erzieherin. Also räumen die beiden auf. Zwischendurch nimmt Arne seinen Freund kurz von hinten in die Arme. Aufräumen und kleine Neckereien wechseln sich ständig ab; 'mal ist es mehr ein Ärgern, Stupsen, Hauen, ̈emal sind es mehr freundschaftliche Berührungen. Zwischendurch trennt Arne zwei „Streithähne", einen Junge und ein Mädchen, die sich auf der Tobematratze ineinander verkeilt haben. Zwei Minuten später gibt er einem Mädchen einen Klaps auf den Po. „Hör auf!", sagt sie, und Arne hört auf, rutscht aber noch näher an sie heran.

Was passiert hier? Schlimme Konflikte gibt es kaum, aber viele Wünsche nach Nähe, nach Körperkontakt, nach spielerischem Toben. Solche Szenen zwischen Zärtlichkeit und Rauflust sind unter Jungen, aber auch zwischen Jungen und Mädchen häufig. Gleichzeitig kennen die Kinder auch die Regeln, sie protestieren nicht gegen das Aufräumen. Nur geht es dabei nicht so ruhig zu. Und hier und da mag auch ein Griff oder Stoß etwas zu doll gewesen sein, so daß es „Tränen gibt".

*Anschließend holt die Erzieherin die Kinder zusammen und sagt
in die Runde: „Ich fand das überhaupt nicht schön, wie das eben
mit dem Aufräumen gelaufen ist. Könnt ihr euch vorstellen, was
ich da nicht schön fand?"
Schweigen... Schließlich sagt ein Kind: „Hauen." Inge: „Richtig." Kind: „Geschubst" – „Richtig" – „Ball geschmissen" (...).*

Natürlich kann es beim Herumjagen und Raufen dann und wann
dazu kommen, daß Kinder sich weh tun. In erster Linie ermöglicht es
aber Kindern wesentliche Bewegungserfahrungen. Sie lernen ihren Körper kennen und einzusetzen und können ein Gespür für die Signale
ihres Körpers entwickeln. Zudem ist es eine wesentliche Quelle von
Nähe und Körperkontakt. Meist geht es mit viel Spaß einher, mit
gegenseitigem Necken und spielerischem Ärgern. Kleine Tobeszenen
finden sich oft am Rande des Alltags – als beiläufige Kontaktauf-
nahme im Vorbeigehen, als kurze Unterbrechung eines Rollenspiels
oder als kleine Ablenkung beim Aufräumen. Zärtlicher Körperkontakt und spielerisches Raufen gehen sehr häufig ineinander über,
wobei im Kindergarten beides noch häufig zu beobachten ist. Auch
Mädchen sind manchmal dabei, manchmal sogar sehr aktiv. Wenn
das Gerangel so richtig losgeht, sind die Jungen dann allerdings meist
unter sich. Auch die Regel „Du sollst Mädchen nicht schlagen"
scheint bereits bekannt zu sein, denn harte Püffe bekommen Mädchen
kaum einmal ab.
Typisch für Jungengruppen ist auch Schreien und Brüllen als gemeinsame „Aktivität". Dazu gehören die lautstarken Beschimpfungen, insbesondere die Verwendung von Schimpfworten mit sexuellem Unter-
ton. Damit werden manchmal Mädchen geärgert oder Erzieherinnen
provoziert, aber oft richten sich die Schimpfkanonaden gegen andere
Jungen. Manchmal ist es nur ein lustvoller Wettbewerb – wer kennt
die „schlimmsten" Worte? Was für Bedeutungen mit Worten wie
„ficken", „Schwuli" oder „Schlappschwanz" verbunden sind, ist den
Jungen dabei noch nicht recht klar (→ *Praxisübung (59): Vom
Umgang mit Schimpfworten*).
Das „rauhe Tummelspiel" (so die Übersetzung des englischen Begriffs
von *rough and tumble play*) und der spielerische Kampf der Jungen
lassen sich als „männlich definierte aggressive Formen im Spiel" verstehen (Sutton-Smith 1988, nach Wegener-Spöhring 1993, S. 155).

Untersuchungen zeigen, daß es nicht mit realer Aggressivität zusammenhängt und auch nicht in sie einmündet. Von aggressivem Verhalten unterscheidet sich das Spiel durch die freundliche Mimik, die größere Vielfalt des Ausdrucks und vor allem dadurch, daß es mit Freunden gespielt wird und die Beteiligten auch nach dem Spiel zusammenbleiben. Beliebte Jungen zeigen diese Formen mehr als unbeliebte und sozial unsichere Jungen, die eher aggressive Absichten unterstellen und entsprechend reagieren (vgl. Wegener-Spöhring 1993, S. 166ff.). Nahezu alle Untersuchungen beobachteten das „rauhe Tummelspiel" bedeutend weniger bei Mädchen. Eine Ursache scheint dabei die Reaktion der Erwachsenen zu sein, die bei Mädchen deutlich negativer ist!

Gewalt im Spiel?

Das Spiel ist der Bereich der Kinder. Erwachsene sollten hier möglichst wenig stören. Wenn über „Gewalt im Spiel" von Kindern gesprochen wird, sind es zumeist die Erwachsenen selbst, die Schwierigkeiten haben, zwischen „echt" und „so-tun-als ob" zu unterscheiden. Um so wichtiger, hier mit einer einfachen, aber folgenreichen Feststellung zu beginnen: *Spiel ist nicht Realität*. Gerade Kinder, für die ohnehin die Trennung zwischen Realität und Vorstellung weniger starr ist, brauchen für ihre Entwicklung Räume, in denen sie, frei von moralischer Bewertung oder Furcht vor realen Konsequenzen, probephantasieren und probe-handeln können. Dieckmann spricht von Schonräumen, in denen Kinder „ohne manifeste Folgen, aber auch ohne Scheu der Lust am Kaputt- und Totmachen, am Bestrafen und Bestraftwerden nachgehen und allerlei fiesen Gemeinheiten und Sadismen frönen können" (1994, S. 32). Nicht nur die Therapeuten betonen die segensreiche Wirkung spielerischer Ersatzhandlungen, sondern nicht selten sind es gerade die Kinder, die ihre Spielräume gegenüber allzu besorgten Erwachsenen verteidigen und beruhigend klarstellen: „Es ist doch nur ein Spiel".

Ein Erzieher wird aufgefordert, in einem Kampfspiel mitzuspielen. Er will aber nicht „schießen". Alfred fragt, was er denn dann täte? Der Erzieher: „Ich arbeite, ich esse, ich schlafe." Das Kind ist fassungslos, das Cowboyspiel geht ganz anders: „machen se

> nicht bei Winnetou", sagt Alfred und wendet sich ab (zusam-
> mengefaßt nach Wegener-Spöhring 1993, S. 191).

Was wird hier gespielt? Und was ist der subjektive Sinn, der sich hinter den aggressiven Reden und Handlungen von Kindern verbirgt?
Die Antwort auf diese Frage ist nicht einfach – weder in der Realität,
wo uns der Ärger oft wenig Zeit läßt, „verständnisvoll" zu reagieren,
noch in der Theorie, die uns einfache Antworten verweigert und
schon gar keine unmittelbar anzuwendende Rezepte liefert.
Zunächst können wir davon ausgehen, daß Gewalt im Spiel von Kindern immer auch Spiegelbild einer aktuellen Beziehungssituation ist
und als „Botschaft" des Kindes verstanden werden will, in der seine
inneren Nöte zum Ausdruck kommen. Darum ist eine weitere wichtige Frage: Warum wird gerade hier und jetzt dieses Spiel gespielt, mit
diesem Inhalt und mit diesem Ablauf? Hilfreich ist es, bei der Beobachtung der Kinder auf die eigenen Gefühle zu achten. Oft sind diese
Empfindungen vor oder zu Beginn des Spiels von großer Bedeutung.
Möglicherweise können die eigenen Gefühle etwas über die psychische Situation des Kindes mitteilen; die Bedrohung, die wir empfinden, etwas über dessen innere Bedrohung; die Angst, die wir spüren,
etwas über die Ängste des Kindes. (→ *Gegenübertragung, S. 67).*
Der Satz *Spiel ist nicht Realität* bedeutet nicht, daß Inhalt und Ablauf
der Spielhandlung von den äußeren Umständen gänzlich unabhängig
sind. So kann Gewalt im Spiel durchaus auch auf reale Gewalterfahrungen hindeuten, die ein Kind gemacht hat. Einerseits kann sich im
Spiel eine Gewalterfahrung verschlüsselt oder offen wiederholen –
auch ohne daß dies dem Kind bewußt ist. Andererseits kann es um
Bewältigung in Form von Rache und Vergeltung an einer Ersatzper-
son gehen. Mit „Gewalterfahrungen" sind hier nicht nur Schläge gemeint, sondern auch Verletzungen des Selbstwertgefühls und Erlebnisse der Ohnmacht – Erfahrungen, die jedes Kind schon gemacht
hat. Büttner stellt darüber hinaus „Gewalt"spiele von Kindern (d. h.
überwiegend von Jungen) in den Kontext mythischer Bilder, z.B. der
Heldenreise: „Das Identifikationsspiel, wenn es sich aus archetypischen Zusammenhängen speist, und vor allem das Spiel mit der
Gewalt, die es gegen die finsteren Mächte im Leben auszuhalten oder
auszuteilen gilt, bildet somit zur Realität ein elementar notwendiges
Pendant" (Büttner 1995, S. 143).

Es muß also zwischen „echter" (realer) und „gespielter" (symbolischer Aggression) unterschieden werden. Ein Spiel mit sehr aggressiven Spiel*inhalten* kann ein „schönes" Spiel sein, wenn die beteiligten Kinder ihre Spielwünsche dabei einbringen und gemeinsam verwirklichen können. Aggressive Spiele machen Spaß, sind lebendig, dynamisch und spannend, und sie beziehen den ganzen Körper ein. In gelungenen Spielen

● balancieren die Kinder das Aggressive und das Beängstigende so, daß alle Mitspieler damit zurechtkommen;

● bleiben aggressive Handlungen auf der „So-tun-als ob"-Ebene (aus Sicht der Kinder!);

können auch reale Konflikte auf der Spielebene gelöst werden (vgl. Wegener-Spöhring 1993, S. 269).

Aggressive Spielinhalte wie auch das Herumtoben ermöglichen darüber hinaus anderen Kindern ein einfaches Einsteigen in das Miteinander. Sie helfen auch, den Kontakt untereinander zu erhalten oder Spannungen zu lösen, wenn es zu Uneinigkeiten und Konflikten kommt. Wirklichen Ärger gibt es oft im *Umfeld* des „aggressiven" Spiels: in der Findungsphase, bei Spielstagnation und bei Störungen, insbesondere bei Eingriffen Erwachsener, denn diese „zerstören leicht das feingesponnene Muster der spielerischen Balance" (vgl. Wegener-Spöhring 1993, S. 269).

Unübersehbar ist, daß (nicht nur) im Kindergarten Jungen mehr als Mädchen mit aggressiven Spielformen und Spielinhalten beschäftigt sind. Dies gilt sowohl für das schon besprochene Tobespiel als auch für viele medienbezogene Spiele. Im Kapitel → *Medien* (S. 192ff.) gehen wir daher auf Gewalt als *Inhalt* des medienbezogenen Spiels von Jungen ein. Deutlich davon unterscheiden wir *aggressives Verhalten* von Jungen im engeren Sinn, dessen Zusammenhang zu Männlichkeit ein Gegenstand des Kapitels über (→ *Konflikte* (S. 215ff.) ist. Dort werden auch das Gewaltverständnis der Erzieherinnen und Möglichkeiten des Umgangs mit wildem und aggressivem Verhalten besprochen.

Kindliche Sexualität

Auch kleine Kinder sind sexuelle Wesen. In den ersten Lebensjahren wird die Grundlage dafür geschaffen, wie wir uns selbst und die Welt erleben. Die Sexualität von Kindern ist nicht völlig anders als die von Erwachsenen: Auch kleine Kinder befriedigen sich selbst, können einen Orgasmus haben und zeigen sexuelles Interesse an anderen Menschen. Aber Kinder haben ihre eigenen Wege, Lust zu entdecken. Von erwachsener Sexualität sind sie emotional und körperlich überfordert. An Erwachsene richten sie aber zärtliche Bedürfnisse – und vor allem ihre Neugier, die sich nicht nur in Fragen, sondern auch in demonstrativem Verhalten ausdrücken kann.

Der Alltag wirkt dabei oft „erzieherischer" als gezielte „didaktische Einheiten" zum Thema Sexualität. Für Erwachsene ist ein unverkrampfter Umgang mit sexuellen Interessen von Kindern allerdings oft schwierig. Zwar werden Doktorspiele meist akzeptiert und zum Teil werden Kinder schon sehr früh aufgeklärt. Aber es scheint, daß Jungen zu wenig Informationen erhalten, mit denen sie wirklich etwas anfangen können. Trotz der sexuellen Liberalisierung der letzten Jahrzehnte wird kindliche Sexualität auch in den meisten Kindergärten weiterhin tabuisiert (vgl. Berger 1994; Neubauer 1993). Wenn wir daran etwas ändern wollen, ist es zunächst wichtig, die eigenen Grenzen und Unsicherheiten ernstzunehmen und zu respektieren. Mit Kindern „aufgeklärt" und „offen" umgehen zu wollen, wenn es uns selbst schwerfällt, offen über Sexualität zu sprechen, mit unseren eigenen Bedürfnissen umzugehen und klare Grenzen einzuhalten, wird Verwirrung und Irritation auslösen.

Kleine Jungen (und Mädchen) ziehen sich noch ohne Scheu voreinander aus, gehen nackt durch die Flure und gemeinsam aufs Klo. Mit etwa vier Jahren verändert sich das bei vielen Kindern: Sie legen zunehmend Wert darauf, nicht nackt beobachtet zu werden und reagieren zunehmend auf Kichern und abfällige Bemerkungen der Größeren. Später beteiligen sie sich selbst an solchen Bemerkungen. Dies hängt stark mit den jeweiligen Bedingungen zusammen, insbesondere damit, ob in der Einrichtung auch ältere Jungen sind (z.B. in Horten). Lust erleben kleine Kinder am ganzen Körper. Die Erforschung des eigenen Körpers, die Erfahrung von Lust an sich selbst, ist für die Ausbildung der Geschlechtsidentität wichtig. Es ist natürlich, wenn

163

Jungen mit ihrem Penis spielen. Viele Kleinkinder streicheln ihre Genitalien, bevor sie mittags und abends einschlafen. Eben noch aggressive Jungen werden ruhig und schlafen danach ein.

Gespräche über sexuelle Inhalte, oft durch Peinlichkeiten, Phantasien und Übertreibungen geprägt, finden unter Jungen früh statt. Oft fällt es den Jungen selbst leichter, passende Worte dafür zu finden, als den Erziehenden, denen die „schweinischen" Worte unangenehm sind. Gelegentlich ziehen sie sich zurück, um sich gegenseitig zu entdecken und zu zeigen. Auch die öffentliche Zurschaustellung des Penis und gegenseitiges „Eiergrabschen" sind zu beobachten. Manchmal wird der Penis zum Gegenstand von Phantasien und Drohungen (vgl. Neubauer 1993, S. 45). Deutlich wird in solchen Situationen einerseits das Bedürfnis der Jungen, sich mit Fragen der Sexualität zu beschäftigen, andererseits eine große Unsicherheit.

Kleine Jungen suchen noch sehr direkt körperliche Nähe beim Kuscheln und Schmusen, auch zu anderen Kindern. Gegen Ende der Kindergartenzeit beginnen sich gleichgeschlechtliche Freundschaften dann allmählich aufzulösen. Zärtlichkeit zwischen Jungen und Mädchen wird zunehmend tabuisiert oder lächerlich gemacht – „Iih, die knutschen!" (vgl. ebenda, S. 48; Kerber 1991, S. 23 f.).

Jungen haben aber auch Anfragen und Forderungen an die Erzieherin als „sexuelles Wesen". So ist zum Beispiel die weibliche Brust für Jungen sehr spannend. Einerseits erinnert sie an angenehme frühkindliche Gefühle. Andererseits bekommen Jungen früh durch Werbung usw. mit, daß Brüste für Männer etwas Wichtiges sind. Jungen bemerken auch die Verunsicherung, die sie bei Erzieherinnen durch sexuelle Bemerkungen und Verhaltensweisen auslösen können. Erzieherinnen sind darauf meist nicht vorbereitet, und so besteht die Gefahr, daß sie die sexuellen Ausdrucksformen der Jungen als bedrohliche (erwachsene) Sexualität erleben (vgl. Kerber 1991, S. 23). Um damit umgehen zu können, ist es wichtig, sich mit der eigenen Sexualität und den entsprechenden Erfahrungen in der eigenen Kindheit zu beschäftigen (➜ *Praxisübung (21): Lust und Abgrenzung*).

Jüngere Jungen

Die Situation der jüngeren Jungen ist oft ein besonderes Problem. Eine der häufigsten Situationen, in der jüngere Jungen sich befinden, läßt sich so zusammenfassen: Die kleinen Jungen stehen um die Gruppe der älteren Jungen herum, schauen von außen zu, werden ignoriert oder ausgegrenzt und kommen nicht in das Spiel hinein. „Du darfst zuschauen, wie wir spielen", sagen zwei Jungen ganz gönnerhaft zu einem Kleinen, der am Rande steht und sich gern beteiligen möchte... Jüngere Jungen wirken im Kindergarten oft desorientiert und schüchtern. Häufig bemühen sie sich darum, am Spiel größerer Jungen teilnehmen zu können, werden von diesen aber ausgeschlossen. Auch von Mädchen werden sie manchmal zurückgewiesen. Nicht selten werden kleinere Jungen weggeschickt oder sogar bedroht.

Dieter und Holger bauen im Flur eine „Grenze", eine Barrikade aus Matratzen. Ein kleiner Junge steht dabei und will mitspielen. Er wird angefahren: „Geh weg! Geh weg!". Als er nicht reagiert: „Geh weg, oder wir sagen's!" Offensichtlich hat sich der Kleine unangemeldet aus dem Gruppenraum entfernt und darf offiziell gar nicht hier sein.

Als der kleine Junge weiter am Rand stehen bleibt, schubst ihn Dieter leicht fort; Holger sagt zu ihm: „Wein' nicht gleich... sonst wirst du eingefroren, und dann schütten wir deinen Bauch voll Wasser und stecken dich in den Kühlschrank!" Dann schiebt Dieter einen großen Schaumstoffwürfel in Richtung des kleinen Jungen. Dieser weicht langsam zurück. Dieter sagt leise, aber drohend: „Hau ab... hau ab... hau ganz ab! Hau ganz ab! Und dann geh in die Gruppe!" Der kleine Junge ergreift die Flucht. Dieter meint zu seinem Spielkumpan: „Endlich! Ich hab' ihn weggejagt!"

Anschließend spielen die beiden friedlich weiter. Als wenig später eine Erzieherin vorbeikommt, wird sie freundlich begrüßt.

Zum Verständnis dieser Situation ist es wichtig, daß Dieter durchaus nicht ein Junge ist, der durch aggressives Verhalten besonders auffällt. In der Einrichtung geht es geordnet zu, und die Jungen folgen den Anweisungen der Erzieherinnen meist schnell und ohne Widerstand.

Im Beispiel wird deutlich, daß die älteren Jungen ihre Überlegenheit bewußt und gezielt einsetzen; direkte körperliche Gewalt üben sie dabei kaum aus. In anderen Momenten werden die Kleinen vielfach ignoriert.

> *In einer besonders krassen Situation sitzt ein kleiner Junge lange Zeit auf einem Schaukelpferd im Getümmel einer Halle. Über vierzig Minuten lang bleibt er inmitten der kämpfenden, tobenden und lärmenden Kinder sitzen und schaut hilflos in die Gegend. Mehrfach wird er von älteren Jungen gestört und geärgert, manchmal nur im Vorbeigehen. Schließlich zerrt ein kleines Mädchen heftig an ihm herum. Erst jetzt beginnt er zu heulen und schreit: „Meine Mama! Ich will nach Hause!"*
> *In derselben Situation fällt aber auch ein anderer kleiner Junge auf. Er ist in die Gruppe der Jungen integriert und beim Kämpfen und Toben voll dabei. Dabei gerät er auch manchmal in Schwierigkeiten: Nach einem spielerischen Kampf entschließen sich zwei ältere Jungen, ihn „fertigzumachen". Er wird getreten und heult. Mit den Worten „Laß mal, ich erledige das" übernimmt es einer der Jungen, ihn mehrfach vor den Kopf zu stoßen und das Knie in den Bauch zu rammen. Auf sein lautes Geheul hin wird er dann in Ruhe gelassen.*
> *Anschließend kommt der erste Junge wieder auf ihn zu, gibt ihm die Hand, hilft ihm beim Aufstehen und entschuldigt sich zweimal ausdrücklich – ohne jede Aufforderung seitens der Erzieherinnen, von denen der Vorgang offensichtlich nicht registriert wurde. Die ganze Szene hat kaum eine Minute gedauert. Wenig später wird er bei einem Bewegungsspiel von älteren Jungen behutsam mit aufgenommen.*

Einige Jungen schaffen es also, sich in der Gruppe der Älteren zu behaupten. Sie fallen auch mal auf den Bauch, aber sie lernen früh die unausgesprochenen Regeln, die im Umgang der Älteren gelten. Auf Unsicherheiten, Ungeschickheit und Verletzlichkeiten wird dabei manchmal keine Rücksicht genommen.
Dabei gibt es natürlich Unterschiede. Manche Jungen kümmern sich sehr liebevoll und behutsam um ihre kleinen Kameraden. Manchmal sind das Jungen, die selbst kleine Geschwister haben. Die Einbezie-

hung jüngerer Jungen ist auch dort selbstverständlicher, wo das Miteinander geregelter ist und die Kinder entsprechende Normen sozialen Verhaltens (wie sich um Kleine kümmern, niemanden ausschließen usw.) stärker internalisiert haben.

Von diesen Problemen einmal abgesehen, genießen die kleineren Jungen auch einige Vorteile. Unter den kleineren Kindern sind die Geschlechtsgrenzen noch wenig ausgeprägt. So ist die Puppenecke manchmal weniger ein Mädchenbereich als ein Bereich der „Kleinen". Sie stehen zudem zwar noch mehr unter der Aufsicht der Erzieherinnen, bekommen aber manchmal auch mehr Aufmerksamkeit – auch von den Mädchen.

Geschlechtstypisches Verhalten und Geschlechtertrennung

Warum wird geschlechtstypisches Verhalten von Jungen stärker betont als von Mädchen? Warum sind die Jungengruppen für sie so wichtig? Wir haben bereits bei unseren Überlegungen über die Suche der Jungen nach Männlichkeit festgestellt: Jungen grenzen sich von der Mutter und von Frauen überhaupt ab, um „männlich" zu werden. Was liegt da näher, als sich denen anzuschließen, denen es ähnlich geht? In der Gruppe können sich Jungen verbünden und in ihrem Bestreben nach Unabhängigkeit vom mütterlichen Einfluß bestärken. In der Gruppe können sie sich auch von der „weiblichen Übermacht" der Erzieherinnen schützen. Die Orientierung aneinander oder an idealisierten Männer- und Heldenbildern gibt Freiheit, Unterstützung und Anerkennung, ohne daß die Erinnerung an frühe Niederlagen und die Hilflosigkeit des Kleinkindes wachgerufen wird (vgl. Hagemann-White 1984, S. 93).

> Unter großem körperlichen Einsatz tragen drei Jungen Decken und einen schweren Bastkorb eine Treppe hoch. Eine Mitarbeiterin gibt unterstützende Hinweise. Adam: „Und links...! Die starken Männer schaffen das schon!" Die Mitarbeiterin hilft dann direkt, weil es den Jungen doch nicht allein gelingt. Dennoch meint Adam etwas später: „Das werden wir schon erledigen!", als ob es der Hilfe der Erzieherin nicht bedurft hätte. „Ja, wir haben's! Gut gemacht!" sagt er schließlich zu den anderen Jungen, als das Vorhaben gelungen ist.

Die Mitarbeiterin bekommt keinen Dank. Als „Männer" sind die Jungen natürlich auf die Hilfe einer Frau nicht angewiesen – zumindest geben sie es nicht gern zu. Nicht nur in dieser Situation wird deutlich, wie sehr Jungen Männlichkeit mit körperlicher Stärke in Verbindung bringen: Stärke verspricht Unabhängigkeit. In solchen Zusammenhängen werden auch „starke" Väter und, wenn vorhanden, auch der große Bruder erwähnt.

Die Einübung dieses geschlechtstypischen Verhaltens beginnt früh, und Kinder bestärken sich gegenseitig darin. Das Spiel in der Jungengruppe ist wichtig und hilft ihnen, Defizite und Probleme der ersten Lebensphase auszugleichen. Andererseits legen die Gruppen auch die Grundlage für problematisches Verhalten von Jungen. Sie lernen weniger, Rücksicht aufeinander zu nehmen und auf andere einzugehen. Ihr Verhalten wirkt sich langfristig nicht nur auf Mädchen, sondern auch auf sie selbst negativ aus. Wenn sie älter werden, sind ihre Beziehungen zueinander oberflächlicher, mehr von Konkurrenz und Kampf, bestenfalls von gemeinsamen Interessen geprägt, aber weniger von Nähe, Intimität und gegenseitiger Unterstützung.

In Kindertagesstätten ist oft wenig Raum für jungentypisches Verhalten. Regeln schränken das Zustandekommen von „Jungenbanden" und das Herumtoben ein. Was für Folgen hat das? Die Jungen entwickeln wichtige Seiten ihrer Persönlichkeit in Abgrenzung von den Erzieherinnen und Mädchen. Sie ziehen sich in unbeaufsichtigte Räume zurück oder „toben sich in den Pausen aus" – wie später in der Schule. Manche Verhaltensweisen werden erst „typisch männlich" für sie, weil die Erzieherinnen dabei nicht mitmachen. So können sie nicht lernen, im gemeinsamen Miteinander damit umzugehen. Kommt es zu Konflikten, sind sie mehr auf sich allein gestellt. Mädchen wiederum entwickeln solche Verhaltensmöglichkeiten in geringerem Ausmaß. Sie orientieren sich mehr an den Erzieherinnen, passen sich an und lernen besser, konflikthafte Situationen miteinander zu klären.

Jungen sind unterschiedlich

Die geschilderten Tendenzen zur Trennung der Geschlechter gelten nicht für alle Jungen, nicht für alle Mädchen und nicht für alle Situationen. Im Kindergarten sind Jungen und Mädchen oft gemeinsam im Spiel zu beobachten. Auch bei geleiteten Angeboten kommen Jungen und Mädchen harmonisch zusammen, eine Beobachtung, die auch in der Schule gemacht wird. Die Beschreibung „typischer" Verhaltensweisen verstellt leicht den Blick auf die Unterschiede zwischen einzelnen Jungen oder Gruppen von Jungen, in denen sich unterschiedliche Bewältigungsstile geschlechtsbezogener Entwicklungsaufgaben ausdrücken können. In einer Befragung bildeten Erzieherinnen spontan zunächst zwei „Typen" von Jungen: die stillen, introvertierten Jungen, die z.T. außerhalb der Gruppe stehen, und die lauten Anführertypen, die sich im Mittelpunkt der Gruppe befinden (die „kleinen Machos"). Die Mehrzahl der Jungen steht zwar zwischen diesen extremen Polen. Die Pole stellen aber dennoch wichtige Orientierungspunkte für die meisten Jungen dar (vgl. Bönold 1993, S. 83f.). Andererseits gibt es in diesem Spektrum auch viele Möglichkeiten für ein „anderes" Junge-Sein. Manche Jungen spielen friedlich und kooperativ mit Mädchen. Stille und zurückhaltende Jungen gehen manchmal in der Dynamik der Jungengruppe unter, finden aber alternative Ausdrucksmöglichkeiten in geschützten Nischen oder durch Beteiligung an eher mädchentypischen Aktivitäten.

Besonders schwierig ist die Situation für Jungen, denen es nicht gelingt, in die Gruppe der Jungen aufgenommen zu werden. Manche reagieren unsicher und ziehen sich zurück. Weil sie den Erzieherinnen keine Probleme machen, fallen sie nicht so auf. Andere versuchen, mit „männlichem" Gehabe, lautstarkem Auftreten und manchmal aggressivem Verhalten die Anerkennung der anderen Jungen zu erringen. Meist bringen diese Jungen Probleme von zu Hause mit, oder sie sind körperlich bzw. geistig den anderen Jungen nicht gewachsen. Provokantes Verhalten bietet ihnen die Möglichkeit, sich „wichtig" zu machen und sich des eigenen Einflusses zu versichern. Insbesondere behinderte und entwicklungsverzögerte Jungen haben es schwer, sich in der Jungengruppe zu behaupten.

Was als problematisches und insbesondere aggressives „Jungenverhalten" auffällt, ist damit nicht etwas, das zwangsläufig mit der Entwicklung von Jungen zusammenhängt. Vielmehr ist es eher ein „Symptom" schwieriger Entwicklungsverläufe, das insbesondere in ungünstigen materiellen und personellen Rahmenbedingungen zum Ausdruck kommt, die wenig Ausweichmöglichkeiten bereitstellen. Problemverhalten durch enge Regeln und straffe Aufsicht zu unterdrücken, löst die zugrundeliegenden Konflikte nicht, sondern verschiebt sie nur in unbeaufsichtigte Momente oder in die Zeit nach dem Kindergarten.

Abschließend soll noch kurz die besondere Situation ausländischer Familien angesprochen werden. Insbesondere Jungen aus dem islamischen Kulturkreis, aber auch aus Aussiedlerfamilien, wachsen oft in sehr traditionellen Familienstrukturen auf, in denen der Mann noch unangefochten „das Sagen hat". Die zu Hause gelernten Verhaltensweisen können in massiven Konflikt mit den Erwartungen der andern Kinder und der Erzieherinnen in der Kindertagesstätte geraten. So kann ein fünfjähriger Junge zu einer Erzieherin sagen: „Du hast mir gar nichts zu sagen, ich bin hier der Mann!", oder die Beteiligung am Aufräumen verweigern, weil das in der Familie immer die Frauen machen. „Besonders türkische Jungen haben Schwierigkeiten, der Erwartungshaltung, die an sie gestellt wird, gerecht zu werden. Das ihnen anerzogene geschlechtsspezifische Verhalten bereitet ihnen Probleme. Einmal soll sich ein Junge recht früh als Mann und Beschützer erweisen, auf der anderen Seite wird er hier aber recht lange von seiner deutschen Umgebung als Kind behandelt" (Heidarpur 1992, S. 94). Die Auseinandersetzung mit dieser Problematik, die vor allem in Gebieten mit hohem Ausländer- oder Aussiedleranteil die Atmosphäre in Kindertagesstätten erheblich beeinflussen kann, hat noch kaum begonnen (zur Männlichkeitsideologie in den Mittelmeerländern vgl. Gilmore 1991, S. 33ff.).

PRAXISÜBUNGEN

Als Einstieg zum Thema geschlechtstypisches Verhalten eignet sich
→ *Praxisübung (4): Wie erlebe ich Jungen im Alltag?*

Die folgende Übung kann als Einstieg ins Thema Spiel verwendet
werden. Sie eignet sich auch als Kennenlernübung und Einstieg in
eine Fortbildung.

Praxisübung (41): Spielzeugkorb

In der Mitte des Stuhlkreises werden verschiedene Spielzeuge bereitgelegt, vor
allem jungen- und mädchentypische. Die Teilnehmerinnen werden aufgefordert, sich ein Spielzeug auszuwählen und in die Hand zu nehmen.

Auswertung
Reihum erzählt jede Teilnehmerin, was sie mit dem jeweiligen Spielzeug ver-
bindet. Vertieft kann weitergefragt werden:

● *ob es sich in ihren Augen um ein Jungen- oder Mädchenspielzeug handele;*

● *wer in ihrer Einrichtung mit so etwas spielt;*

● *was für Erinnerungen daran geknüpft sind usw.*

Weiterführende Übungen sind im Kapitel → *Medien*, S. 192ff. aufgeführt.

Liegt zwischen den einzelnen Fortbildungsblöcken eine längere Zeit,
bieten sich die folgenden Beobachtungsaufgaben an.

Praxisübung (42): Jungenspiele – Mädchenspiele

Die Teilnehmerinnen sammeln Beobachtungen aus ihrem Alltag im Kindergarten. Beantwortet werden sollten die Fragen:

● *Was spielen nur Jungen, was spielen nur Mädchen?*

● *Was spielen die Kinder gemeinsam, was getrennt?*

● *In was für Spielzusammenhängen spielen Jungen bzw. Mädchen? Wer sucht
mehr die Nähe zu den Erzieherinnen?*

171

Praxisübung (43): Kinderinterview

Die Erzieherinnen werden gebeten, sich mit den Kindern ihrer Einrichtung über folgende Themen zu unterhalten:

- *Was macht für die Kinder ein Junge/ein Mädchen aus?*
- *Was ist typisch für Jungen bzw. Mädchen?*
- *Woran erkennen sie, daß ein Kind ein Junge ist usw.*

Weitere Fragen können gemeinsam entwickelt werden. Die dokumentierten Interviews werden beim nächsten Treffen ausgewertet.

Eine gute Grundlage für die Beschäftigung mit geschlechtstypischem Verhalten sind natürlich auch Beobachtungen im Alltag der Kindertagesstätte (→ *Praxisübung (22): Beobachtungsaufgabe*).

WEITERFÜHRENDE LITERATUR

Verlinden, Martin ([2]1995): Mädchen und Jungen im Kindergarten. 2. überarbeitete und ergänzte Auflage. Köln: Sozialpädagogisches Institut.

Über Spiel und Phantasie:

Schäfer, Gerd E. (1986): Spiel, Spielraum und Verständigung. Untersuchungen zur Entwicklung von Spiel und Phantasie im Kindes- und Jugendalter. Weinheim: Juventa.

Zu Aggressivität im Spiel:

Wegener-Spöhring, Gisela (1993): Aggressivität im kindlichen Spiel. Grundlegung in den Theorien des Spiels und Erforschung ihrer Erscheinungsformen. Weinheim: Deutscher Studienverlag.

Zum praktischen Umgang mit sexuellen Themen im Kindergarten:

Berger, Manfred ([4]1994): Sexualerziehung im Kindergarten. Frankfurt: Brandes & Apsel.

Zu ausländischen Kindern im Kindergarten:

Heidarpur, Ali (1992): Geschlechtserziehung bei ausländischen Kindern in Kindergarten und Grundschule. In: Büttner, Christian & Dittmann, Marianne (Hg.): Brave Mädchen, böse Buben? Erziehung zur Geschlechtsidentität in Kindergarten und Grundschule. Weinheim: Beltz. S. 86-97.

6.2 GLEICHBEHANDLUNG

> „Ein Kamel und eine Maus waren beide Anhänger des
> Gleichheitsgedankens, wonach jedem das Gleiche
> zustehen sollte. Jeder sollte das erhalten, was auch der
> andere erhalten hatte. So gab man beiden Wasser, als
> sie durstig waren. Aber beide starben.
> Das Kamel starb vor Durst, weil es die Ration der
> Maus erhalten hatte. Die Maus ertrank, als sie in den
> Wassereimer des Kamels fiel."
>
> Idris Shah

Gleiche Behandlung von Jungen und Mädchen gilt heute als ein grundlegendes Gebot der pädagogischen Bemühungen in der Kindertagesstätte. Wie gut gelingt es Erzieherinnen, diesen Auftrag im Alltag zu verwirklichen?

Von den Schwierigkeiten der Umsetzung

Die meisten Erzieherinnen achten darauf, daß Jungen und Mädchen gleiche Rechte und gleiche Pflichten haben. Allerdings funktioniert das nicht immer. Mit Jungen gibt es mehr Probleme, weil sie sich verweigern. Mädchen gelten als vernünftiger, selbständiger, pflegeleichter, „integrierender". Daß die Realität nicht immer zum Ideal der Gleichbehandlung paßt, wird in folgendem Beispiel deutlich:

> *„Nein, geschlechtsspezifische Unterschiede gibt es bei uns im Kindergarten nicht, im Gegenteil, meist spülen sogar die Jungen besser ab als die Mädchen, nur wenn es etwas zu tun gibt, spreche ich eher die Mädchen an, weil ich auch weiß, daß die eher mitmachen als die Jungen ..." (berichtet von Jende 1995, S. 21).*

Hieran wird deutlich, daß es sich bei der Gleichberechtigung im Kindergarten nicht selten um eine Ideologie handelt und weniger um gelebte Realität (➔ S. 80f.). Andererseits kann das Ziel der Gleichbehandlung auch im Widerspruch zu den mehr oder weniger bewußten Alltagstheorien stehen, die Erzieherinnen vom „Wesen der Geschlechter" haben: Eine Einstellung wie „Jungen sind nun einmal so" wird es nahelegen, bei Jungen eher mal „ein Auge zuzudrücken" (➔ *Praxisübung (44): Kann man Jungen und Mädchen gleich behandeln? und ➔ Praxisübung (45): Tischdecken und Aufräumen).*

„Gleichbehandlung" ist auch schwierig, wenn Jungen durch Bewegung und Lautstärke einen großen Teil des offenen Raumes besetzen, während sich Mädchen in den Nischen an den Rändern aufhalten. „Jungen bekommen für ihre Spiele sehr viel mehr Aufmerksamkeit, und zwar von allen Anwesenden im Kindergarten gleichermaßen – wenn diese Aufmerksamkeit sich auch bei der Erzieherin häufig als Mißbilligung und Tadel darstellt, wenn auch die Mädchen sich über die Jungen mitunter mokieren" (Wegener-Spöhring 1993, S. 274). Wir haben bereits beschrieben, daß dies mit dem Bedürfnis von Jungen nach Selbstdarstellung zu tun haben kann, aber auch mit einer Tendenz der Erzieherinnen, Jungen mehr Raum zu geben und ihr wildes Auftreten vielleicht klammheimlich zu bewundern. Eine Veränderung muß hier einerseits an den Bewertungen der Erzieherinnen ansetzen, andererseits Jungen Räume zur Verfügung stellen, in denen sie ihre Bedürfnisse entfalten können, ohne allen anderen dabei auf die Nerven zu gehen. Dies hat nicht zuletzt viel mit den räumlichen Bedingungen zu tun (➔ *Veränderungen der Rahmenbedingungen*, S. 253). Und vor allem ist natürlich danach zu fragen, wie Mädchen mehr Raum einnehmen können. Hier müssen Fortbildungen zum Thema Jungen darauf achten, daß die intensive Beschäftigung mit Jungen nicht die Tendenz verstärkt, ihnen mehr Aufmerksamkeit zu geben als den Mädchen. Freiräume schaffen hat auch viel mit In-Ruhe-Lassen zu tun!

Im Alltag ist die Umsetzung dieser Ziele oft schwierig. Die entscheidenden Schritte zu einem geschlechtsbewußteren Umgang mit Jungen und Mädchen finden aber gerade im alltäglichen Handeln statt und weniger in speziellen Projekten oder Angeboten – hier soll noch einmal daran erinnert werden, daß geschlechtsbezogene Pädagogik keine neue *Methode* für „Jungenarbeit" oder Geschlechterthemen ist, sondern in erster Linie eine veränderte *Sichtweise* auf Jungen, Mädchen und sich selbst. Geschlechtsbezogene Konflikte und Ungleichheiten zeigen sich oft unauffällig und am Rande der Aufmerksamkeits- und Eingriffsschwelle der Erzieherinnen (vgl. Verlinden 1995, S. 33ff.). Darum ist die Entwicklung der Wahrnehmung für Fortbildungen zu geschlechtsbezogenen Fragen so zentral. Hier kann die Bearbeitung von Alltagssituationen durch Rollenspiele im Rahmen von Fortbildungen sinnvoll sein.

Konkrete Probleme im Alltag beziehen sich oft auf einzelne Kinder. Wenn bestimmte Verhaltensweisen als typische Muster von Jungen und Mädchen oder Konflikte zwischen den Geschlechtern wiederholt auffallen, können sie zum Gegenstand einer Gesprächsrunde mit den Kindern gemacht werden. Dabei kann gemeinsam nach Lösungen gesucht werden. Bei der Durchführung solcher Gesprächsrunden ist zu beachten:

- Alle kommen gleichermaßen zu Wort, keine Meinung wird unterdrückt oder lächerlich gemacht.
- Die Lösungen müssen für Jungen und Mädchen befriedigend sein.
- Es muß geregelt werden, wie für die Einhaltung der Beschlüsse gesorgt wird (vgl. Permien & Frank 1995, S. 112).

PRAXISÜBUNGEN

Praxisübung (44): Kann man Jungen und Mädchen gleich behandeln?

Die Teilnehmerinnen diskutieren in Arbeitsgruppen gegensätzliche Statements, z.B. :

● *Ich behandle Jungen und Mädchen gleich.*

contra

● *Mädchen und Jungen sind so verschieden, die kann man gar nicht gleich behandeln.*

Die Diskussion kommt auch in Gang, wenn der Arbeitsgruppe nur ein Statement mit der Frage mitgegeben wird:

● *Was würden sie einer Kollegin antworten, die eine dieser Meinungen vertritt?*

Auswertung
Die Diskussionsergebnisse werden festgehalten und der Gesamtgruppe die jeweils wichtigsten drei Argumente vorgetragen.

Quelle: Miedaner 1994, nach Permien & Frank 1995, S. 131.

Praxisübung (45): Tischdecken und Aufräumen

Die Teilnehmerinnen sammeln in Kleingruppen Bereiche und Situationen, in denen sie für gleiche Rechte und Pflichten sorgen (Aufräumen, Tischdienst usw.). Anschließend wird für diese Bereiche besprochen, wie gut das jeweils funktioniert und wo es Probleme gibt. Die Ergebnisse werden in Stichpunkten festgehalten.

Auswertung
Im Gespräch in der Gesamtgruppe werden die Berichte der Kleingruppen in bezug auf die folgenden Fragen besprochen:

● *Wird den Jungen mehr Verweigerung zugestanden?*

● *Wie drücken sich die fürsorglichen und unterstützenden Fähigkeiten der Jungen aus?*

● *Geraten ältere Mädchen in die Rolle einer „Ersatz-Erzieherin", wenn sie die Erzieherin in ihrer Tätigkeit unterstützen?*

● *Was bedeutet es für Jungen und Mädchen in diesem Zusammenhang, daß die Erzieherinnen zumeist weiblich sind?*

Im Rahmen von Aus- und Fortbildung ist es sinnvoll, konkrete Situationen durch Rollenspiele bzw. szenisches Spiel zu bearbeiten. Im Rollenspiel haben Erzieherinnen die Möglichkeit, exemplarisch Handlungsmöglichkeiten auszuprobieren. Gleichzeitig haben sie die Möglichkeit, sich in die beteiligten Kinder einzufühlen. Themen können typische Spielszenen sein, die Erzieherinnen im Alltag immer wieder erleben; es können Situationen sein, die ihnen Probleme bereiten. Diese können von den Teilneh-merinnen entwickelt oder vom Leiter vorgeschlagen werden. Dazu kann auch der Versuch gehören, hinsichtlich einer problematischen Situation die Durchführung eines Kreisgesprächs im Kindergarten im Rollenspiel zu erproben. Die Methode des Rollenspiels kann situationsorientiert eingesetzt werden, um Themen zu bearbeiten, die im Alltag oder im Rahmen einer Fortbildung aufgetaucht sind. Sie kann aber auch als Ausgangspunkt und Grundlage von Fortbildungen zu geschlechtsbezogenen Themen verwendet werden (vgl. Büttner & Dittmann 1992, S. 178ff.)

Praxisübung (46): Rollenspiele zu Alltagssituationen

Für die Auswahl von Themen für Rollenspiele gibt es drei Möglichkeiten:

- Es werden Situationen aufgegriffen, die im Rahmen der Fortbildung von Teilnehmerinnen berichtet werden.

- Die Teilnehmerinnen bilden Kleingruppen und wählen selbst eine Alltagsszene aus.

- Es werden gezielt Situationen von der Leitung vorgegeben.

Im letzten Fall kommen Situationen wie die folgenden in Frage:

- *Drei Mädchen springen Seil und singen dazu. ,So ein doofes Spiel!', meinen Jens und Mirko und versuchen, mit einem langen Stock das Springseil zu stoppen. Schließlich ergreift Mirko das Seil und rennt damit fort. Jens: ,So! Jetzt ist auch Schluß mit dem blöden Singen!'*

- *Nora spielt Ärztin. Sie untersucht, horcht ab – nimmt aber keine Jungen dran. Alex möchte auch von ihr untersucht werden. ,Nein', sagt Nora abwehrend, ,Jungen will ich nicht untersuchen, die machen sich immer so dreckig... und außerdem hast du dich noch nicht gekämmt!'*

- *Die Praktikantin fragt die Kinder, wovor sie manchmal Angst hätten. Jens nutzt die Chance: ,Das wissen die Mädchen! Jungen haben keine Angst – vor gar nichts! Soll ich euch ëmal meine Muskeln zeigen!' Dabei krempelt er schnell seine Ärmel hoch und zeigt seinen Bizeps. (Verlinden 1995, S. 37 & 43)*

Verlinden gibt eine Vielzahl weiterer Beispiele, wobei er insbesondere kleine Alltagssituationen schildert, die am Rande der Aufmerksamkeits- und Eingriffsschwelle der Erzieherinnen liegen (vgl. 1995, S. 34ff.).

Bei der konkreten Gestaltung des szenischen Spiels können verschiedene Methoden zum Einsatz kommen: Rollentausch; Wiederholung und Verstärkung; Rollenwechsel und Zuschauerbeteiligung usw.

Auswertung
Zwischen den Spielsequenzen sowie zum Abschluß wird jeweils die Möglichkeit gegeben, Wahrnehmungen und Gefühle auszutauschen:

● *Wie ist es Ihnen ergangen?*

● *Wie haben Sie die anderen erlebt?*

● *Was hätten Sie gebraucht?*

Variante:
Die Teilnehmerinnen bilden „Betroffenengruppen": Kleingruppen à vier Teilnehmerinnen, jeweils ein Junge, ein Mädchen, eine Erzieherin und ein Erzieher, und entwickeln kurze Alltagsszenen (siehe oben).

Auswertung
Nach dem Spiel aller Gruppen und kurzem allgemeinen Austausch in der Gesamtgruppe wird die Gruppe in vier „Betroffenengruppen" (Jungen, Mädchen, Erzieherinnen, Erzieher) aufgeteilt, die aus ihrer jeweiligen Sicht die Auswertungsfragen besprechen:

Quellen: Permien & Frank 1995, S. 138.; Verlinden 1995, S. 33-45.

WEITERFÜHRENDE LITERATUR

Permien, Hanna & Frank, Kerstin (1995): Schöne Mädchen – Starke Jungen? Gleichberechtigung: (k)ein Thema in Tageseinrichtungen für Schulkinder. Freiburg: Lambertus.

6.3 Märchen und Mythen

Brauchen Jungen Märchen?

Von feministischer Seite ist – nicht zu Unrecht – kritisiert worden, daß die überlieferten Märchen von den gesellschaftlichen Verhältnissen der Vergangenheit geprägt sind und vielfach tradierte Geschlechterstereotype weitertragen: Die Prinzessin wartet darauf, vom Prinzen erlöst zu werden – die Brüder reisen in die weite Welt...

Ein genauerer Blick zeigt jedoch, daß in vielen der beliebtesten Märchen Jungen und Männer nur Randfiguren darstellen, nur „böse" oder bedrohliche Rollen innehaben oder überhaupt nicht vorkommen. Im Hauptteil vieler dieser Märchen geht es um die Entwicklung vom Mädchen zur Frau. Märchen, die von Jungen handeln, beginnen dagegen meist erst in der Jugend, wenn der Junge von zu Hause fortzieht. Haben Märchen zu kleinen Jungen nichts zu sagen?

Wir können zwischen zwei Arten von Märchen unterscheiden:

- *Zaubermärchen* sind zweigliedrige Erzählungen, in deren erstem Teil sich die Hauptgestalten als Heranwachsende von ihren Eltern lösen, um ihren eigenen Weg zu gehen. Im zweiten Teil bedarf es eines außerordentlichen Einsatzes, damit Mann und Frau wirklich zueinander finden können. Sie handeln damit von den Loslösungskonflikten der Jugend.

- *Kindermärchen* beschränken sich dagegen auf den ersten Teil und führen ins Elternhaus zurück (vgl. Scherf 1987, 17f.).

Scherf, der die Kindermärchen genauer untersucht hat, stellte fest, daß sich in all diesen Märchen Kinder mit „Menschen mordenden, verschlingenden, grausig und blutig vernichtenden Dämonen" auseinandersetzen müssen (ebenda, 256). Die Märchen führen ihre Helden – meist ein Kind, aber manchmal auch kleine Tiere – zum Zusammenstoß mit einem Dämon und stürzen sie in vielfältige Abenteuer des Gefressen- und Vernichtetwerdens. Dabei wird der Dämon vom kindlichen Helden herausgefordert. Dieser Umgang mit der Angst und dem Schrecken ist für Kinder wichtig. Übereifrig beschützende Eltern und Erzieherinnen, die meinen, Kinder vor „solchen Grausamkeiten" schützen zu müssen, gehen an der inneren Wirklichkeit der Kinder vorbei. Kinder „lernen im Grausen und Gelächter über die schlimmen und bedrohlichen Seiten ihrer Mütter und Väter hinwegzukommen" (ebenda, S. 261). In der Identifikation übernehmen sie aber auch die (über)lebenswichtigen Seiten beider Eltern, und sie gehen über die in der frühen Kindheit gewachsenen Bindungen hinaus.

Bezogen auf geschlechtsspezifische Aspekte dieser Märchen läßt sich zunächst feststellen, daß sowohl Helden als auch Dämonen in männlicher und in weiblicher Gestalt auftreten können. Und im Kindergartenalter experimentieren Kinder ja durchaus noch sowohl mit gleichgeschlechtlichen als auch mit gegengeschlechtlichen Identifikationen. Varianten desselben Märchentyps zeigen zudem, daß Erzähler die Geschichte auch an unterschiedliche Situationen anpassen. Dennoch fällt auf, in wie vielen Märchen die verschlingende Dämonin weiblich ist. Die Vermutung, daß dies etwas mit der übermächtigen Position der Mutter im Leben kleiner Kinder zu tun hat, liegt nahe. Der (meist männliche) Wolf wiederum verführt und frißt mit Vorliebe Mädchen und Tierkinder, aber nur selten Jungen. Ist er das Bild der bedrohlichen, „bösen" Männlichkeit? In den Geschwistermärchen ist es in der Regel der Junge, der gemästet oder verzaubert wird... Vor diesem Hintergrund haben wir einige Märchen ausgewählt, in denen es ausdrücklich um Jungen geht.

Ein erster Märchentyp handelt davon, wie ein Junge *von einem Dämon im Sack aus dem Elternhaus verschleppt* wird. So steht im Mittelpunkt des norwegischen Märchens ➔ *Butterbauch* die Lösung von der Mutter und die Auseinandersetzung mit einer bedrohlichen Trollhexe, über die der Junge im Verlauf der Geschichte ein Stück Selbständigkeit erlangt.

Zu den Märchen, die von *kleinen Jungen* handeln, gehören auch die *Verschlingungsabenteuer eines Winzlings*, z.B. die Grimmschen Märchen *Daumesdick* und *Daumerlings Wanderschaft*. Diese Märchen handeln von einem winzigen Jungen, der nach wilden, schwankhaften Abenteuern als „Held" wieder zu seinen Eltern zurückkehrt. Sie sind eine mächtige Herausforderung, sich selbstbewußt zu behaupten und durchzusetzen, wobei Analspäße vor allem in den unverfälschten Fassungen mündlicher Überlieferung eine deutliche Sprache sprechen. Weiter zu nennen sind die Märchen von den Kindern, die *im Dämonenland ausgesetzt* sind. Hierzu gehören die Grimmschen Märchen

➔ *Hänsel und Gretel* und *Fundevogel*, die interessante Fragen zum Verhältnis von Jungen und Mädchen aufwerfen. In beiden Märchen – wie auch bei *Brüderchen und Schwesterchen* – rettet das Mädchen mit List oder Zauberkräften seinen Bruder aus der Gewalt der Hexe.

Als letzter Typ der Kindermärchen sei der Raubzug in das Dämonenland genannt, der über die Auseinandersetzung mit der bedrohlichen Muttergestalt hinausgeht. In ➔ *Jack und die Bohnenranke* zieht der Junge aktiv in die „Anderswelt" und listet einem riesenhaften Menschenfresser drei Zauberdinge ab. Im Märchen von den *drei Zaubergaben* wird aus dem Menschenfresser dann ein dämonischer Ziehvater nach Art des *wilden Mannes*.

Bekannte Märchen und Mythen, die die *Entwicklung* von Jungen von der Kindheit an und die *Atmosphäre* in ihrem Elternhaus schildern, gibt es nur wenige. Viele Märchen mit Männern als Hauptgestalten beginnen gleich mit dem Auszug der jungen Männer in die Welt. Nicht zuletzt darum ist der ➔ *Eisenhans* der Gebrüder Grimm seit einiger Zeit so beliebt, denn er schildert ausführlich die Entwicklungsschritte eines *Jungen*. Das Märchen gehört zum Kreis der Märchen vom *wilden Mann*, der zum Mentor der inneren Entwicklung des Jungen wird. Bekanntgeworden ist dieses Bild in den letzten Jahren im Zusammenhang mit der Suche nach neuen Orientierungen für Männer (vgl. Bly 1991).

Mehr als in Märchen geht es schließlich in Mythen und Sagen um Männlichkeit. Dabei treten die Aspekte Heldentum, Kampf und Gewalt stärker in den Vordergrund. An diese Bilder knüpfen die aktuellen Action-Welten für Jungen an, die im nächsten Kapitel angesprochen werden. Im Zusammenhang mit Jungen ist die Geschichte von Parzival aufschlußreich, dessen Mutter dabei scheitert, ihren Sohn zu einem ausschließlich friedfertigen Knaben zu erziehen: Parzival wird ein berühmter Ritter.

PRAXISÜBUNGEN

Praxisübung (47): Märchen

Märchen lassen sich im Rahmen von Aus- und Fortbildung auf verschiedene Weisen einsetzen:

● Sie können zur Auflockerung an geeigneter Stelle vorgelesen werden. Im Zusammenhang mit der inhaltlichen Auseinandersetzung können sie auch dann anregend wirken, wenn keine gezielte Arbeit mit dem Märchen erfolgt.

● Sie können als Einstieg in die Jungenthematik gewählt werden und Ausgangspunkt von weiterführenden Gesprächen sein.

● Als Vertiefung bietet sich das Stegreifspiel an. Der Schwerpunkt wird dabei auf der Reflektion der Gefühle liegen, die sich mit den weiblichen und männlichen Rollen verbinden.

Darüber hinaus kann das Spiel aber auch Anregung dafür sein, Märchen mit den Kindern im Kindergarten in kreativer Weise zu gestalten. Dabei ist jedoch zu bedenken, daß Kinder und Erwachsene Märchen in unterschiedlicher Weise aufnehmen. Kinder sind fasziniert von Märchen, wenn diese ihre aktuellen Themen und inneren Dramen wiederspiegeln. In der Identifizierung mit heranwachsenden Gestalten greifen sie einer Entwicklung voraus, die noch vor ihnen liegt. Als Erwachsene kehren wir beim Zuhören dagegen partiell in die Konflikte der eigenen Kindheit zurück (vgl. Scherf 1987, S. 80). Alle Anstöße zur Interpretation sollen aber über eines nicht hinwegtäuschen: „Märchen entfalten ihre größte Wirkung nur, wenn sie nicht in das Bewußtsein gehoben, sondern von jedem auf seine Weise und seiner Konfliktlage gemäß miterlebt werden" (ebenda, S. 260).

Auf den folgenden Seiten werden einige Märchen kurz dargestellt und/oder kommentiert. Dabei werden auch Varianten vorgestellt, die Übergänge zwischen den verschiedenen Märchentypen darstellen.

Hänsel und Gretel

Das Märchen ist besonders für Seminare geeignet, in denen es um Jungen und Mädchen geht. Das Märchen ist bekannt, aber dabei werden die feineren Veränderungen der Rollen von Mädchen und Junge leicht übersehen, die nicht zum Klischee des Märchenprinzen passen, der die Prinzessin rettet:

Zu Beginn übernimmt Hänsel ganz selbstsicher (und jungentypisch) die Führungsrolle: „Still, Gretel, gräme dich nicht, ich will uns schon helfen". Nicht nur, daß es ihm nicht gelingt – er ist es, der im Käfig gemästet wird, während Gretel ihre Lehrzeit bei der Hexe durchmacht. Sie ist es dann, die ihn befreit – *allein kann er sich von der überversorgenden Muttergestalt nicht lösen. Und als auf dem Rückweg Hänsel nicht weiß, wie sie über das große Wasser kommen sollen (er findet nicht mehr den Weg zurück aus der magischen Welt) ist es ebenfalls Gretel, die die weiße Ente ruft: („wenn ich die bitte, so hilft sie uns hinüber") und die Überfahrt organisiert. Auffällig ist auch die zwar „freundliche", aber schwache Position des Vaters, der seine Kinder nicht unterstützen kann.*

Varianten

Im *Fundevogel* wird ein kleiner Junge von einem Raubvogel-Dämon entführt, dann aber von einem Förster mit ebenfalls dämonischen Zügen zusammen mit dessen eigener Tochter aufgezogen. Als eine Köchin den Jungen kochen will, flieht die Tochter mit dem Jungen, nach dem er ihr Treue versprochen hat. Die dramatische Flucht vor der Verfolgung durch die Hexe gelingt dann dank der magischen Verwandlungskräfte des Mädchens.
Im Märchen *Vom kleinen Däumling beim Menschenfresser* spielt der Junge dagegen seine Führungsrolle bis zum Ende durch: als Jüngster von sieben Söhnen, klein schwächlich und schweigsam, muß er nach Aussetzung durch die Eltern seine sechs hilfloseren Brüder aus dem Haus des Menschenfressers retten. Während er seine Brüder ins Elternhaus zurückschickt, tritt er selbst, mit den Siebenmeilenstiefeln und Reichtümern des Menschenfressers ausgestattet, beim König in Dienst. Das Märchen beginnt zwar auch mit der Aussetzung, entspricht aber dann zunehmend dem *Raubzug ins Dämonenland* (siehe unten).

Quellen: Kinder- und Hausmärchen der Gebrüder Grimm. Zu Interpretation und Varianten vgl. Scherf 1987, S. 169ff.; 1995, S. 548ff. sowie 682ff. (Däumling).

Jack und die Bohnenranke

Hier steht die Auseinandersetzung mit dem Vater im Vordergrund.

Eine arme Witwe ernährt ihren Sohn und sich von der Milch einer Kuh. Als diese eines morgens keine Milch mehr gibt, schickt sie ihren Sohn los, die Kuh zu verkaufen – der aber tauscht sie gegen fünf Zauberbohnen ein, die bis zum Himmel wachsen sollen. Die Mutter verprügelt ihn und wirft die Bohnen aus dem Fenster. Am nächsten morgen steht da allerdings tatsächlich die lange Bohnenranke, an der der Junge in die Anderswelt aufsteigt. Vor dem Haus des Menschenfressers trifft er dessen gutmütige Frau, die ihn im Backofen versteckt. Ihm gelingt es, dem Dämon einen Sack Gold und bei zwei weiteren Besuchen sein Huhn, das goldene Eier legt, sowie seine goldene Harfe zu rauben. Nach der gelungenen Flucht schneidet der Junge die Bohnenranke durch, wodurch der Unhold zu Tode stürzt.

Das Bild der Kuh, die keine Milch mehr hat, spricht für sich: Die Mutter hat nichts mehr zu geben. Ein Mentor weist den Weg zur Ablösung von der versorgenden Mütterlichkeit. Zwar bietet die weibliche Gestalt der Frau des Menschenfressers noch Schutz, Nahrung und Wärme (der Backofen!), aber im Vordergrund steht die Auseinandersetzung mit dem gleichermaßen bedrohlich wie dumm dargestellten männlichen Dämon.

Variante

Im italienischen Märchen *Die drei Zaubergaben* wird ein Junge, der nicht lernt und nur Streiche macht, schließlich von seiner Mutter davongejagt. Er kommt zu einem Menschenfresser, der sich aber eher als Mentor herausstellt. Nacheinander erhält der Junge drei Zaubergaben – einen Esel, der Gold scheißt, ein Tischtuch, das Essen herbeizaubert, und einen selbstprügelnden Stock (vgl. *Tischlein deck dich*). Zunächst gelingt die Ablösung aber nicht: Die ersten beiden Male läßt der Junge sich berauben und wird anschließend von der Mutter verprügelt – woraufhin er schnurstracks zu seinem Menschenfresser zurückkehrt. Erst die dritte Lehrzeit läßt den Jungen als einen selbständig Gewordenen ins Elternhaus zurückkehren. Mit dem wilden Mann als Mentor liegt hier die Grundkonstellation vor, die auch das folgende Märchen vom *Eisenhans* trägt.

Quellen: Das englische Märchen liegt in einer ganzen Reihe von Übersetzungen in verschiedenen Sammlungen vor. Lebendig erzählt Gebert in ihrem schönen Band *Phantastische Märchen von Zwergen, Riesen und Drachen* (1987). Zu Varianten und Interpretation vgl. Scherf 1987, S. 201ff. & 1993, S. 620ff. sowie 229ff. (*Die drei Zaubergaben*).

Der Eisenhans

Der bemerkenswerte Märchentyp vom wilden Mann schildert, wie ein junger Mensch unter Anleitung eines Lehrers mit dämonischen Zügen seine Selbständigkeit findet.

Zunächst wird erzählt, wie ein König einen wilden Mann, den Eisenhans, einfängt und auf seinen Schloßhof sperrt. Als dann seinem achtjährigen Sohn dessen goldene Kugel in den Käfig rollt, verlangt der wilde Mann, befreit zu werden. Er teilt dem Jungen mit, daß der Schlüssel zu seinem Käfig unter dem Kopfkissen der Mutter liegt. Als der Junge Angst bekommt, weil er das Gebot seines Vaters mißachtet hat, nimmt ihn der wilde Mann und trägt ihn in den Wald. Die ihm auferlegten Proben besteht der Junge zwar nicht, gewinnt dabei aber goldenes Haar – und das Hilfeversprechen seines Mentors.
Er muß „hinaus in die Welt" und an einem Schloß Dienste zunächst als Küchenjunge und dann als Gärtnerjunge annehmen. Hier kommt die Königstochter ins Spiel, der er sich zunächst aber nicht zu erkennen gibt. Nachdem er – mit Hilfe des Eisenhans – eine Schlacht für den König allein für sich entschieden und bei einem anschließenden Wettkampf incognito drei von der Königstochter geworfene Äpfel gefangen hat, wird seine Identität aufgedeckt. Zur Hochzeit kommt der nun erlöste Eisenhans als stolzer König.

Das Märchen kann in Fortbildungen als Einstieg in die Thematik verwenden werden. Es mit den Erzieherinnen zu spielen, läßt auch Frauen die Stationen des Entwicklungsweges von Jungen am eigenen Leib erleben.

Varianten
Für das Spiel in Gruppen, insbesondere in Männer- und Jungengruppen, ist eine interessante Variante geeignet, das malaiische Märchen *Michel und die Schlange mit den sieben Köpfen*. Hier treten sieben Zauberer an die Stelle des wilden Mannes, so daß es möglich ist, sieben verschiedene Männerbilder darzustellen.

Der Märchentyp vom wilden Mann hat Bezüge zu einer Reihe weiterer Märchen. Nah verwandt sind die Erzählungen, in denen einem kinderlos gebliebenen Paar von einem Jenseitigen ein Kind versprochen wird, wenn ihm dieses zu einem bestimmten Zeitpunkt übergeben wird. Der Beginn der Lehrzeit beim dämonischen Meister liegt allerdings meist in der Pubertät, und über die Beziehung des Jungen zu den leiblichen Eltern erfahren wir in der Regel kaum etwas. So bildhafte Hinweise wie das Verbot des Vaters, den „wilden Mann rauszulassen" oder den Schlüssel unter dem Kopfkissen der Mutter zu stehlen, gibt es kaum einmal.

Quellen: *Eisenhans*: Kinder- und Hausmärchen der Gebrüder Grimm. Das Märchen gibt es auch als Bilderbuch für Kinder (Fromm 1970, vergriffen). *Michel und die Schlange mit den sieben Köpfen*: Märchen von Männern (hrsg. von Marcks 1993, S. 67ff.). – Zu Varianten des Märchens vgl. Scherf 1995, S. 251ff. Zur Interpretation vgl. Bly 1991; Kast 1988.

Praxisübung (48): Parzival

Als Einstieg in ein Gespräch über Mütter, Väter und Söhne können zwei Episoden aus der Gralssage dienen: Die Kindheit des jungen Parzival mit seiner Mutter Herzeleide sowie seine Begegnung mit dem väterlichen Mentor Gurnemanz wirken erstaunlich aktuell und eignen sich gut als Ausgangspunkt für Gespräche.

Der Vater von Parzival hatte Söhne von zwei Frauen; beide Söhne wachsen ohne ihn auf. Nachdem ihr Mann im Kampf gefallen ist, erzieht Herzeleide Parzival zu einem friedliebenden Jungen. Er soll nicht wie die anderen jungen Männer aufwachsen und Ritter werden. Sie verkleidet ihn daher als Narr. Als der Junge einen Ritter sieht, ist er dennoch so fasziniert, daß er unbedingt die Mutter verlassen und zum Ritter werden will. Die Mutter will ihn nicht gehen lassen; als es geht, stirbt sie vor Kummer.

Obwohl von der Mutter denkbar schlecht ausgestattet, wird Parzival ein großer Ritter. Parzival findet einen männlichen Mentor, der ihn anleitet. Besonders interessant sind die Ratschläge, die er erhält. Der Rat seines Mentors („Vor allem, rate ich euch, führet nicht immer die Mutter im Munde!") löst seine Mutterbindung. Ein anderer Rat, „nicht so viel zu fragen", wird ihm später zum schicksalshaften Verhängnis: Weil er trotz Einfühlungsvermögen den Gralshüter Amfortas, der an einer schrecklichen Verletzung leidet, nicht fragt, was ihm fehlt, muß dieser weiter leiden. Parzivals Leben wird eine lange und mühsame Suche nach dem Gral.

Quelle: Eine gut lesbare Version der Version der Geschichte von Parzival: Lechner 1995. Klejn-Stangier verwendete die Sage als Grundlage psychodramatischer Arbeit mit zehnjährigen Jungen (1991).

Praxisübung (49): Der Butterbauch

Es war einmal eine Frau, die buk eines Tages Brot, und sie hatte einen kleinen Jungen bei sich, der war so dick und fett und liebte das Essen so sehr, daß sie ihn einfach Butterbauch nannte. Eines Tages hörten sie Leute auf den Hof kommen, und die Mutter bat Butterbauch, hinauszugehen und nachzuschauen.

„Oh, du lieber Himmel! Draußen steht ein riesengroßes Trollweib, hat den Kopf unter dem Arm und einen Sack auf dem Rücken", sagte Butterbauch. „So versteck dich hurtig unter dem Backtrog!" rief die Mutter.

Schon kam das Riesenweib herein. „Guten Tag!" sprach es. „Gleichfalls guten Tag!" erwiderte Butterbauchs Mutter. „Ja, ist denn Butterbauch nicht zu Hause?" erkundigte sich die Trollin. „Nein, er ist mit seinem Vater in den Wald gegangen, Schneehühner fangen!" erwiderte die Mutter. „Na, das ist schade!" versetzte die Trollin. „Hier habe ich nämlich ein so schönes Silbermesserchen, das ich ihm schenken wollte!".

„Piep, piep! Hier bin ich!" schrie Butterbauch und kroch unter dem Backtrog hervor. „Ich bin so alt, und mein Kreuz ist steif", sagte das Trollweib. „Kriech selbst in den Sack und hol' es dir!" Das tat Butterbauch, und gleich nahm das Weib den Sack auf den Rücken und lief davon. Aber nach einer Weile wurde das Trollweib müde und setzte den Sack ab, um zu schlafen. Butterbauch, gar nicht faul, nahm sein Messer, schnitt ein Loch in den Ranzen und kroch heraus. Dann legte er eine große Kieferwurzel in den Sack und wanderte heimwärts zur Mutter. Als das Trollweib nach Hause kam und sah, was sie im Sack hatte, wurde sie fuchsteufelswild.

Am nächsten Tag stand das Trollweib wieder vor der Tür, und Butterbauch versteckte sich wieder unter dem Backtrog. Diesmal erzählte das Trollweib, es habe eine silberne Gabel dabei, die sie Butterbauch so gerne schenken wollte. Damit lockte sie Butterbauch wieder hervor – und steckte ihn wieder in den Sack.

Aber auch dieses Mal wurde das Trollweib müde und legte sich schlafen. Butterbauch riß mit der Gabel ein Loch in den Sack, schlängelte sich heraus und legte einen großen Stein hinein.

Zu Hause angekommen, machte das Trollweib Feuer und hängte einen riesigen Kessel darüber. Dann nahm sie den Sack und wollte Butterbauch direkt in den Kessel werfen. Da fiel der Stein heraus und schlug ein Loch in den Topf, so daß das Wasser ausfloß und das Feuer löschte. Das Trollweib kochte vor Wut!

Beim dritten Mal ging es genauso. Die Trollhexe lockte Butterbauch mit einem Silberlöffel aus seinem Versteck und steckte ihn in den Sack. Diesmal machte sie aber keine Rast, sondern rannte geradewegs bis nach Hause. Dort bat sie

ihre Tochter, ihn zu schlachten und Suppe aus ihm zu kochen, während sie selbst wegging, um zum Festessen einzuladen. Aber die Trolltochter wußte nicht so recht, wie sie es anstellen sollte.
„Wart mal, dann werde ich dir zeigen, was du machen mußt", sagte Butterbauch. – „Leg deinen Kopf auf den Klotz, dann wirst du es gleich sehen." Die Arme tat, wie Butterbauch ihr geheißen hatte, und damit hackte er ihr den Kopf ab, legte den Kopf ins Bett, den Rumpf aber in den Kessel und kochte Suppe daraus. Dann kletterte er aufs Dach und nahm die Kieferwurzel und den Stein mit.
Als nun die Trolle hereinkamen und den Kopf im Bett sahen, dachten sie, die Tochter schliefe; aber dann wollten sie die Suppe kosten.
„Schmeckt fein, Butterbauchsuppe!" sagte das Trollweib.
„Schmeckt fein, Tochtersuppe!" sagte Butterbauch von oben.
Dann nahm der Trollvater den Löffel und kostete.
„Schmeckt fein, Butterbauchsuppe!" grölte er.
„Schmeckt fein, Tochtersuppe!" sagte Butterbauch.
Da wunderten sie sich, wer da wohl sprach, und wollten hinausgehen, um nachzusehen. Als sie aber vor die Tür kamen, warf Butterbauch ihnen Klotz und Stein auf den Kopf, daß sie tot umfielen. Dann nahm er alles Gold und Silber, das er im Hause fand; und wurde auf der Stelle steinreich. Und dann ging er nach Hause zu seiner Mutter.

Quellen: gekürzt nach Hube 1992, Ketilsson 1989. Zu Interpretation vgl. Scherf 1995, S. 1036ff. (Butterbauch), zu Varianten S. 511ff.; Scherf 1987, S. 10ff.

Auswertung
Nach unserer Erfahrung löst das Märchen durch die „Gewalt" und die Betonung einer „bösen", bedrohlichen und übermächtigen Frauenfigur bei Frauen Irritation, Ablehnung und Verärgerung aus. Es kann daher zum Anlaß von Auseinandersetzungen mit Eltern und Erzieherinnen werden. Ältere Jungen scheint es dagegen zu faszinieren.

Als Einstieg für ein Gespräch (oder mehr) in der Gruppe ist das Märchen eine Provokation – es rührt an wunde Punkte – sowohl bei Frauen als auch bei Männern.
Nach dem Vorlesen des Märchens sollte Gelegenheit zum Austausch gegeben werden:

- *Was für Gefühle löst das Märchen bei Ihnen aus?*
- *Welche Stellen haben Sie als grausam empfunden?*
- *Wie ist das Verhalten der Mutter einzuschätzen?*
- *Wie wirkt der Junge, was für Gefühle berührt er in Ihnen?*
- *Was lernt Butterbauch im Laufe des Märchens? Wozu „braucht" er die Trollhexe?*
- *Braucht Butterbauch Schutz, oder weiß er sich selbst zu helfen?*

Die folgenden Interpretationshilfen können die Beschäftigung mit dem Märchen im Rahmen einer Fortbildung bzw. im Kindergarten erleichtern.

Im Mittelpunkt des Märchens steht ein kleiner Junge, der einige Schritte in Richtung Selbständigkeit macht. Die zu erlangenden Gegenstände – Messer, Gabel, Löffel – geben einen Hinweis auf die Lebensphase, um die es geht. Anders als in vielen anderen Märchen ist nicht die endgültige Ablösung von den Eltern das Thema. Womit muß sich ein Jungen in dieser Altersphase beschäftigen?

Loslösung und Wiederannäherung: Die Mutter möchte ihren Jungen bei sich behalten. Der Drang des Jungen zur Selbständigkeit ist aber größer. Dennoch ist es selbstverständlich, daß er nach jedem gelungenen Schritt zur Mutter zurückkehrt. Es braucht jedesmal wieder Mut, um aus dem mütterlichen Schutz (hinter dem Backtrog) hervorzukommen.

Die *„gute Mutter":* Wiederholt wurde von Frauen kritisiert, daß die Mutter im Märchen ein wenig positives Bild abgibt: sie würde ihren Jungen nicht genügend in Schutz nehmen und ihn der Hexe „ausliefern". Bei genauerem Hinsehen können wir jedoch erkennen, daß die Mutter dem Jungen durchaus Schutz bietet. Sie akzeptiert aber, daß der Junge – bedrohliche – Schritte in die Eigenständigkeit machen muß, die sie nicht vollständig kontrollieren oder „behüten" kann. Damit wird sie den altersentsprechenden Bedürfnissen durchaus gerecht: Sie läßt ihren Sohn gehen.

Die *„böse Mutter" (1):* Auch die Hexe wurde als Personifikation eines negativen Frauenbildes kritisiert. Für uns stellt sie den „bösen" Aspekt der Mutter und anderer wichtiger Frauen im Leben eines Jungen dar. Die symbolische „böse Mutter" gibt es tatsächlich: Für kleine Jungen sind Mütter übermächtig. Das Bild des Gefressen- und Verschlungenwerdens steht weniger für „Grausamkeit", sondern ist der symbolische Ausdruck des Verlusts der Eigenständigkeit neben einer übermächtigen Mutter.

Wenn Jungen beginnen, sich mit der Bedeutung ihres Männlich-Seins zu beschäftigen, gehört ein Stück Abgrenzung dazu. Das Märchen erlaubt durch die Trennung von Hexe und Mutter, die „gute" Mutter zu bewahren, aber die „böse" zu überwinden.

Der abwesende Vater: Der Vater ist nicht da, er existiert nur als Phantasieobjekt. Wie gerne würde Butterbauch wohl wirklich mit ihm in den Wald gehen, Schneehühner fangen! Aber diese Szene ist sehr real, nicht nur für Jungen alleinerziehender Mütter. **Die meisten Väter sind ja tatsächlich nicht zur Stelle, wenn Jungen sich im Alltag mit der Dominanz von Frauen in ihrem Leben auseinandersetzen müssen.**

Der Sack: Warum kriecht der Junge dreimal nacheinander in den Sack? Er weiß doch spätestens beim zweiten Mal, was ihm bevorsteht. Geht es ihm wirklich nur um die „Geschenke", die er in der Auseinandersetzung mit der Hexe bekommen kann? (Wie ärgerlich, daß man auf die „blöde" Mutter so angewiesen ist, wenn man etwas haben oder lernen will...). Tatsächlich ist jeder Schritt in die Selbständigkeit auch bedrohlich. Andererseits ist es reizvoll, sich mit den gewachsenen Fähigkeiten ins Reich der übermächtigen Mutter zu wagen...

Vielleicht hat der Sack aber auch noch einen anderen Aspekt. Er deutet auch die Rückkehr in den Mutterleib, in mütterliche Geborgenheit an, und verspricht Getragen-Werden und Schutz: die Möglichkeit zur Regression. Das kann schön sein, aber auch gefährlich, denn es macht erneut abhängig und hilflos. Um so wichtiger, daß Butterbauch sich (mit den neuerworbenen Fähigkeiten!) selbst befreien kann.

Die „böse Mutter" (2): Über die oben genannte allgemeinpsychologische Dimension hinaus gibt es natürlich auch tatsächlich problematisches Verhalten von Müttern und anderen weiblichen Erziehenden. Die Hexe ist „kopflos", sie kann nicht mehr vernünftig reagieren. Das macht sie destruktiv, aber auch dumm. In solche Situationen kann jede Mutter geraten. Es gibt Momente, in denen Mütter nur an sich denken, ihr Kind vereinnahmen, ihm Gewalt antun oder es nicht vor Gewalt schützen. Es gibt auch Momente, in denen Mütter ihren Weg nicht mehr wissen und verlangen, daß ihre „kleinen Männer" ihnen weiterhelfen. Butterbauch kann sich dagegen zur Wehr setzen und dieser Form von Weiblichkeit entkommen.

Das pfiffige Kerlchen: Neben Irritationen löst das Märchen auch Schmunzeln und heimliche Bewunderung aus – für den pfiffigen kleinen Kerl, der die blöde Hexe so geschickt austrickst. Steckt darin nicht auch ein wenig Bewunderung für die „kleinen Macker", die nicht kläglich in der Ecke sitzen, sondern sich manchmal so aufführen, als ob sie jeder Herausforderung gewachsen sind? Vielleicht ist das der Grund dafür, daß es vielen Frauen nicht leicht fällt, Jungen Grenzen zu setzen. Entgegen den eigenen Überzeugungen tun wir uns, Frauen wie Männer, mit ängstlichen, schwachen, hilflosen Jungen oft schwer. Wir können es Butterbauch kaum übelnehmen, daß er die Anweisung seiner Mutter, versteckt zu bleiben, nicht befolgt hat!

Das *„böse Kind"*: Die „böse Mutter" hat auch ein „böses Kind", und mit dem muß sich der Junge auseinandersezten. Es soll stellvertretend für die Mutter den Jungen zum Verstummen bringen, aber seine Gewalttätigkeit hat „weder Sinn noch Verstand". Es gehorcht ohne nachzufragen (in anderen Märchen gibt es da andere Beispiele). Eigentlich nicht erstaunlich: Das Trollkind hat sich mit der bösen Mutter identifiziert, es ist noch „dummer" als diese. Mit so einem angepaßten Kind (das vermutlich später einmal gewalttätig werden würde, ohne zu wissen, warum es das eigenlich tut), will Butterbauch nichts zu tun haben. Schließlich hatte er die Anweisung seiner Mutter nicht befolgt. Indem er das Trollkind umbringt, befreit er sich – nicht nur aus der bedrohlichen Situation, sondern auch von seiner eigenen Tendenz zu Anpassung und Gehorsam. Er erlangt seine Autonomie und Handlungsfähigkeit zurück.

Der Schatz: Der Tod der bösen Trollfamilie ist für Butterbauch – und die Jungen, die sich beim Zuhören mit ihm identifizieren – eine große Befreiung. Butterbauch gewinnt dabei mehr als die Fähigkeit zum Umgang mit Messer, Gabel und Löffel. Die erlangte Eigenständigkeit ist kostbar, ein „Schatz", sie bereichert seine Persönlichkeit. Und selbstverständlich kehrt er damit nach Hause zurück.

Schlußbemerkung: Ist es richtig, sich und Jungen mit einem Märchen zu beschäftigen, in dem es vor allem um „böse Frauen" geht? Natürlich stimmt es, daß viele problematische Aspekte der Dominanz von Frauen im Leben von Kindern mit der Abwesenheit von Männern im Erziehungsbereich zusammenhängen. Männer werden deshalb zu Recht kritisiert. Diese Kritik hilft kleinen Jungen aber nicht dabei, im Alltag mit Frauen besser zurechtzukommen. Sie müssen ihren eigenen Weg finden, um mit dieser Situation umzugehen – wie Butterbauch.

WEITERFÜHRENDE LITERATUR

Zur Frage der Bedeutung von Märchen für Kinder:

Bettelheim, Bruno (1980): Kinder brauchen Märchen. München: dtv.

Zur praktischen Arbeit mit Märchen im Kindergarten:

Betz, Felicitas (51985): Märchen als Schlüssel zur Welt. Eine Auswahl für Kinder im Vorschulalter: Handreichung für Erzieher. Lahr: Ernst Kaufmann

Zur Vertiefung und Übersicht über verschiedene Märchentypen:

Scherf, Walter (1987): Die Herausforderung des Dämons. Form und Funktion grausiger Kindermärchen. München: Saur.

Scherf, Walter (1995): Das Märchenlexikon (2 Bände). München: C.H.Beck

6.4 MEDIEN

Medien nehmen einen wichtigen Platz im Leben von Kindern ein. Pädagogisch anerkannt ist das „traditionelle" Medium *Buch*. In bezug auf unser Thema fragen wir allerdings danach, inwieweit Bücher für Kinder tradierte Geschlechterstereotype weitertragen oder Kindern auch neue Bilder vermitteln können. Mit Kinder- und Bilderbüchern beschäftigen wir uns daher im zweiten Abschnitt dieses Kapitels.

Zunächst allerdings geht es um die „neuen Medien", die umstrittener als Bücher, aber aus dem Alltag von Kindern heute nicht mehr wegzudenken sind. Gemeint sind damit einerseits die elektronischen Medien: Fernsehen, Video, Cassetten und Computer(spiele). Hierher gehört aber auch das medienbezogene Spielzeug, insbesondere das *Action-Spielzeug*, zumal es oft im Medienverbund mit Filmen und Comics angeboten wird. In unserem Zusammenhang ist interessant, daß die Angebote dieser Medien sehr geschlechtsspezifisch ausgerichtet sind und es im medienbezogenen Spiel große Unterschiede zwischen Jungen und Mädchen gibt.

Zur Wirkung der „neuen Medien"

Die Wirkung von Medien und Spielzeug ist ein immer wieder heiß diskutiertes Thema. Viele Erzieherinnen und insbesondere auch Eltern schreiben Medien, insbesondere dem Fernsehen, einen sehr großen Einfluß auf geschlechtstypisches Verhalten zu. Aus den wenigen Untersuchungen, die sich mit den geschlechtsspezifischen Unterschieden in der Mediennutzung und den dazugehörigen Nachinszenierungen beschäftigen, geht deutlich hervor, daß medienbezogene Spiele im Kindergarten vorwiegend Spiele der Jungen sind. Jungen scheinen Fernsehen anders zu verarbeiten als Mädchen. Sie sind mehr an inszenierten Kampfhandlungen, an phantastischen Figuren und starken, tapferen Helden interessiert, während Mädchen sich eher mit sozialen Charakteren und Beziehungsmustern beschäftigen (vgl. zusammenfassend Curth 1994; Barthelmes et al. 1991).

Besonders umstritten ist die Wirkung von Medien auf aggressives Verhalten. Die Forschung liefert hier keine eindeutigen Ergebnisse. Am ehesten scheint uns das *Kumulationsmodell* den unterschiedlichen Beobachtungen gerecht zu werden. Es besagt, daß sich ungünstige psychische und soziale Bedingungen wechselseitig verstärken können. Am anfälligsten für negative Folgen von Medien sind also die Kinder, die ohnehin schon Probleme haben. Das Gewaltempfinden ist individuell sehr unterschiedlich. Tendenziell liegt die Schwelle für das, was als Gewalt empfunden wird, bei Jungen höher als bei Mädchen – und manchmal auch höher als bei Erzieherinnen.

Gewaltdarstellungen wirken sich nur dann direkt negativ aus, wenn Gewalt realistisch dargestellt wird, drastische Folgen von Gewalt zu sehen sind und keine Erklärungen geliefert werden. Eine echte Gefährdung ist gegeben, wo Kinder mit überfordernden Gewalterlebnissen in Medien alleingelassen werden und die Eindrücke mit sich selbst ausmachen müssen.

Das vielbeschworene „Montagssyndrom" kann, nach einer Untersuchung von Barthelmes et al. (1991), an jedem beliebigen Tag im Kindergarten auftreten. Es ist abhängig von den jeweils am Vortag angebotenen Programmen. Es kann zudem sein, daß ein Teil der montäglichen Mediengespräche darauf zurückzuführen ist, daß Erzieherinnen mit „Wochenendkreisgesprächen" selbst die Aufmerksamkeit auf solche Themen lenken und medienbezogenen Spielen und Gesprächen der Kinder mit erhöhter Aufmerksamkeit begegnen.

Spielzeug – Die Puppen der Jungen

Während vom Fernsehen in der Kindertagesstätte meist nur die Folgen spürbar sind, wird medienbezogenes Spielzeug von Kindern auch in die Einrichtung mitgebracht. ErzieherInnen müssen entscheiden, ob oder in welcher Form sie das Spiel mit diesen oft sehr geschlechtstypischen Materialien zulassen wollen. Diese Frage stellt sich besonders bei „Gewaltspielzeug". Ende der siebziger Jahre gab es heiße Auseinandersetzungen um Kriegsspielzeug. Heute wird es kaum mehr diskutiert. In vielen Familien ist es selbstverständlich vorhanden und wird nicht (mehr) dramatisiert. Kriegsspielzeug im engeren Sinn ist mengenmäßig heute ohne Bedeutung. Seine Funktionen sind auf das *Action-Spielzeug* übergegangen, das gesellschaftlich eher akzeptiert wird. Mit *Action-Spielzeug* sind überwiegend von Jungen benutzte Spielmittel gemeint, die in ein Multi-Media-Paket eingebunden sind und gestaltende Rollenspiele ermöglichen. Im engeren Sinne steht bei Action-Spielzeug der Krieg befeindeter Gruppen mit mehr oder minder todbringenden Waffen im Vordergrund (wobei Actionhelden bekanntlich unsterblich sind, die Guten wie die Bösen...). Sie spielen in einer Fantasy- oder Science-Fiction-Welt, die klar nach Gut und Böse aufgeteilt ist. Zum Teil ist diese Welt aber nur eine fantastische Ebene, die Bestandteil einer mehr oder weniger realen Umwelt (meist des mittelständigen, weißen Amerika) ist (vgl. zum folgenden u.a. Favier & Schäfer 1995; Neubauer 1991; Rohrmann 1994 sowie mehrere Beiträge im *Handbuch Medienerziehung*, hg. vom Deutschen Jugendinstitut 1994/1995).

Im Mittelpunkt dieser Spielwelten stehen die Action-Figuren. Viele Erzieherinnen haben – wie auch viele Eltern, besonders die Mütter – große Schwierigkeiten damit. Sie finden die Monsterfiguren blöd, fürchterlich oder abstoßend; manche mögen sie nicht einmal anfassen. Oft wird mit ihnen nur sinnloser Kampf und Gewalt in Verbindung gebracht. Daher ist es zunächst wichtig, einen anderen Blick auf die den Jungen so wichtigen Figuren zu entwickeln: wir schlagen vor, diese Figuren als „Puppen der Jungen" aufzufassen. In vielerlei Hinsicht übernehmen sie Funktionen, die andere Puppen sowie Stofftiere für Mädchen haben:

- Sie können für Jungen *Übergangsobjekte* sein, also z.B. Sicherheit spenden beim Übergang vom Elternhaus in den Kindergarten. Die meisten Jungen verzichten im Laufe der Kindergartenzeit zunehmend auf weiche, kuschelige „Tröster". „Harte" Tröster wie kleine Comix, Mini-Computerspiele oder eben Actionpuppen oder Waffen können dieselbe Funktion erfüllen. Des öfteren werden sie als „Kuscheltiere" in den Mittagsschlaf mitgenommen: „Vielleicht ist es ja leichter, sich in den Schlaf fallen zu lassen, wenn man von einem starken Wesen beschützt wird" (Ueffing 1995, S. 126).

- Sie werden auch als *Intermediärobjekte* eingesetzt, also dazu, Dinge auszudrücken oder Gefühle zu zeigen, von denen Jungen noch nicht sprechen können oder wollen. Es wird damit zwischenmenschliches Verhalten auf der symbolischen Ebene gezeigt und erprobt.

- Sie sind schöne und wichtige *Besitztümer*, auf die die Jungen stolz sind. Hierzu paßt z.B. das Ausfahren der Helden in den begehrten Superfahrzeugen – ähnlich wie Mädchen ihre Puppenkinder ausfahren (vgl. Favier & Schäfer 1995, S. 181). Aber auch das Verhandeln über Tauschgeschäfte als wichtiges Spiel von Jungen gehört hierher.

Die ästhetischen Kriterien von Jungen und die von Erzieherinnen weichen manchmal extrem voneinander ab, so daß die einfache Frage „was findest du an denen denn so schön?" erstaunliche Ergebnisse erbringen kann – wenn sie ernst gemeint ist. Und so widerlich fühlen sie sich auch gar nicht an, wenn man sie eine Weile in der Hand hält... (➜ *Praxisübung (52): Was fällt Ihnen zu Jungen und Puppen ein?*).

Kann das Spiel in den Action-Spielwelten Kinder aggressiv machen? Auch hier sind Forschungsergebnisse und Aussagen von Experten widersprüchlich. Mehrheitlich wird aber der kreative Aspekt des kindlichen Spiels hervorgehoben. Kinder gehen aktiv mit der Welt um und werden nicht nur passiv beeinflußt – dies gilt auch für den Umgang mit Medien. Im Spiel stellen Kinder die Themen dar, die sie beschäftigen, und im spielerischen Probehandeln entwickeln sie neue Verhaltensmöglichkeiten. „Medienfiguren und das Nachinszenieren von Medieneereignissen helfen dabei – häufig in Ermangelung realer Alternativen –, Konflikte auf einer magischen Ebene auszutragen" (Curth 1994, S. 221). Dabei läßt sich auch mit „schlechtem" Spielzeug phantasievoll spielen (vgl. Sommerfeld 1991).

Gegen Kriegsspielzeug zu sein ist „verdienstvoll und moralisch", meint Sutton-Smith, aber „in mancher Hinsicht hysterisch und magisch (im) Glauben an die Wirkungen von Spielzeug und in dem Glauben, der Welt den Frieden bringen zu können, indem man das Kriegsspielzeug entfernt" (zitiert nach Wegener-Spöhring 1993, S. 103f.). Aufgabe der Erwachsenen ist lediglich, darauf zu achten, daß Aggressivität im Spiel auf der symbolischen Ebene bleibt. Diese Unterscheidung zu treffen, scheint für Erzieherinnen allerdings manchmal schwerer zu sein als für die Kinder selbst (➜ *Was ist Gewalt?*, S. 216). Spiele mit Figuren oder auch mit Waffen können sehr aggressive Spielinhalte haben, aber sind weniger gefährlich als direkter Kampf, weil Wut und Kampfeslust über das Medium vermittelt ausgedrückt werden können. Mit Gewaltspielzeug kann man kämpfen, ohne Angst haben zu müssen, sich körperlich weh zu tun, und zudem ist der körperlich Stärkere nicht automatisch der Gewinner.

Manchmal „brauchen" Jungen eine Waffe bei sich, selbst wenn sie nicht direkt damit spielen. Warum? Ein genauerer Blick zeigt, daß Kinder Waffen meist nur als Verteidigung gegen Böses und Angstmachendes sehen und benutzen. Wenn uns das beunruhigt, können wir fragen: Wovor hat der betreffende Junge Angst? (vgl. Kroh & Viereck 1995, S. 132).

Oft sind Waffen auch Prestigeobjekte („Guck mal, was ich Tolles habi!") Das ist allerdings nicht nur für die Kinder problematisch, die keinen Zugang zu solchen Objekten haben. Auch derjenige, der mit dem Vorzeigen Interesse und Freundschaft gewinnen will, kann sich in eine schwierige Situation bringen, wenn sein Objekt „nicht ankommt" – oder von der Erzieherin verboten wird. Vielleicht ist eine Waffe auch ein Übergangsobjekt („hat Papa mir gekauft!") und muß davor beschützt werden, in fremde Hände zu fallen – wie ein Kuscheltier! Hier müssen gemeinsame Regeln gefunden werden, in denen es nicht nur um Verbot von Lärmen geht (vgl. Ueffing 1995, S. 122).

Marius kam mit einer neuen Ninja-Laserpistole in den Kindergarten, die auf Drücken des Abzugs aufleuchtete und „Science-Fiction"-Geräusche von sich gab. Sofort war er von einer Gruppe fünf- bis sechsjähriger Jungen umringt, die seine Neuerwerbung bewunderten. Jeder wollte sie einmal haben: ‚Krieg ich sie?' – ‚Krieg ich sie nach ihm?', wurde er eine ganze Weile bedrängt. Er wollte die Pistole aber nicht hergeben – sie war einfach zu neu! Schließlich saß er in einer Türecke, dicht umringt von drei Jungen. Sein Gesicht war sehr angespannt, die Beine angewinkelt, seine ganze Haltung und sein Ausdruck verrieten großes Unbehagen. Die fast musikalischen Geräusche der Pistole wurden von den drei „Anwärtern" in rhythmische Bewegung umgesetzt. Sie saßen zwar am Boden, aber bewegten sich wie beim Tanz. Dabei wurde einer der Jungen leicht mit der Pistole berührt. Er ging jedoch in der äußerst spannungsgeladenen Situation nicht auf den Pistolenbesitzer los, sondern auf einen der anderen Jungen. Es schien, als verschiebe er seine Wut auf den Konkurrenten, weil er es sich mit dem Besitzer nicht verderben wollte... Auf die Bitte einer Erzieherin halfen die Jungen dann beim Aufräumen. Der Pistolenbesitzer ergriff die Gelegenheit, um die Pistole an den Ort für mitgebrachtes Spielzeug zu legen. (zusammengefaßt nach Ueffing 1995, S. 123).

196

Hier brauchte es den Eingriff der Erzieherin: aus eigener Kraft kam der Junge nicht mehr von seinem Spielzeug los, das ihm aufgrund des Interesses der Spielkameraden eher lästig geworden war. „Für ihn war es", meint Ueffing, „eine ganz wichtige Erfahrung zu spüren, welche Anstrengung es bedeuten kann, wenn man Freunde über Statussymbole gewinnen will. Vielleicht kann er es auf Grund dieser Erfahrung ein anderes Mal lassen!" (Ueffing 1995, S. 123).

Ob gespielte Gewalt in reale Gewalt umschlägt, hängt von Faktoren ab, die mit dem Spiel selbst nur wenig zu tun haben. Es gibt keinen wissenschaftlichen Beleg dafür, daß Jungen, die mit Gewaltspielzeug spielen, später gewalttätige Männer werden. Noch viel weniger ist von einem direkten Ursache-Wirkungs-Verhältnis zu sprechen. Problematisch ist es, wenn ein Kind durch Gewaltspiele in einen Teufelskreis von Ausgrenzung – Wut – Aggression – und weitere Ausgrenzung hineingerät. Wird ein Kind von anderen Kindern ausgegrenzt und versucht es, durch Inszenierungen von Macht und Gewalt Ansehen zu erringen, kann dies der Anfang einer negativen Spirale sein, die zu aggressivem und schädigendem Verhalten führt (vgl. Kammerer 1993, S. 56).

Die Helden der Jungen

Wenn Jungen sich mit Medienhelden identifizieren, imitieren sie nicht einfach Gewaltakte, sondern sie zeigen die persönliche Problematik auf, um die ihr Interesse kreist. Büttner schreibt: „Das Kind ist nicht der Medienheld, es ist verkleidet in dessen Gewand, das zu seinem inneren Zustand paßt" (1995, S. 140 f.). Lieblingsheld der Analysen ist bis heute der schon von Schnack & Neutzling liebevoll-scharfsichtig betrachtete *He-Man* (vgl. 1990, S. 52 ff.), der aus den Hitlisten der Jungen seit Jahren verschwunden und durch neue, teils „modernere" Helden ersetzt worden ist. So sind die geschlechtsbezogenen Unterschiede bei den in den letzten zwei Jahren viel diskutierten *Power Rangers* deutlich subtiler. Zur Clique gehören drei männliche und zwei weibliche Jugendliche, die dazugehörigen Spielfiguren unterscheiden sich nur durch die Farbe. Die Helden zeigen neben Kraft, Mut und Geschicklichkeit auch Angst und Unsicherheit. Und einer der Helden wird folgendermaßen vorgestellt: *„Rocky mit dem Lächeln.* Seit er an der Angel Grove High ist, hat der charmante Rocky die

197

Herzen aller seiner Mitschüler gewonnen, da er sich gleich als sanfter, einfühlsamer Mensch erwies" (Sammelkarte 5-128, Merlin Collections 1995).

Während ein Teil der Helden „gute" Männlichkeit symbolisiert, insbesondere den Aspekt des Beschützers, stehen auf der anderen Seite die Schreckbilder bedrohlicher und abgrundtief „böser" Männlichkeit.

In ihrer Phantasie können sich Jungen genauso mächtig und unverwundbar fühlen wie ihre Helden – ganz im Gegensatz zu ihrer alltäglichen Realität. Manchmal leben die Helden stellvertretend Seiten aus, die den Jungen nicht erlaubt sind oder die sie sich selbst nicht zugestehen. Beim Imitieren der Helden können sie sich sicher sein, auf der moralisch „guten" Seite zu stehen.

Darüber hinaus dienen Helden aber auch als Projektionsflächen für Wünsche und Sehnsüchte. Der Held wird in der Phantasie des Jungen zum starken Mann, an den er sich anlehnen oder mit dem er Abenteuer erleben kann, der zum „inneren Begleiter" wird. Viele Helden haben Jungen an ihrer Seite, die sich ebenfalls als Identifikationsfiguren anbieten.

Der Wunsch von Jungen (und Mädchen), sich mit Hilfe von stereotypem Spielzeug und Medienspiel zu unterscheiden, wird vor dem Hintergrund ihrer Entwicklungsprozesse auf dem Weg zu einer klaren Geschlechtsidentität verständlicher. Über das Spiel mit Action-Puppen und Gewaltspielzeug konkurrieren Jungen miteinander um etwas, das ihnen wichtig ist: „männliche" Eigenschaften wie Stärke, Schnelligkeit, Unverwundbarkeit, Kampffähigkeit und das Spektakuläre. Zumindest für kleinere Jungen sind die verschiedenen Symbole für Männlichkeit dabei austauschbar. Blank-Mathieu schreibt: „Jungen benötigen starke Männerbilder, um ihre eigene Schwäche aushalten zu können, damit sie sich vor ‚den Frauen' im Kindergarten keine Blöße geben" (1996a, S. 59).

Mit den Action- und Heldenspielen finden Jungen zudem zwar nicht die Anerkennung der Erzieherinnen, wohl aber deren Aufmerksamkeit. Gerade mit medienbezogenen Spielen, die Erzieherinnen häufig ablehnen, können sich Jungen von den Erwachsenen und von den Mädchen abgrenzen.

Daß die Tendenz zur Abgrenzung von „männlichem" und „weiblichen" Verhalten auch von den Erwachsenen ausgehen kannn, legt ein von Hoeltje berichtetes Beispiel nahe.

Eine Gruppe von Jungen spielt He-Man. Ein etwa 1 1/2jähriges Kleinkind stört dabei und wird von einem der Jungen „mit dem Kommando ,Rausgehen!' so unsanft hinausbugsiert, daß es hinfällt und zu schreien beginnt. Die Praktikantin nimmt das Kind auf den Arm, sagt dabei lachend und tröstend: ,Ohh, das kommt davon, wenn man kleine Babies bei He-Man unterbringt.' "

Wenig später wird ein Mädchen von den Jungen in die Spielgruppe aufgenommen: „Ej, du auch ein He-Man" (vgl. Hoeltje 1996, S. 116). Hoeltje kommentiert die unausgesprochene Botschaft der Praktikantin: „He-Man hat kein kleines Kind, das ist völlig undenkbar. Es ist klar, weder zu kritisieren, noch anders zu erwarten, daß ein Kind, das sich zu He-Man verirrt hat, weggedrängt wird" (ebenda, S. 120). Und sie berichtet, daß auch sie selbst die Gruppe der drei Kinder, die sich im Anschluß an die geschilderte Szene um das Kleinkind gekümmert hatten, zunächst als Mädchen wahrnahm, obwohl auch ein Junge dabei war.

Die Jungen haben damit möglicherweise weniger Probleme. Jungen, die gebeten wurden, sich vorzustellen, was ihre Lieblingshelden machen würden, wenn sie ein ausgesetztes Baby am Wegrand finden würden, kamen erstaunlich gut damit zurecht. Auf die Frage, ob He-Man sich denn um ein Baby kümmern könne, antwortet der (allerdings ca. neunjährige) Lars: „Natürlich, das kann ich doch sogar!" (Rohrmann 1994, S. 251, vgl. Kämpf-Jansen 1989).

Zusammenfassend sind für das Verständnis der Action-Puppen und Heldengestalten der Jungen die folgenden Aspekte wichtig:

- Helden erfüllen Bedürfnisse, die es immer schon gab – daher geht es in verschiedenen Geschichten und Serien „immer wieder um dasselbe".

- Actionspielzeug ermöglicht Jungen ein für sie „passendes" Puppenspiel, mit dem sie Männlichkeitsbilder ausprobieren und vor anderen demonstrieren können.

● Sie können sich damit gleichzeitig auch von allem „Weiblichen" abgrenzen (Müttern, Erzieherinnen, Mädchen, deren Spielzeug...).

● Die mit der bedrohlichen Inszenierung von Action-Spielen verbundenen Allmachtsphantasien der Jungen stehen meistens im Dienste der Abwehr innerer Ohnmachtserfahrungen – sie dienen letztlich der Angstbewältigung.

● Jeder sucht sich den Helden oder den Aspekt eines Helden, der zu ihm paßt und den er gerade braucht. Insofern geben Helden Auskunft über die innere Befindlichkeit des Jungen.

● In den aufeinanderfolgenden Actionserien und Spielzeugwelten spiegeln sich auch gesellschaftliche Verhältnisse und Veränderungen wider.

Für den Kindergarten ist daher zu empfehlen, dem Jungenspielzeug Platz einzuräumen – nicht im Sinne eines uneingeschränkten Spiels mit Action-Spielzeug, sondern mit dem Ziel, den damit verbundenen Befindlichkeiten und Bedürfnissen der Jungen einen angemessenen Raum zu geben. Anregungen dazu geben die folgenden Empfehlungen (→ *Lieblingsspielzeug* vgl. S. 265).

Die geschilderten Überlegungen gelten entsprechend für den Umgang mit Waffen im Kindergarten. Auch hier sind es zunächst die Erwachsenen, die das Spiel mit Waffen mit schrecklichen Bildern von Gewalt, Krieg und Tod in Verbindung bringen. Soll über den Gebrauch von Waffen in der realen Welt gesprochen werden, kann deren Sinn und Unsinn den Kindern innerhalb eines Projektes vermittelt werden. Ihnen kann einerseits eine Lebensform vorgestellt werden, in denen Waffengebrauch zum Überleben notwendig ist (Sammler- und Jägerkulturen), z.B. die Indianer. Andererseits kann das Thema Krieg, das Kinder durch die Medien und Gespräche der Eltern mitbekommen und das ihnen oft große Angst macht, gezielt aufgegriffen werden.

EMPFEHLUNGEN ZUM UMGANG MIT ACTIONSPIELZEUG

Erster Schritt: „Mitbringtag"

Viele Erwachsene wissen zu wenig über die Actionpuppen der Jungen. Um sich mit den Helden und Spielformen, die in jedem Kinderzimmer zu finden sind, besser auseinandersetzen zu können, werden „Mitbringtage" vereinbart oder die Erlaubnis, persönliche Spielzeuge mitzubringen. Dabei soll auf Bewertungen als „pädagogisch sinnvoll" usw. erst einmal verzichtet werden. Wichtig ist es, ein solches Projekt ausführlich mit den Eltern zu besprechen.

Zweiter Schritt: Auch mit schlechtem Spielzeug kann man gut spielen

Wer bereit ist, mitzuspielen und die Helden der Jungen erst einmal zu akzeptieren, kann als zweiten Schritt versuchen, neue Ideen ins Spiel einzubringen und neue Zugänge zu den Heldenfiguren zu entdecken. Warum soll ein Action-Held nicht einmal einen kleinen Jungen am Wegrand finden und seine fürsorglichen Seiten entdecken? So etwas ist durchaus nicht unüblich, wie Action-Filme von Arnold Schwarzenegger im *Terminator II* bis zu Kevin Costner in *Waterworld* zeigen. Möglich sind auch Ideen wie *He-Man wird Vater, Barbie wird Mechanikerin* oder Gespräche darüber, ob Helden auch einmal Angst haben.

Dritter Schritt: Alternativen entwickeln

Schließlich geht es darum, Bedürfnisse und Wünsche aufzugreifen, die hinter der Action-Begeisterung der Jungen stehen, und nach neuen Wegen zu suchen, sie zu beantworten. Ein gutgemeintes Alternativangebot wird sein Ziel nicht erreichen können, wenn es nicht auf die inneren Themen der Jungen eingeht und ihnen dafür andere Ausdrucksformen ermöglicht.

„Waffen" im Kindergarten

„Waffen" im Kindergarten erfordern klare Regeln im Umgang mit diesem Spielzeug. Diese Regeln sollten besprochen werden. Wichtig ist dabei, gemeinsam herauszufinden, was das Spiel mit Waffen für die Kinder und Erwachsenen jeweils bedeutet. Waffenspielereien sind nur dann wirklich beunruhigend, wenn sie nicht in eine Spielhandlung eingebunden sind, was bei aggressiven Kindern vorkommt, oder wenn Jungen *ständig* mit einer Waffe herumlaufen. Wenn ein Junge ausschließlich und über einen längeren Zeitraum mit Waffen spielt, kann psychologische Beratung angebracht sein.

PRAXISÜBUNGEN

Praxisübung (50): Diskussion zu Medienspielzeug im Kindergarten

Die Teilnehmerinnen bereiten eine pro & contra-Diskussion zur Frage vor, ob im Kindergarten das Spiel mit Medienspielzeug erlaubt werden soll. Dafür gibt es mehrere Möglichkeiten:

● Die Gruppe wird in eine „pro"- und eine „contra"-Gruppe aufgeteilt. Jede Gruppe benennt ein oder zwei Vertreterinnen, die in der anschließenden Diskussion die Gruppenpositionen vertreten.

● Die „pro"- und die „contra"-Gruppe wählen einige Teilnehmerinnen aus, die im Rollenspiel ein Teamgespräch im Kindergarten durchführen.

● Eine „Podiumsdiskussion" wird als Rollenspiel mit Erzieherinnen, Eltern, Vertretern der Spielwarenindustrie usw. vorbereitet und durchgeführt.

Die anderen Teilnehmerinnen übernehmen die Rolle von Unterstützern, Beobachtern oder – im dritten Beispiel – des Publikums.
Als Material zur Vorbereitung eignet sich das Arbeitspapier *Spielzeug aus dem Medienverbund im Kindergarten: pro & contra*, in: *Handbuch Medienerziehung* (Hisge-Weber und Nürnberg 1995, S. 134f.).

Praxisübung (51): Freies Spiel

In der Mitte wird eine Auswahl von Kinderspielzeug bereitgestellt. Dabei kann je nach Thema und Stand der Fortbildung eine gezielte Auswahl getroffen werden. Die Situation spiegelt das freie Spiel im Kindergarten wieder, wobei Aufforderungen situationsbezogen formuliert werden, z.B.:

● *Ihr könnt jetzt (die nächste Viertelstunde o. ä.) tun, was ihr wollt!*

● *Nehmt ein Spielzeug und spielt miteinander!*

● *Versucht, mit diesem Spielzeug zu anderen Kontakt aufzunehmen – ohne Worte!*

● *Wählt ein Spielzeug aus, das ihr normalerweise nie aufgreifen würdet. Erzählt anderen, was an diesem Spielzeug toll ist*

● *Geht einen Moment lang mit diesem Gegenstand allein herum, haltet ihn ganz fest und stellt euch vor, daß es ein ganz wichtiger Gegenstand ist, den ihr beschützen müßt/der euch beschützt – wie ein Kuscheltier.*

Auswertung

Die Erfahrungen werden – je nach Intensität der Übung – zunächst in Kleingruppen ausgetauscht oder in der Gesamtgruppe zusammengetragen. Dabei sollte es darum gehen, Unterschiede und Ähnlichkeiten zum Erleben von Jungen zu entdecken und den Bedeutungen näherzukommen, die diese Spielzeuge für Jungen haben können.

Praxisübung (52): Was fällt Ihnen zu Jungen und Puppen ein?

Diese kurze Frage eignet sich gut als Einstieg in eine engagierte Diskussion über geschlechtstypisches Spielzeug einerseits, Action-Spielzeug andererseits. Die Antworten der Teilnehmerinnen können an der Tafel gesammelt und dabei in zwei Gruppen aufgeteilt werden:

● *Jungen spielen wenig mit Puppen*

● *Jungen haben ihre eigenen Puppen – Action-Figuren*

Die nächste Frage für die Diskussion lautet dann:

● *Sind Action-Figuren Puppen?*

Pro- und Contra-Argumente werden gegenübergestellt und diskutiert. Hier kann auch ein Vortrag ansetzen. Günstig ist es, eine ausreichende Anzahl von Action-Puppen als Anschauungs- und Anfühlmaterial bereitzuhalten. Möglich ist auch eine Gegenüberstellung von Barbie-Puppen und Action-Puppen für Jungen.

Praxisübung (53): Gewaltspielzeug

In der Mitte wird eine Auswahl von Gewalt- und Actionspielzeug bereitgestellt: Pistolen, Gewehre, Messer, Schwerter, He-Man oder andere Actionfiguren, Panzer, Flugzeuge, Soldaten, Indianer...
Die Teilnehmerinnen werden aufgefordert, mit diesem Spielzeug zu spielen. Der gesamte Raum kann mit einbezogen werden. Unterstützend kann angeregt werden, so damit zu spielen, wie es Jungen tun würden bzw. in der Kindertagesstätte oder woanders tun.
Bei einem Zeitrahmen von 30 Minuten können zwischendurch weiterführende situationsbezogene Aufforderungen formuliert werden, z.B.

● *bildet Vierergruppen und entwickelt ein gemeinsames Spielthema mit den Gegenständen*

● *zeigt, daß der Raum euch gehört, stört das Spiel der anderen Kleingruppen usw.*

Auswertung
Die Erfahrungen können zunächst in Kleingruppen und dann in einem gemeinsamen Gespräch in der Gruppe ausgetauscht werden.
Die Übung kann auch als Einstieg in die Auseinandersetzung mit Gewaltspielzeug genutzt werden. Bei dieser Übung geht es nicht darum, solche Spiele gut oder schlecht zu finden, sondern nachzuspüren, worin der Reiz für Jungen liegen könnte. Da Jungen stundenlang mit solchem Spielzeug spielen, sollte es den Erzieherinnen, trotz möglicherweise innerer Widerstände, zumindest eine halbe Stunde lang gelingen.

KINDERBÜCHER

Bilderbücher sind bei Kindern wie bei Erzieherinnen sehr beliebt. Von den Erzieherinnen werden sie dazu verwendet, bestimmte Themen in der Gruppe aufzugreifen oder Fragen von Kindern zu beantworten. Kinder können mit der Bitte um gemeinsames Anschauen eines Buches auch ein Bedürfnis nach besonderer Zuwendung der Erzieherin zum Ausdruck bringen. Vor allem unsichere Kinder verwenden Bücher auch als Einstieg in den Kindergartenalltag. Bilderbücher bilden einerseits die Außenwelt ab, andererseits bringen sie „innere Welten" zum Ausdruck. Auch die Geschlechterverhältnisse spiegeln sich in ihnen. Dabei wurde und wird kritisiert, daß viele Bilderbücher – wie auch andere Kinder- und Schulbücher – in großem Maße die gängigen Geschlechtsstereotype weitertragen:

- Jungen sind häufiger aktiv, Mädchen passiv.

- Jungen werden eher als Mädchen in spannenden und abenteuerlichen Rollen und unabhängiger dargestellt, Mädchen stattdessen für ihre Schönheit bewundert.

- Mädchen werden isolierter dargestellt als Jungen, die kameradschaftlich spielen oder gemeinsam Abenteuer erleben.

- Tiere in Bilderbüchern sind ganz überwiegend männlich (vgl. Scheu 1977, S. 97ff.).

Blank-Mathieu meint, daß aufgrund der großen Zahl „altbewährter" und beliebter Bilderbücher nach wie vor der größte Teil der Bilderbücher im Kindergarten unterschwellig oder offen tradierte Stereotypen vermitteln. Dies hängt nicht zuletzt damit zusammen, daß für Erzieherinnen die Bücher besonders wichtig und wertvoll sind, mit denen sie selbst großgeworden sind (vgl. Blank-Mathieu 1996a, S. 45f.). Auch viele neuere Bilderbücher, z.B. die beliebten Bücher von Janosch, lassen sich hier einreihen. In den letzten Jahrzehnten haben sich die Bilderbücher allerdings erheblich verändert. Daß es zunehmend auch „starke" Mädchengestalten in Kinderbüchern gibt, ist nicht zuletzt ein Ergebnis feministischer Bemühungen.

Dabei wird manchmal übersehen, daß auch Jungen neue Orientierungsbilder brauchen. Hier geht es nicht darum, „Mädchenbüchern" jetzt „Jungenbücher" zur Seite zu stellen, sondern einen Blick dafür zu entwickeln, wie Bücher auf Jungen wirken. Bücher, in denen Jungen nur in Negativrollen auftauchen oder blasse Randfiguren bleiben, haben Jungen wenig zu bieten. Was ist zum Beispiel von folgender Szene aus einem „fortschrittlichen" Kinderbuch über Gewalt gegen Ausländer zu halten?

> *„In der Pause erzählte Steffi erst mal den Mädchen von iher Geburtstagsfeier. Marie-Luise hat einen Vorschlag: „Wie würdet ihr es finden, wenn Steffi zu ihrer Geburtstagsfeier nur Mädchen einlädt? Das wär doch mal was Neues!"*
> *„Das ist doch doof! Das sagst du ja nur, weil du gerade mit Roland verkracht bist", sagt Steffi.*
> *Aber die anderen sind vom Vorschlag begeistert. „Die Jungens bringen ja doch nur ihre neuesten Computerspiele mit", sagt Christine. „Und dann spielen sie den ganzen Nachmittag mit dem Game-Boy."*
> *So lädt Steffi wirklich nur die Mädchen ein."* (aus: Maar & Ballhaus 1993).

In diesem Buch geht es eigentlich um Ausländerfeindlichkeit. Aber da im gesamten Buch keine männliche Person als sympathische Figur näher dargestellt wird, kann der Eindruck entstehen: „Mädchen sind gut, wenn auch nicht alle; Jungen und Ausländerfeinde sind blöd." Aus der Sicht von Mädchen mag das manchmal gar nicht so falsch sein. Wie diese Szene auf die zuhörenden Jungen wirkt, ist eine andere Frage...

Zusammenfassend lassen sich die folgenden Möglichkeiten der Darstellung von Jungen und Mädchen, Männern und Frauen oder auch männliche und weibliche Figuren unterscheiden:

- Männliche und weibliche Eigenschaften und Verhaltensweisen werden unreflektiert entlang der tradierten Stereotype dargestellt

- Jungen und Mädchen, Männer und Frauen werden „geschlechtsneutral" dargestellt

- Jungen/Männer sind überwiegend in Negativrollen zu finden, bzw. „böse" Figuren sind nur von Männern besetzt (Störer, Bedroher, Gewalttäter)

- Alternativbilder von „anderen" Mädchen, Jungen, Frauen und Männern stehen im Vordergrund (bis hin zur „Umkehrung" der Geschlechtsrolle).

Alle diese Formen sind wichtig: es geht nicht um die Auswahl von „korrekten" Büchern, sondern um einen bewußten Umgang mit den in ihnen enthaltenen geschlechtsbezogenen Bildern. Eine „Checkliste" für Bilderbücher und Kinderfilme kann mit den Teilnehmerinnen gemeinsam erstellt werden, oder es kann auf den folgenden Text zurückgegriffen werden.

CHECKLISTE FÜR BILDERBÜCHER UND KINDERFILME

Kinder brauchen unterschiedliche Bilder von Jungen und Mädchen, Männlichkeit und Weiblichkeit. Auch ein „schlechtes" Bilderbuch kann ein guter Ausgangspunkt für ein Gespräch sein!

Bilderbücher mit tradierten Stereotypen sind für Kinder wichtig, weil sie ihre eigene Situation und die Welt, in der sie leben, oft sehr wirklichkeitstreu wiedergeben. Die Darstellung von „bösen Männern" (vgl. auch viele Märchen!) kann Ausgangspunkt der Beschäftigung mit den bedrohlichen Seiten von Männlichkeit sein. Bilderbücher mit „umgekehrten" Geschlechterverhältnissen machen Kindern Spaß und regen dazu an, neue Rollen auszuprobieren oder ihre Umwelt anders wahrzunehmen. Mädchen in „starken" Rollen gibt es inzwischen viele. Problematisch wird es in bezug auf Jungen, wenn den „typischen" sowie den „bösen" Jungen und Männern nur „langweilige" Jungen gegenüberstehen – oder Wunschbilder, die mit realen Jungen wenig zu tun haben.

Kinder brauchen einerseits Bilderbücher, in denen sie ihre eigene Familiensituation wiedererkennen können, andererseits alternative Jungen- und Mädchenbilder, die sie anregen, einmal in neue Rollen zu schlüpfen. Schließlich kann auch die Darstellung von konservativen Familienbildern wichtig sein, wenn es darum geht, Verständnis und Toleranz für Kinder zu entwickeln, die aus Familienverhältnissen kommen, in denen diese Bilder Realität sind.

Beim Durchforsten des eigenen Bestandes, dem Erwerb neuer Bücher oder der Auswahl zum Vorlesen oder Vorspielen können folgende Fragen Orientierungshilfe sein (vgl. Blank-Mathieu 1996a, S. 48f.):

- Welche *Rollen und Funktionen* übernehmen Männer/Jungen, welche Frauen/Mädchen in den Geschichten? Wer ist übergeordnet, stärker, schlauer – wer bedient, wird beschützt, ist ungeschickt?

● *Umgebung:* Wer hält sich im häuslichen Umkreis und in geschützten Räumen auf, wer in offenen, gefährlichen Situationen?

● *Spiel und Arbeit:* Wem werden welche Werkzeuge, Spielsachen oder Tätigkeiten zugeordnet? Welche Berufe werden durch Männer, welche durch Frauen dargestellt?

● Wie wird *Familienalltag* dargestellt? Wie paßt er zur Realität der Kinder im Kindergarten?

● Welche *Körperhaltung*, welchen Gesichtsausdruck haben Jungen und Männer, Mädchen und Frauen?

● Welche *Gefühle* zeigen Jungen und Männer, welche Gefühle zeigen Mädchen und Frauen? Wer tröstet, wer wird wütend, wer kommt mit seinen Gefühlen allein zurecht?

● Wie vielseitig sind die *Verhaltensweisen* von Jungen?

Sind Jungen nur stark, pfiffig, „kleine Kerle", und fehlen die „weichen" Seiten?

Oder sind sie nur lieb und nett oder unsicher und ängstlich, fehlen die „aggressiven" Aspekte?

● Wie vielseitig sind die *Verhaltensweisen* von Mädchen?

● Sind Mädchen nur lieb, schön und hilfsbereit? Oder sind sie „Anti-Mädchen", bei denen es keinen Platz für „typische" Mädchenwünsche mehr gibt?

● Welche Rollen übernehmen weibliche und männliche Tiere?

● Sind „böse" Figuren männlich und/oder weiblich?

PRAXISÜBUNG

Praxisübung (54): Mein Lieblingsbuch

Die Teilnehmerinnen erhalten vor einer Fortbildung folgende Aufforderung:
Bitte bringen Sie (mindestens) ein Lieblingsbuch aus dem Kindergarten mit.
Die unbestimmte Formulierung ist beabsichtigt, weil sie bewußt offenläßt, wessen Lieblingsbuch die Mitarbeiterinnen auswählen.
Die Bücher werden dann ausgetauscht, so daß jedes Buch von einer Kollegin „rezensiert" werden kann.
Fragen an die Rezensentin:

● *Was ist Ihnen beim Lesen aufgefallen?*

● *Was meinen Sie, wessen Lieblingsbuch das ist (der Erzieherin, der Jungen, der Mädchen)?*

Fragen an die Teilnehmerin, die das Buch mitgebracht hat:

● *Warum haben Sie das Buch mitgebracht?*

● *Wem gefällt das Buch besonders? Warum?*

Für die weitere Analyse kann auf die → Checkliste für Bilderbücher und Kinderfilme zurückgegriffen werden.

BILDERBÜCHER FÜR JUNGEN

Die folgende Liste enthält eine subjektive Auswahl von Bilderbüchern für Jungen. Entweder stehen Jungen im Mittelpunkt der Geschichte, oder für ihre Situation und Entwicklung wichtige Begebenheiten und Gefühle werden angesprochen. Im übrigen gilt: auch „schlechte" Bücher können Spaß machen.

BAUER, JUTTA & BOIE, KIRSTEN (1995): Kein Tag für Juli. Weinheim: Beltz. Juli ist ein ziemlich normaler Junge, der den Mädchen eine scheuert, wenn sie „kleines Baby" zu ihm sagen, weil er seinen Jeansknopf nicht zubekommt (und der sich dafür natürlich entschuldigen muß...). An manchen Tagen geht alles schief – und zu Hause hat Mama auch noch Babygruppe! Besser geht es ihm bei den großen Jungs... Am Ende kann er sich bei Papa richtig ausheulen, und alles wird wieder gut.

BAUER, JUTTA & BOIE, KIRSTEN (1995): Juli und das Monster. Weinheim: Beltz.
Juli hat Angst, auf Klo zu gehen, weil da „ein Monster" sitzt. Als er sich deswegen im Kindergarten in die Hose macht, lachen ihn alle aus. Dafür haut er denen ordentlich eine runter. Während Mutter und Erzieherin negativ dargestellt werden, ist es hier ein Mädchen, das ihn versteht und ihm schließlich hilft, mit dem „Monster" selbstbewußt fertig zu werden – dazu gehört: im Stehen zu pinkeln!

BOIE, KIRSTEN & KNORR, PETER (1994): Mutter Vater Kind. Hamburg: Oetinger.
Zur wilden Line, die immer mit den Jungs tobt, kommt der langweilige Daniel zu Besuch, der immer nur am Tisch sitzt, strickt und Blumen malt – und mal Krankenschwester werden will. Nach anfänglichen Schwierigkeiten einigen sie sich auf ein Mutter-Vater-Kind-Spiel mit umgekehrten Vorzeichen: Daniel ist Hausmann, Line „darf tun, was sie will" – und wird Cowboy. Schließlich will sie ihn sogar heiraten, denn „bei Malte soll sie immer nur kochen". – Ein hervorragend gezeichnetes Buch über vertauschte Rollen, für Erwachsene sehr erfrischend, für Kinder, vor allem Jungen, vermutlich irritierend!

BERGSTRÖM, GUNILLA (1987): Bist du feige, Willi Wiberg? Hamburg: Oetinger.
Willi Wiberg findet Streit, Prügeln und Kämpfen „abscheulich". Sein Vater will, daß er sich wehrt. Die Großmutter dagegen findet ihn deswegen besonders lieb – was er gar nicht ist... Als drei „Streithammel" in den Kindergarten kommen, werden die (Vorschul)lehrereinnen und Kinder „ganz traurig". Die Wende: Willi gibt vor allen zu, daß er Angst hat – und das finden die anderen mutig. Und auch der Vater gibt schließlich zu, daß er als Junge nicht gehauen hat, weil er Angst hatte. – Die zahlreichen Willi-Wiberg-Bücher sind bei Kindern beliebt; in der Darstellung noch recht geschlechtstypisiert, in den Aussagen weniger. Eine Mutter kommt nie vor, dafür ist immer der Vater dabei.

BOLLIGER, MAX & LENICA, JAN (1986): Der bunte Vogel. Zürich: bohem press.
Ein Riese und ein Zwerg machen sich gegenseitig das Leben schwer. Dabei sind sie eigentlich beide einsam. Über die Fürsorge für einen schwachen Vogel wachsen sie zusammen und werden zu Menschen.

HEINE, HELME (1990): Richard. Köln: Middelhauve
„Richard", du wirst einmal der stärkste Rabe der Welt, sagte seine Mutter. Und so kämpfte er gegen alles und alle, die ihm über den Weg liefen. Bis er sogar anfing, gegen sich selbst zu kämpfen...

HUGHES, DAVID (1993): Macker. Frankfurt: Ali Baba.
Ein Junge beginnt mit der Aufforderung, einen anderen „fertigzumachen". Die Gewalt eskaliert, bis schließlich alle Kinder vom Krokodilmädchen Paola

aufgefressen – und wieder ausgespuckt werden, als Nesrin endlich sauer wird. Schließlich spielen die Kinder wieder – als ob nichts gewesen wäre. Ein sehr umstrittenes Buch, um alltägliche aggressive Auseinandersetzungen im Kindergarten zu thematisieren.

LEAF, MUNRO (o.J.): Ferdinand, der Stier. München: Parabel.

Die Geschichte handelt von einem kleinen Stier in Spanien, der lieber unter den Korkeichen in der Blumenwiese sitzt und partout keine Lust hat, wie seine anderen Brüder in der Arena zu kämpfen. Seine Mutter, die Kuh, macht sich Sorgen...

LIONNI, LEO (1967): Frederick. Middelhauve: Köln

Frederick, die Maus, mag nicht wie all die anderen Mäuse den lieben langen Tag arbeiten und Vorräte für den Winter sammeln. Denn schließlich gibt es für angehende Mäuseriche auch noch andere wichtige Dinge zu tun...

LOBATO, ARCADIO (1993): Max und Mister Maus. Zürich: bohem press.

Der reiche Onkel will die Feldmaus Max zu einem Kinderstar machen. Max findet die Wirklichkeit spannender. Ein nettes Buch zum Thema Medien mit Bezügen zu verschiedenen Elementen der bei Jungen beliebten Actionfilme und -spiele.

MAAR, NELE (1993): Papa wohnt jetzt in der Heinrichstraße. Lohr: Modus vivendi.

Bernd ist etwa fünf Jahre alt. Nachdem der Vater ausgezogen ist, baut er zu ihm ein sehr eigenständiges Verhältnis auf. „Der Vater ist kein Held, er neigt zum Bauchansatz, verbruzzelt die Pfannkuchen, zeigt seine Trauer, auch mal seine Hilflosigkeit – aber vor allem gibt er die Sicherheit, daß er sich auch nach der Trennung um seinen Sohn kümmert" (Ruhl).

MCKEE, DAVID (1986): Du hast angefangen! Nein, du! Aarau: Sauerländer.

Ein blauer und ein roter „Kerl" leben auf den zwei Seiten eines Berges. Sie geraten in Streit, beschimpfen sich wüst und beschmeißen sich mit Steinen, bis der Berg zwischen ihnen zum Einsturz gebracht ist. Dann sehen sie einander zum ersten Mal und verstehen die Sicht des anderen. „Das hat Spaß gemacht", grinste der blaue Kerl. „Ja", kichert der rote Kerl. „Nur schade um den Berg". – Jungen fahren auf dieses Buch ab. Toben macht Spaß und führt zusammen!

SENDAK, MAURICE (1967): Wo die wilden Kerle wohnen. Zürich: Diogenes.

Ein Kinderbuch-Klassiker. Einmal richtig wild sein! Und zu Hause ist das Essen noch warm...

SHALEV, MEIR (1991): Papa nervt. Zürich: Diogenes.

Über das Leid eines Kindergartenjungen mit seinem allzu untypischen Papa. Für Hausmänner, Teilzeitväter, Softies und alle Väter, die nicht so „männlich" sind, wie ihre Jungen das manchmal zu brauchen scheinen.

SOLOTAREFF, GRÉGOIRE (1994): Wer hat Angst vor einem Hasen. Frankfurt: Moritz.

Der Wolf Lulu und der Hase Tom schließen Freundschaft. Sie erschrecken sich gegenseitig im Spiel. Aber Tom bekommt wirklich Angst, Lulu nie. Erst als Lulu es mit anderen Wölfen zu tun bekommt, kann er Tom verstehen. Erst als er Angst erlebt und eingestehen kann, kommen die beiden wieder zusammen.

SOLOTAREFF, GRÉGOIRE (1996): Du groß, und ich klein. Frankfurt. Moritz.

Der kleine Elefant begegnet dem großen König Löwe. Doch eines Tages wächst der Elefant dem König über den Kopf. Jetzt haben sich die Verhältnisse umgekehrt: klein und hilflos der König, groß und stark der Elefant. Eine Geschichte über Liebe und Abschied, Macht und Ohnmacht, aber auch über die Beziehung zwischen Vater und Kind.

UNGERER, TOMI (1974): Kein Kuß für Mutter. Zürich: Diogenes.

Tobi Tatze will alles andere sein als das geliebte Goldschätzchen seiner Mama. Ein amüsantes und bissiges Buch über einen Tag in einem typischen Jungenleben. Und zum Schluß vertragen sich sogar Mutter und Sohn – „wenn du mir keinen Kuß dafür gibst!".

WEITERFÜHRENDE LITERATUR

Vielfältige Anregungen zum praktischen Umgang mit Medien gibt:

Deutsches Jugendinstitut (Hg.) (1995): Handbuch Medienerziehung im Kindergarten. Teil 2: Praktische Handreichungen. Opladen: Leske & Budrich. Kapitel II; hier insbesondere:

Ueffing, Claudia (1995): Batman oder bad man? Ein Erfahrungsbericht zum situativen Umgang mit Medien im Freispiel. S. 118 – 129.

Zu Leitbildern in Medien und der Bedeutung von Helden in der Entwicklung:

Rohrmann, Tim (1994): Junge, Junge – Mann, o Mann. Die Entwicklung zur Männlichkeit. Reinbek: Rowohlt. S. 216 – 271.

Zur Auswahl von Bilderbüchern:

Blank-Mathieu, Margarete (1996a): Jungen im Kindergarten. Frankfurt: Brandes & Apsel.

Desgleichen, mit den Schwerpunkten Partnerschaftlichkeit von Jungen und Mädchen und Veränderung von Rollenklischees:

Verlinden, Martin (21995): Mädchen und Jungen im Kindergarten. 2. überarbeitete und ergänzte Auflage. Köln: Sozialpädagogisches Institut. S. 155 – 169.

6.5 KONFLIKTE

> Die grundlegende (..) Aufgabe aber heißt, den eigenen
> Widerstand wahrzunehmen, der sich nicht nur gegen
> das Zulassen der ausgesperrten eigenen Konflikte
> richtet, sondern auch gegen die Konfliktvermeidung
> anderer – insbesondere gegen die naive, spielerisch
> hingerissene, ja orgiastische Miterlebens- und Verar-
> beitensweise des Kindes.
>
> Walter Scherf

Konflikte und aggressives Verhalten sind ein Kernthema vieler Fortbildungen mit Erzieherinnen. Dabei treffen zwei Blickwinkel aufeinander:

● Konflikte und insbesondere aggressives Verhalten sind im allgemeinen Sprachgebrauch etwas Schwieriges, Problematisches, Negatives. Hier geht es darum, Konflikte zu *vermeiden* oder zu *lösen*.

● Dagegen gelten „Konfliktfähigkeit" oder „Auseinandersetzungs-
bereitschaft" in der pädagogischen und psychologischen Diskussion als wichtige und erstrebenswerte Eigenschaften. Konfliktfähigkeit muß *entwickelt* werden.

Wie zur Beruhigung wird in vielen Veröffentlichungen formelhaft wiederholt, daß das Wort *aggressiv* von etwas *angehen, aktiv werden* ab-
stammt. Aber in Ratgebern und Untersuchungen tauchen fast immer
nur die Beispiele von schwierigen Jungen auf und nicht die konstruktiven Aspekte aggressiven Verhaltens!

Ein Beispiel dafür ist der Ratgeber von Stein: Wenn Kinder
aggressiv sind. Wie wir verstehen und helfen können. *(München: 1995). Hier dient ein Junge namens „Aggressi" als Bei-
spielfigur in einer Vielzahl von Problemsituationen, obwohl zu
Beginn einer positiven Bedeutung von Aggression das Wort gere-
det wird. Auch die Tatsache, daß das als Beispiel ausgewählte
Kind männlichen Geschlechts ist, wird nicht reflektiert.*

Der Umgang mit Konflikten läßt sich nicht durch didaktische Anweisungen oder einfache Verhaltensregeln erlernen. Auch hier sind päd-

agogische Rezepte relativ wertlos. Im Rahmen einer Fortbildung wird es sinnvoller sein, von Konfliktsituationen auszugehen, die die Teilnehmerinnen mitbringen. Die Grenzen zwischen Fortbildung und Supervision werden in diesem Bereich fließend sein. Gearbeitet werden kann neben dem direkten *Gespräch* mit *szenischem Spiel* und ähnlichen aktivierenden Methoden.

Konfliktverhalten von Kindern hängt in starkem Maße mit unverarbeiteten Erfahrungen aus dem familiären Umfeld zusammen. Kinder „inszenieren" ihre Konflikte mit Mutter, Vater und Geschwistern in der Kindertagesstätte und übertragen dabei widersprüchliche Gefühle auf die Erzieherinnen und andere Kinder (→ *Übertragung*, S. 64f.). Diese Prozesse stehen hier aber nicht im Mittelpunkt (vgl. dazu z.B. Hüller 1995). Stattdessen geht es um das Konfliktverständnis der *Erzieherinnen* sowie um die Zusammenhänge zwischen aggressivem Verhalten und *Männlichkeit*.

Was ist Gewalt?

Eine allgemeingültige Definition von Aggressivität oder Gewalt gibt es nicht. Die Bewertung einer Handlung als aggressiv oder eines Verhaltens als Gewalt ist immer subjektiv und hängt von der Einstellung der Beteiligten ab. Besonders uneindeutig wird der Begriff aggressiv verwendet: geht es um Phantasien und Absichten oder um tatsächliches Verhalten, um die Gefühle in einer Situation oder eine Persönlichkeitseigenschaft? Wichtig bei der Beschäftigung mit diesen Fragen sind die folgenden Aspekte:

- Was eine Erzieherin bei Jungen als aggressiv empfindet, hängt mit ihrem eigenen Umgang mit Konflikten und mit ihrer Lebensgeschichte zusammen.

- Die negative Bewertung von Aggressionen und Konflikten übersieht deren lustvolle und konstruktive Aspekte.

- Aggressives Verhalten spielt eine wichtige Rolle für die Konstruktion und Darstellung von Männlichkeit.

- Die Hintergründe aggressiven Verhaltens werden oft nicht wahrgenommen oder nicht verstanden.

Gewalt ist zur Zeit ein Modebegriff, der oft undifferenziert verwendet wird. Gewaltverhältnisse sind in Wirklichkeit sehr komplex. Ob sich von wachsender Gewalt sprechen läßt, ist umstritten; sicher ist, daß die *Aufmerksamkeit* gegenüber der Gewalt zugenommen hat. Wenn aber das Verhalten von 3-6jährigen Kindern mit „Gewalt" in Verbindung gebracht wird oder in Untersuchungen von einer „Zunahme der Gewaltbereitschaft" im Kindergarten gesprochen wird (z.B. von Gernert 1993; Fichtner 1994), so ist das problematisch:

● Kinder sind in diesem Alter von ihren Möglichkeiten her noch kaum in der Lage, wirklich bedrohliche Gewalt auszuüben;

● Die Verwendung eines Begriffs aus der Welt der Erwachsenen für das Handeln von Kindern verfehlt den Sinn dessen, was Kinder subjektiv meinen.

● Die Zuschreibung von Verhaltensweisen als Gewalt macht kleine Kinder zu negativ bewerteten Tätern und Sündenböcken. Dies kann die kritisierten Verhaltensweisen sogar fördern, wenn die Betroffenen sich mit dieser Zuschreibung indentifizieren.

Daher sollte man mit dem Begriff Gewalt vorsichtig umgehen. Eine andere Tatsache ist dagegen unbestreitbar: Jungen sind weitaus häufiger als Mädchen in aggressive Auseinandersetzungen verstrickt, wobei sie sowohl den größeren Teil der Täter stellen als auch mehrheitlich unter den Opfern zu finden sind (vgl. Lenz 1996). Erstaunlicherweise ist dieser Tatbestand weniger Gegenstand der allgemeinen Diskussion. Wenn überhaupt, dann wird von feministischer Seite aus aggressives Verhalten im Zusammenhang mit dem Geschlechtergegensatz gesehen, wobei Mädchen als Opfer und Jungen als Täter dargestellt werden. Dabei wird übersehen, daß ein großer Teil des aggressiven Verhaltens *unter Jungen* stattfindet. Was bringt Jungen dazu, eher als Mädchen auf scheinbar gleiche äußere Bedingungen mit offen aggressiven Verhaltensweisen zu reagieren?

Gewalt und Männlichkeit

Aggressives Verhalten von Jungen ist im Zusammenhang mit „normalem" Jungenverhalten und dem Bedürfnis der Jungen nach Abgrenzung und Unabhängigkeit zu sehen. Es sind eher die Jungen, die laut, impulsiv, „hyperaktiv" sind, die rauhere Spiele spielen und eher Risiken eingehen – das macht sie für aggressives Verhalten anfälliger. Wo in einer schwierigen Situation ein Mädchen sich an die Erzieherin klammert, tobt ein Junge vielleicht durch die Gegend, weil ein solch „kindisches" Verhalten nicht zu seiner Vorstellung von „Männlichkeit" paßt. In den körperlichen Auseinandersetzungen insbesondere der älteren Jungen werden einerseits Macht- und Statuskonflikte, andererseits verschiedene Aspekte körperlicher Entwicklungsprozesse sichtbar. In den Kämpfen kommt es zu typischen Körperhaltungen und Gesten, die zum Teil von Vorbildern aus Medien entlehnt werden. Jungen, die sich nicht an den Kämpfen der anderen beteiligen wollen, werden durch Sprüche, Herausforderungen und Drohgesten provoziert und manchmal direkt angegriffen, wenn sie dennoch passiv bleiben.

Eine entscheidende Rolle kommt damit vor allem der Gruppe der Gleichaltrigen zu. Die Normen und sozialen Umgangsweisen von Jungen untereinander tolerieren manche Formen der Aggression oder ermutigen sie sogar. Zudem finden sich oft besonders aggressive Jungen in Gruppen zusammen. Andererseits zeigen viele Jungen kaum auffällig aggressives Verhalten, und in vielen Peergruppen werden Aggressionen sozial reguliert und innerhalb akzeptabler Grenzen gehalten. Hier sind gerade die impulsiven und hyperaktiven Jungen unbeliebt und sozial isoliert und deshalb besonders gefährdet, mit Problemverhalten auffällig zu werden. Aggressives Verhalten ist vor diesem Hintergrund nicht einfach als „antisoziales" Verhalten zu begreifen, sondern, wenn auch untauglich, als Versuch, soziale Anerkennung zu erlangen. Diese Versuche sind *innerhalb der Peergruppe* manchmal durchaus erfolgreich. Daß sie in Bezug auf die Erwachsenenwelt oft so gründlich danebengehen, liegt nicht zuletzt daran, daß Jungen in ihrer Entwicklung von „Mamas Liebling" zum unklaren Leitbild des „richtigen Mannes" zwischen allen Stühlen sitzen.

Der Versuch, aggressives Verhalten als Bestandteil von Männlichkeitsdefinitionen zu begreifen, kann an den dargestellten Leitbildern von Männlichkeit ansetzen (➔ S. 132ff.). Der Beschützer, der Versorger und der Liebhaber sind allgemein anerkannte positive Leitbilder von Männlichkeit. In diesem Kontext wird Aggression und Gewalt nicht nur akzeptiert, sondern unter Umständen ausdrücklich gefordert. In unserer Gesellschaft werden heute allerdings viel eher die „dunklen Seiten" der Männlichkeit, insbesondere das Problem gesellschaftlich nicht legitimierten gewalttätigen und aggressiven Handelns diskutiert. Am Beispiel der Jugendgewalt zeigt Kersten, daß es sich dabei vor allem um die Auffälligkeit von männlichen Jugendlichen handelt, die einen Platz in der von Männern dominierten Gesellschaft suchen und sich dabei auf ihre Weise mit (➔ *hegemonialer Männlichkeit*, S. 108f.) auseinandersetzen (vgl. Kersten 1993b; 1995). Dazu gehört die Betonung und öffentliche Zurschaustellung von Mut und Kampfbereitschaft; die Betonung von Kompetenz im Umgang mit Autos, Maschinen und Waffen; die Betonung von „echter" Männerfreundschaft im Sinne von „einer für alle, alle für einen" und die Betonung von heterosexueller Potenz bei gleichzeitiger Frauenabwertung und Schwulenverachtung.

Kersten schreibt, daß Bilder „böser" Männlichkeit mächtige Angstbilder sind. „Sie sind alt und einfach und finden sich in Mythen, Märchen und Legenden" (1993a, S. 18). In Anlehnung an Gilmore skizziert er auf „böse" Männer bezogene Schreckensbilder: Dem Geliebten und Vater (Erzeuger) entspricht das Negativbild des gewalttätigen „Unholds" und Triebtäters. Dem Beschützer entsprechen der Schläger und fremdenfeindliche Skin. Dem Bild des Ernährers schließlich steht das Schreckbild des Herumtreibers gegenüber, des arbeitslosen und drogenabhängigen Jugendlichen, der sich den Anforderungen der modernen Arbeitswelt verweigert. Die Angst und (heimliche) Faszination, die das Thema Jugendgewalt auslöst, sieht Kersten im Zusammenhang mit den Veränderungen des gesellschaftlichen Männerbildes und der Verunsicherung insbesondere von Jungen aus sozial benachteiligten Gruppen. Dabei können Gewalt und Abweichung nicht generell mit „Männlichkeit" in Verbindung gebracht werden. Die Mehrheit der heranwachsenden Jungen wird nicht durch derartiges Verhalten auffällig, und nicht immer und überall führt Marginalisierung zu Gewalt. Vielmehr sind es bestimmte Männlichkeitsentwürfe, die Jugendliche unter spezifischen sozialen und kulturellen Bedingungen entwickeln. Sie dienen dazu, Männlichkeit zu beweisen, wenn andere Möglichkeiten dafür nicht zur Verfügung stehen (vgl. Kersten 1995). In den genannten Analysen geht es um die Situation von männlichen Jugendlichen und jungen Männern und ihre Versuche, einen Platz in der Gesellschaft zu finden. Was Kersten für gewalttätige Jugendliche beschreibt, gilt in abgeschwächter Form aber auch für jüngere Jungen. Sich darzustellen, sich zu beweisen, Angst zu überwinden: darum geht es nicht nur bei gewalttätigen Jugendlichen, sondern auch schon bei Jungengruppen im Kindergarten, die nicht durch extreme Gewalt auffallen. Aggressives Verhalten fügt sich ein in die stereotypen Vorstellungen (von Männern wie Frauen), wie Jungen als angehende Männer zu sein haben. Für heranwachsende Jungen in unserer Gesellschaft scheint es sehr schwierig zu sein, die an sie herangetragenen ambivalenten Erwartungen zu erfüllen und ihre Agressivität und Durchsetzungsfähigkeit so zu dosieren, daß sie einerseits als „männlich" erscheinen und andererseits die geltenden Normen und Konventionen nicht verletzen.

Im Kindergarten äußert sich diese Problematik nur selten in extremer Form, zumal aggressive Strategien nur für einen Teil der Jungen von Bedeutung sind. Die verschiedenen Bestandteile des geschilderten Bedingungsgefüges sind hier aber schon vorzufinden: die Abgrenzung von Frauen, der zunehmende Einfluß von gesellschaftlichen Leitbildern von Männlichkeit, die Jungengruppen, der „öffentliche" Raum. Zu fragen ist danach, welche Bilder „guter" und „böser" Männlichkeit Jungen entwickeln, bzw. wie sie die gesellschaftlich vorgegebenen Leitbilder für sich individuell begreifen und umsetzen.

Natürlich stellen sich Jungen im Kindergarten diese Fragen auf einer anderen Ebene als Jugendlichen. Wenn männliche Jugendliche Banden bilden, dann „spielen" sie nicht nur Mann-Sein. Sie agieren nicht in einem symbolischen Bedeutungsraum, sondern in der Realität. Sie wechseln *tatsächlich* von der Seite des noch „kindlichen" Jugendlichen in die des „starken" Mannes, der reale Gewalt und Macht über andere Jugendliche und Erwachsene ausüben kann. Für kleine Jungen stellt dieser „starke Mann" nicht nur eine Orientierung, sondern auch ein Bedrohung dar, gerade auch dann, wenn er in der Gestalt älterer Jungen auftaucht. Zudem sind Jungen im Kindergartenalter noch viel mehr an ihre Eltern und insbesondere Mütter gebunden. Das Idealbild des Vaters ist in der Regel noch ungebrochen, auch wenn die

„ödipale Konkurrenz" zu Kämpfen und Konflikten führt. Den vielfältigen und vieldeutigen Erwartungen der Erwachsenen können die
Jungen viel weniger ausweichen – und dazu kann auch die Erwartung
gehören, eben *nicht* „männlich" zu sein oder zumindest „ganz anders"
als das bisherige Stereotyp. Jungen pendeln hin und her: zwischen der
Anpassung an die ausgesprochenen oder auch unausgesprochenen
Wünsche der Erwachsenen und der Orientierung an der Gruppe
gleichaltriger Jungen, die beginnt, eigene Werte und Verhaltensricht-
linien zu entwickeln; zwischen der Angst vor der Gestalt des mächtigen und bedrohlichen Mannes und der Identifikation mit ihr in Phantasie und Rollenspiel.
Der Gegenpol zu aggressivem Verhalten ist nicht „lieb sein", sondern
Gleichgültigkeit. Aggressives Verhalten ist grundsätzlich ambivalent:
noch im schwierigsten Verhalten drückt sich immer auch der Wunsch
nach Kontakt und nach Veränderung aus.

Andi beginnt, einen Witz zu erzählen: „Ich kenn 'nen Witz von
Onkel Fritz, der mit sein Pullermanni spritzt." Niemand lacht,
niemand will ihm zuhören. Georg, von seinem Geplapper genervt,
fährt ihn an: „Du erzählst jetzt nicht mehr weiter!" Sofort
erzählt Andi den Witz nochmal, fügt diesmal provozierend
Georgs Namen ein. Aber es kommt kaum eine Reaktion. Verge-
bens versucht er anschließend, in die Gruppe hineinzukommen:
„Darf ich mitmachen?". Er stellt sich dabei so ungeschickt an,
daß er ausgeschlossen und gehänselt wird.
Andi sucht kurz Schutz bei der Erzieherin. Dann geht er wieder
hinaus, und die Streitereien setzen sich fort. Als ein Junge „Du
dumme Nuß!" zu ihm sagt, wird Andi wütend: „Das sagst du
nicht nochmal!" brüllt er – und holt drohend mit einer Schaufel
voll Sand aus. Aber die Kinder wissen, daß Sandschlachten ver-
boten sind. „Warum streiten wir uns überhaupt?" fragt Josef, und
Andi sagt: „Ich hab doch nur Spaß gemacht."
Eine Weile später: „Wir sind doch alle Freunde, oder nicht?"
fragt er. Da hat er sich getäuscht: „Nein!" antworten die ande-
ren, und er stößt wütend mit dem Fuß gegen einen Plastiklaster.
So geht es weiter, zwischen schweigendem Abwarten und erneu-
ten Angriffen. „Meine Oma schimpft mit euch!", droht Andi. Ein
Junge entschuldigt sich. Andi: „Und ihr laßt mich bitte noch mit-

spielen!" Ganz ernsthaft reden die anderen Jungen darüber, daß sie solche Drohungen blöd finden.
„Ich lad' euch alle zu mir ein, aber nur, wenn ihr nicht mehr so gemein zu mir seid!" Prompt wird er wieder ausgelacht. Aber trotz Wut und Hilflosigkeit: „Ich bleibe hier!" Schließlich läßt er sich sogar von Benjamin mit den Handschellen fesseln, die diesen als „Boß" kennzeichnen – nur, damit er dazugehört.

In Konfliktszenen wie dieser wird der Zusammenhang von Hilflosigkeit und Aggression deutlich. Unzufriedenheit, Unruhe und Ungeduld werden motorisch entladen. Insbesondere verhaltensauffällige Kinder wechseln dabei zwischen den Polen extrem hin und her. Sie gehen einerseits schnell in agressive und oft auch körperliche Auseinandersetzungen hinein, verhalten sich andererseits „kindisch", sind leicht beleidigt und fangen an zu heulen. Mit der zweiten Variante ziehen sie sich natürlich noch mehr Ablehnung zu – auch von Erwachsenen, die nicht verstehen, warum der „Rabauke" jetzt auch noch zu flennen anfängt und sich selbst ungerecht behandelt fühlt. Obwohl beide Verhaltensextreme viel Raum einnehmen, wird der aktive und aggressive Teil dabei von den Erwachsenen oft mehr wahrgenommen als der passive und hilflose Aspekt des Verhaltens. Im langfristigen Entwicklungsverlauf wird „typisches Jungenverhalten" im Sinne eher aktiven und aggressiven Verhaltens dadurch bestärkt.
Es ist nicht ungewöhnlich, daß Jungen bei Problemen und Schmerzen zur Erzieherin gerannt kommen, um sich trösten zu lassen, sich dann aber wenig später wieder von ihr abgrenzen und erneut in den Kampf mit den anderen Jungen stürzen. Wenn die Gewalt von Jungen lediglich toleriert und in „vernünftigem" Rahmen gehalten wird, wird zwar die Hilflosigkeit der *Opfer* ernstgenommen, aber die der *Täter* übersehen. Die „weichen", verletzlichen Seiten werden, zumindest einen Moment lang, der mütterlichen Bezugsperson gezeigt, aber vor den anderen Jungen verborgen. Sind die Mitarbeiterinnen vielleicht heimlich von „starken Jungs" mehr fasziniert als sie sich eingestehen können?

Wie reagieren Erwachsene auf Gewalt?

Ein wesentlicher Schlüssel zum Verständnis aggressiven Verhaltens in Kindertagesstätten ist damit das unterschiedliche Gewaltverständnis von Erwachsenen, aber auch von Kindern (➜ *Gewalt im Spiel?*, S. 160ff.). Was bei manchen noch als ein durchaus „normales" Verhalten bei Jungen gilt, ist für andere schon nicht mehr akzeptabel, d.h.: gleiche Verhaltensweisen werden unterschiedlich bewertet. Vor allem haben Frauen und Männer aufgrund ihrer jeweiligen geschlechtstypischen Sozialisation oft ein unterschiedliches Verständnis von Aggression und Gewalt. So berichten zwei männliche Erzieher: „Erzieherinnen spüren Aggressivität und Gewalt, wo wir Trauer, Wut oder Ohnmacht wahrnehmen" (Klein & Wawrzynek 1995, S. 103). Diese unterschiedlichen Wahrnehmungen haben schon Kinder: Was für Jungen spielerisches Necken sein kann, mit dem ein Spielkontakt hergestellt werden soll, kann für Mädchen eine störende Provokation bedeuten. In einer Untersuchung von 14 Konfliktfällen im Spiel mit Kriegsspielzeug wurden von Vorschulkindern nur zwei, von den Erzieherinnen alle als reale Aggressivität eingestuft (Connor 1989, berichtet von Wegener-Spöhring 1993, S. 144). Die verschiedenen Ausdrucksformen („Sprachen"), die Mädchen und Jungen bereits früh lernen, legen die Grundlage für Mißverständnisse im späteren Leben – auch zwischen Jungen und Erzieherinnen.

Ebenfalls unterschiedlich wird dasselbe Verhalten von Erwachsenen bei Jungen und Mädchen wahrgenommen: Was bei Mädchen als „aggressiv" gilt, ist für Jungen „normal". Untersuchungen zeigen, daß der aktive Umgang mit Aggressionen den Jungen von Erzieherinnen oft zugestanden oder als „offene Konfliktaustragung" positiv bewertet wird. Erst, wenn sie die Kontrolle zu verlieren drohen, nehmen Hilflosigkeit und Wut überhand (vgl. Finger-Trescher 1995, S. 129; Permien & Frank 1995, S. 90 f.). Über das „Umschlagen" der Akzeptanz in Abwehr schreibt Thiersch: „Die Jungen demonstrieren so männliche Stärke, und die Erzieherin schaut zunächst schmunzelnd, dann oft etwas ratlos, hilflos, wütend zu. (...). Wenn die Jungen prügeln und wenn sie mit Kriegsspielzeug spielen, sehen Erzieherinnen in ihnen oft vor allem Männer und keine kleinen Jungen, und dann reagieren sie oft sehr schroff. Alle Ängste vor männlicher Bedrohung fließen zusammen, und die Reaktionsweise – fast eine männliche –

erschreckt oft wieder die Jungen, die auf diese Weise nur noch aggressiver werden" (1992, S. 15).

Erzieherinnen neigen dazu, die eigene Aggression und Gewaltbereitschaft zu verleugnen, da sie weder zum eigenen Idealbild von Weiblichkeit noch zur vorherrschenden Berufsideologie gewaltfreier Erziehung zu passen scheinen. Die Tendenz, als „negativ" bewertete Anteile der eigenen Person (oder auch Institution) nicht wahrzunehmen, führt dazu, das „Böse" oder „Fremde" beim „anderen" zu suchen und ihm die Schuld dafür zu geben. In diesem Zusammenhang kann es leicht zu einer Kette von Problemverschiebungen kommen (sehr anschaulich geschildert von Finger-Trescher 1995):

- die eigenen Schwierigkeiten mit Aggressionen werden auf einen „Problemjungen" projiziert;

- seine Schwierigkeiten werden auf familiäre Verhältnisse, insbesondere das Verhalten der Mutter zurückgeführt;

- der Mutter wird empfohlen, eine Erziehungsberatungsstelle aufzusuchen...

In diesem Zusammenhang ist zu sehen, daß manche Frauen erstaunlich unbeteiligt darauf reagieren, wenn Jungen sie beschimpfen. „Du altes Biest" ist noch eher harmlos, „du alte Votze" weniger (siehe unten). In ihrem Bemühen, für die Kinder da zu sein, nehmen insbesondere jüngere Erzieherinnen ihre eigenen Grenzen nicht immer wahr und halten erstaunlich viele Zumutungen aus. Für die Kinder und insbesondere die Jungen sind sie dann mit ihren eigenen Wünschen, Empfindlichkeiten und Grenzen wenig spürbar. Damit tragen Erzieherinnen zum Erhalt von Strukturen bei, die sie vermutlich ändern möchten. An diesen Beispielen wird eine ganz typische und später für die Geschlechterverhältnisse von Erwachsenen bestimmende Polarisierung deutlich: Frauen ermöglichen mit ihrer scheinbar „selbstlosen" emotionalen Unterstützung Männern (und Jungen), in der „harten Welt" zu bestehen.

Beschimpfungen

Schon im Kindergarten beginnen Jungen, mit Schimpfworten herumzuwerfen. Dazu gehören auch sexuelle Schimpfworte wie „Schwuli" oder „Fotze" (vgl. Neubauer 1991, S. 45 ff.). Dies kann allerdings unterschiedliche Bedeutungen haben. Jungen wissen, daß bestimmte Ausdrücke „schlimm" sind, bevor ihnen klar wird, was für Bedeutungen damit verknüpft sind.

● Unter Jungen kann gegenseitige Beschimpfung die Form eines lustvollen Wettkampfes annehmen: Wer kennt die „schlimmsten" Worte?

● Die Beschimpfungen können aber auch als gezielte Verletzung und Abwertung gemeint sein. Auch eine zu Beginn lustige Situation kann „umkippen".

● Richten sich Beschimpfungen gegen Erzieherinnen, so sind sie als Provokation gemeint: Die Jungen wissen, womit sie die Erzieherinnen treffen können.

● Da die Jungen in der Kindertagesstätte die Einzigen sind, die es „wagen", diese Worte in den Mund zu nehmen, können sie sich damit „stark" fühlen, sich behaupten und (akustischen) Raum besetzen.

Jungen sollten kein „Monopol" auf „schlimme Worte" haben. Daher sollen Erzieherinnen ermutigt werden, solche Worte selbst einmal „in den Mund zu nehmen" (➔ *Praxisübung (59): Vom Umgang mit Schimpfworten*).

Wichtig ist es, daß Jungen auch häufiger Opfer von Beschimpfungen sind. Eine Vielzahl von sexuellen Schimpfworten und -ausdrücken richtet sich gegen Jungen: Schlappschwanz, Schwuli, Arschficker, Weichei, Wichser, um nur einige zu nennen. „Sexismus" ist also durchaus nicht eine Angelegenheit, die sich vor allem zwischen Jungen und Mädchen/Frauen abspielt!

Zwar verstehen die Jungen die Bedeutungen der von ihnen verwendeten sexuellen Begriffe oft nicht. Sie übernehmen unhinterfragt die versteckten Bedeutungen dennoch, wenn diese nicht offen zum Thema gemacht werden. Die Begriffe tragen damit zu späteren Problemen wie Leistungsdruck in der Sexualität, Frauenabwertung und Schwulenfeindlichkeit bei. Daher ist es wichtig, diese Bedeutungsgehalte in Gesprächen aufzuklären.

Wo müssen die Grenzen gesetzt werden?

Die Grenzen, die in Kindertagesstätten dem Toben, Kämpfen und Streiten der Kinder gegeben werden, sind sehr unterschiedlich. Vielen Konflikten kann schon im Vorfeld vorgebeugt werden, wenn in einer Einrichtung klare Regeln dafür gelten, was erlaubt ist und was nicht. Solche Grenzen sorgen dafür, daß der Alltag in der Einrichtung ruhig und geordnet verläuft. Dabei wird jedoch zwischen ernsthaften Konflikten und lustvollem Toben oft kaum unterschieden (→ *Raufen und Toben*, S. 158f.). Die Kinder lernen so, Konflikte möglichst zu vermeiden. In manchen Fällen reagieren sie erschreckt, wenn es irgendwo zu Gezänk kommt, und versuchen selbst schnell, auftretende Streitigkeiten zu beenden.

Das hat Vorteile: nicht nur für die Erzieherinnen, die damit ihren ohnehin anstrengenden Alltag entlasten, sondern auch für die Kinder. Sie wissen, was für Regeln gelten und können sich darauf verlassen, daß sie in Ruhe gelassen und im Zweifelsfall beschützt werden. Sie müssen nicht in ständiger Anspannung und Kampfbereitschaft leben, denn sie haben das Recht und die Erzieherinnen auf ihrer Seite, wenn sie sich Konflikten entziehen.

Werden Kämpfe und ernsthafte Streitigkeiten in einer Einrichtung jedoch relativ schnell unterbunden, hat das aber auch gravierende Nachteile. Denn so

● lernen Kinder nicht, sich zu wehren, sondern sind immer auf Hilfe von Erwachsenen angewiesen;

● wird Kindern (Jungen wie Mädchen) der Zugang zu Aggression als wirksames Medium versperrt, sich die Wirklichkeit von Menschen und Sachen zu erschliessen;

● lernen sie nicht, beim Kämpfen und Streiten Regeln einzuhalten;

● wird jeglicher Kampf als „böse-regellos-ungerecht-unkontrollierbar" bewertet;

- wird eine mögliche Ebene von Kontakt ausgeblendet;
- lernen Kinder nicht, die Auswirkungen ihres Handelns realistisch einzuschätzen.

Besser ist es, Streitereien zwischen Kindern nach ihren *Folgen* zu unterscheiden. In jedem Fall sollte solange als möglich die Devise gelten: Verstehen vor Reagieren.

In vielen Einrichtungen machen die Kinder auf Aufforderung der MitarbeiterInnen die meisten Konflikte „unter sich aus". Teilweise gelingt ihnen das recht gut, und wenn die allgemeinen Regeln klar sind, braucht es auch bei unsicheren Kindern oft nur eine gewisse Ermutigung seitens der ErzieherInnen, damit kleinere Konflikte gelöst werden. Manchmal befolgen Kinder dabei allerdings Anweisungen der MitarbeiterInnen, indem sie sie wörtlich nachplappern, obwohl sie sie ungerecht finden. Solche „Ungerechtigkeiten" führen zu Spannungen unter den Kindern, die sich aber nur selten direkt in aggressiven Handlungen entladen, sondern häufiger in verbalen Vorwürfen, Schuldzuweisungen und schweigender Verstimmtheit. Die gelegentliche Aufforderung, sich in Konflikten unter Kindern verbal „ärgerlich" zu wehren, anstelle zu schlagen, übersieht, daß verbal und nonverbal für kleine Kinder noch sehr nah beieinanderliegen.

Auffällig ist, wie oft Kinder auch untereinander das Wörtchen „darf" verwenden. Hieran wird deutlich, wie sehr ihr Alltag durch Gebote und Verbote strukturiert wird. Die Kinder haben die von den Erzieherinnen vorgegebenen Regeln und Verbote internalisiert, und dies prägt auch die Kommunikation der Kinder untereinander. Sie erinnern sich gegenseitig daran, was „erlaubt" ist, benutzen aber auch die Modalität „erlauben/verbieten", um ihre eigenen Interessen durchzusetzen – wie z.B. bei der Frage, wer mitspielen „darf".

Zudem sind die Mitarbeiterinnen als starke Kraft und Richter im Hintergrund bzw. im Bewußtsein der Kinder stets präsent. Ganz selbstverständlich meinen Kinder, daß wirkliche Konflikte dadurch geregelt werden, daß die Erzieherin gerufen wird und die Sache übernimmt. Mitunter wird das auch als Drohung eingesetzt: „Ihr kriegt Ärger!"

227

Klare Regeln sind wichtig, und die Fähigkeit von Kindern, sie zu verstehen, entwickelt sich erst allmählich. Aber auch Konfliktlösen muß gelernt werden, und dazu muß erst einmal deutlich werden, wo die Grenze zwischen Spaß und Mut einerseits, Schmerz und Wut andererseits genau liegt. Sonst beschränkt sich das „selbständige" Regeln auf Anpassung, Gehorsam und die Übernahme von Erwachsenenvorschriften – oder es gilt das „Recht des Stärkeren". In den erwachsenenfreien Räumen machen Jungen sich ihre eigenen Regeln, und die sind oft sehr schlicht: Der mit der lautesten Stimme setzt sich durch, die Mehrheit hat das Sagen, und wer sich nicht wehrt, hat selber schuld. Zwar zeigen Jungen immer wieder auch soziale Kompetenzen, bremsen weniger einfühlsame Kumpane oder geben nach, um einen Streit zu beenden. Aber die Fähigkeit zu gewaltfreierer Konfliktlösung kann sich nur entwickeln, wenn sie gemeinsam geübt wird und dabei auch die widersprüchlichen Gefühle und Bedürfnisse der Jungen von den Erwachsenen ernstgenommen werden.

Die Formen der Konfliktaustragung, die Jungen und Mädchen entwickeln, sind oft sehr unterschiedlich. Viele Erzieherinnen ziehen allerdings eher individuelle Unterschiede oder das Alter, nicht aber das Geschlecht als Erklärung für solche Unterschiede heran. Nicht selten haben sie Verständnis für das „Bedürfnis" der Jungen, Konflikte körperlich auszuagieren, oder bewerten das offene Konfliktverhalten der Jungen positiv. Dabei beachten sie zuwenig, daß dies oft auf Kosten der Mädchen und der schwächeren Jungen geht. Weil Mädchen (und manche Jungen) oft nicht gelernt haben, sich zu wehren, benötigen sie hier die Unterstützung der Erzieherinnen.

Bedingungen für das „Austoben" von Kraft und Wut

Bislang wurde deutlich, daß das Konfliktniveau einer Einrichtung stark von der inneren Einstellung der Erzieherinnen bzw. des Teams bestimmt wird. Um eine den Bedürfnissen von Jungen (aber auch von Mädchen) nach Kämpfen und Kräftemessen angemessene Form der Auseinandersetzung möglich zu machen, kann es angebracht sein, Regeln für das Toben einzuführen. Je nach Umständen können diese Regeln situationsorientiert besprochen werden, oder es wird ein „richtiger" vorbereiteter Kampf abgehalten. Im ersten Fall ist es wichtig, zunächst Verständnis dafür deutlich zu machen, daß das Kämpfen den Jungen wichtig ist und Spaß macht. Für den zweiten Fall eignet sich eine Ringermatte, die nur für diesen Zweck zur Verfügung steht. Wie ein solcher Kampf nach Regeln aussehen kann, sollte mit den Teilnehmerinnen einer Fortbildung möglichst nicht nur besprochen, sondern auch ausprobiert werden (➔ *Praxisübung (62): Ringkampf*). Für das „Austoben" von Kraft und Wut können auch ein Boxsack oder ein „Nageligel" (ein Holzklotz, in den Nägel geschlagen werden können) gute Dienste leisten. Der Boxsack bzw. Nageligel kann ein freies Angebot im Bewegungsraum sein. Er kann auch als Möglichkeit bereitgestellt werden, in Konfliktsituationen „Dampf abzulassen": Lieber einmal ein paar Schläge auf den Boxsack oder auch gegen eine Matratze ablassen, als einem anderen Kind so weh zu tun, daß ein Konflikt weiter eskaliert.

Boxsack und Nageligel sind keine Allheilmittel. Die Hypothese, daß Aggressionen durch Austoben dauerhaft gelöst werden können, wird heute kaum mehr ernsthaft vertreten (vgl. Wegener-Spöhring 1993, S. 85). Wut ist immer *auch* ein Ausdruck des Wunsches nach Kontakt, Grenzen und Auseinandersetzung. Sie sucht nach einem Gegenüber, den ein Gegenstand eben gerade nicht bieten kann. Wenn Jungen wiederholt mit aggressivem Verhalten auffällig werden, sind daher die *Ursachen* dieses Verhaltens und ihre *Beziehungen* in den Blick zu nehmen.

Es muß auch darauf geachtet werden, daß z.B. durch die Einführung eines Boxsackes nicht vorhandene Stereotype noch bestärkt werden:

Eine Gruppe von Jungen und zwei Mädchen ist begeistert mit einem „Boxsack" beschäftigt, der neu im Bewegungsraum aufgehängt worden ist. Ordentlich und geduldig schauen die Kinder zu, während ein Junge mit Boxhandschuhen auf ihn eintrimmt. Die Reihenfolge regeln sie selbst; jeder kann solange zuschlagen, bis er genug hat. Kinder, die nach Auskunft der Mitarbeiterinnen sich sonst viel prügeln, sind überwiegend auch hier am Boxsack besser, die „weichen" Jungen und die Mädchen oftmals vorsichtiger, weniger heftig, unbeholfener. Oft gibt es Sprechchöre der Jungengruppe: „Andi, Andi, Andi!". Bei den schwächeren Jungen kommt es auch zu abwertenden Kommentaren wie „Der kann gar nicht boxen!"

Die Erzieherin meint, daß einzelne Kinder nicht zu ihrem Recht kommen. Sie bringt daher eine Triangel und führt die Rolle des „Ringrichters" ein, der entscheidet, wann der nächste dran ist. Auf die Frage, wer diese Funktion einnehmen will, melden sich sofort die beiden Mädchen, von denen sich eines gerade zuvor in die Warteschlange eingereiht hatte. Die gut gemeinte Intervention geht nach hinten los: Die Mädchen streiten, wer das Triangel bekommt; die Jungen streiten um die Reihenfolge und halten sich nicht an das Signal. Die Mädchen versuchen nicht mehr, sich am Boxen zu beteiligen....

Es wird auch berichtet, daß die Aggressivität durch die Einführung eines Boxsackes zunahm – wenn Jungen sich dabei gegenseitig „hochschaukeln" und die Gegenpole Ruhe und Regeln fehlen. Wenn am Boxsack Hierarchien über körperliche Stärke definiert oder Schwächere lächerlich gemacht werden, sollte nicht mit Verboten reagiert werden, sondern ein solches Verhalten als Anlaß genommen werden, darüber zu sprechen (➔ *Jungengruppen*, S. 268f.).

Zusammenfassend ist auf Folgendes zu achten:

● Regeln fürs Toben und Nutzungsregelungen für entsprechende Materialien sollten gemeinsam festgelegt werden (➔ *Vom Streiten und Kämpfen*, S. 231).

● Mädchen sollten ermutigt werden, sich ebenfalls auszuprobieren

● Auch die Erzieherinnen sollten selbst genügend „Selbsterfahrung" mit Kämpfen oder Dingen wie Boxsack und Nageligel haben: Keine Intervention, die nicht selbst ausprobiert wurde! (➔ *Praxisübung (61) und Praxisübung (62)*).

● Gegenpole der Ruhe und Entspannung müssen ebenfalls bereitgestellt werden. Boxer bekommen z.B. auch Massage...

VOM STREITEN UND KÄMPFEN

Der Umgang mit Streit und Kampf ist immer eine Gratwanderung zwischen Grenzsetzung und dem Ermöglichen von Freiräumen. Wo jeder Streit vermieden wird, kann Konfliktlösen nicht gelernt werden. Wo Kinder mit der Regelung von Problemen alleingelassen werden, sind sie überfordert.

Im Zusammenhang mit aggressiven Verhalten sollten folgende Punkte bedacht werden:

- Kinder brauchen klare Regeln. Regeln müssen Kindern einsichtig und verständlich gemacht werden.

- Es muß sichergestellt werden, daß die Regeln auch befolgt werden.

- Es ist gut, mit Kindern über ihre Erfahrungen im Umgang mit Gewalt zu sprechen.

- Die Fähigkeit zur eigenständigen Konfliktbewältigung ist bei Kindern (Jungen) nicht zu unterschätzen; es ist gut, erst dann einzugreifen, wenn die Hilfe Erwachsener wirklich gebraucht wird.

- Jungen sind auch Grenzen zu setzen, vor allem da, wo es zu Übergriffen auf Sachen und Personen kommt. Wo Erzieherinnen hilflos sind (z.B. bei massiven Gewaltformen und sexueller Anmache), sind Grenzsetzungen besonders wichtig. Erzieherinnen haben dabei eine doppelte Funktion: Sie schützen sich selbst als Frau/ Person, und sie ermöglichen Jungen soziale Lernprozesse darüber, was sie dürfen und was nicht.

Anstelle einer negativen Bewertung und Beschneidung der Bewegungs- und Aktionsbedürfnisse von Jungen sollten diese besser durch entsprechende Angebote kanalisiert werden. Andererseits ist es auch wichtig, als Gegenpol Angebote der Ruhe, Entspannung und Körpersensibilisierung anzubieten.

Im Alltag der Einrichtungen, insbesondere in problematischen Einrichtungen, ergibt sich immer wieder einmal die Möglichkeit oder Notwendigkeit, aggressives Verhalten zum Thema zu machen. Dabei kann auf folgende Punkte geachtet werden:

- *Darüber reden*
  Die Kinder sind oft sehr engagiert und betroffen, wenn über Gewalt gesprochen wird, vor allem die Jungen! Es wird deutlich, daß körperliche Gewalt gerade für sie ein großes Problem darstellt, obwohl sie selbst es sind, die es verursachen. Es ist für sie sehr wichtig, darüber sprechen zu können.

- *Keine „Sündenböcke" anklagen*
  Es ist wichtig, bei konkreten Konflikten nicht den Täter an den Pranger zu stellen oder die geschehenen Dinge pauschal als „schlecht" zu verurteilen. Oft wird der positive Aspekt des Kämpfens weitgehend ignoriert, oder es wird so getan, als ob die Kinder das alles „eigentlich gar nicht wollen". Stattdessen sollte darüber gesprochen werden, wie Kämpfe sich aufschaukeln können (Eskalation) und darüber, daß oft „zurück"geschlagen wird und es daher keine „Täter" und „Opfer" gibt.

- *Schmerz zum Thema machen*
  Es ist gut, über Schmerz sprechen zu können. Wenn er zwar als „schlimm" verurteilt, aber nicht näher ins Bewußtsein gebracht wird, dann wird die Einstellung gefördert, daß ein Mann nicht darüber spricht, wenn ihm etwas wehtut. Wenn ein Junge weint, heißt es, daß er den Schmerz noch empfindet. Es ist daher nicht „schlimm", wenn ein Kind „weinen muß": Dieses Argument gegen Gewalt kann sonst zu einem Argument gegen das Weinen werden.

● *Gemeinsam Regeln aufstellen*
Floskelhafte Entschuldigungen und das Nachplappern von gelernten Verboten durch Kinder helfen nicht weiter, weil es nicht in konkretes Verhalten umgesetzt wird. Stattdessen ist es sinnvoller, gemeinsam Regeln zu entwickeln. Dabei muß berücksicht werden:

(1) Kämpfen macht Spaß.

(2) Es braucht eine Stop-Regel, damit es jederzeit möglich ist, sich aus dem Kampf zurückzuziehen.

(3) Schutz vor Verletzungen muß gewährleistet sein.

(4) Die Einhaltung der Regeln muß möglich und realistisch sein.

Sexuelle Übergriffe

Jungen können wie Mädchen zu Opfern von Mißhandlungen und sexuellen Übergriffen werden (vgl. Bange 1995, Lenz 1996). Hierbei ist zum einen daran zu denken, daß Kinder, die in der Familie oder im näheren Umfeld solche Erfahrungen machen, auch in der Kindertagesstätte auffällig werden können. Zum anderen gibt es aber auch die Möglichkeit von sexuellen Übergriffen durch BetreuerInnen in den Kindertagesstätten selbst. Entsprechend der öffentlichen Diskussion in anderen Bereichen wurde hier zunächst der Mißbrauch insbesondere von Mädchen durch männliche Betreuer thematisiert. Männliche Erzieher werden insbesondere durch sexistische Äußerungen wie „Jeder Mann ist ein potentieller Täter" verunsichert, die eine eventuell schon vorhandene Skepsis von Frauen gegenüber Männern als Kinderbetreuuern verstärken können (vgl. Mitarbeiter/Innenteam 1994, S. 188; Seubert 1995, S. 17). Daher ist es insbesondere in Fortbildungen für männliche Mitarbeiter wichtig, dieses Thema zu bearbeiten. Nach Ansicht von Ursula Enders wird das Problem in zweierlei Hinsicht bagatellisiert. Sie macht einerseits darauf aufmerksam, daß auch Frauen Täterinnen werden, andererseits auch Jungen betroffen sind. „Insbesondere Frauen wird die sexuelle Ausbeutung von Jungen und

Mädchen nicht zugetraut – hält sich doch bis heute das Bild der Erzie-
herin/des Erziehers als ‚kinderliebes Unschuldslamm‘, das allenfalls
‚Launen‘ hat" (Enders 1995, S. 231). Dabei wird der Mißbrauch von
Jungen noch seltener aufgedeckt als der von Mädchen. Die Praxisbe-
obachtungen „entsprechen der in Fachkreisen diskutierten Hypothese,
daß eine geschlechtsspezifische Erziehung es Jungen möglicherweise
schon im Vorschulalter erschwert, Gewalterfahrungen aufzudecken.
Zudem scheinen Hinweise männlicher Opfer (z.b. extrem aggressives
oder sexualisiertes Verhalten) von der Umwelt z.T. als ‚typisch Junge‘, bagatellisiert zu werden" (ebenda, S. 233).
Enders sieht auch Zusammenhänge zu Spannungen zwischen Eltern
und Einrichtung bzw. zu deren institutionellen Strukturen. „In Institutionen mit wenig strukturierten und verschwommenen Leitungen,
die von einem Mangel an Grenzziehungen und Orientierungen gekennzeichnet werden, laufen Jungen und Mädchen eher Gefahr, Opfer
sexueller Ausbeutung zu werden, als in Einrichtungen mit einem klaren, fachlich kompetenten und menschlich fairen Leitungsstil" (ebenda, S. 234). Präventive Strategien dürfen sich daher nicht auf die Stärkung und Information von Kindern beschränken, sondern müssen
auch die Bedeutung der institutionellen Strukturen im Blick behalten.
Schließlich soll noch auf die Möglichkeit hingewiesen werden, daß
Kinder auch untereinander Gewalt anwenden. Die Grenzen zwischen
sexuellem Ausprobieren, sexualisierten Beschimpfungen und Bedrohungen und manifester sexueller Gewalt sind dabei nicht immer eindeutig.
Das Ansprechen der Möglichkeit sexueller Übergriffe in Kindertagesstätten soll nicht den Eindruck erwecken, dies sei ein sehr häufiges
Phänomen. Verbreiteter ist sicherlich die Tabuisierung der natürli-
chen Sexualität von Kindern einerseits, die Problematik unklarer
Grenzen zwischen Neugier, Zärtlichkeit und Sexualität in Beziehungen zwischen Erwachsenen und Kindern andererseits.

PRAXISÜBUNGEN

Praxisübung (55): Was ist „Gewalt"?

Als Einstieg kann damit begonnen werden, Beispiele für Situationen unter Kindern zu sammeln, die die Teilnehmerinnen als konflikthaft erleben. Oder es kann, etwas provokativer, die Frage gestellt werden:

● *Was müssen Jungen tun, um von Erzieherinnen als aggressiv erlebt zu werden?*

Die Beispiele werden auf der Tafel oder einem Plakat festgehalten und gemeinsam untersucht.

Auswertung
Zur Reflektion der gesammelten Beispiele in der Gruppe eignen sich die folgenden Fragen:

● *Was ist überhaupt ein Konflikt? Trifft die Bezeichnung „Gewalt" oder „Aggressivität" hier zu?*

● *Für wen ist diese Situation ein Problem – für die Beteiligten, für das Opfer, für die Erzieherin, für die Eltern?*

● *Gibt es ausgesprochene oder unausgesprochene Regeln, werden die Regeln eingehalten?*

● *Was sind die Hintergründe und mögliche Ursachen für diese Situation?*

Insbesondere sollte es in der Auswertung darum gehen, andere als die „aggressiven" Komponenten solcher Situationen zu entdecken, z.B. freundschaftliches Kräftemessen, Bewegungdrang austoben, Spaß am „Ärgern", Aufmerksamkeit wecken usw.

Für eine Befragung zum Thema *Gewalt als Erfahrung im Kindergarten* erstellte Fichtner (1994) eine Liste mit zehn Kategorien mehr oder weniger aggressiven Verhaltens. Er fragte Erzieherinnen danach, ob sie diese Verhaltensweisen im Verlauf des Kindergartens beobachtet hatten, und ließ sie die Kategorien in eine Rangfolge bringen. Außerdem fragte er, welche der zehn Verhaltenskategorien für sie „Gewalt" bedeuten.

Verhaltensweise	im Alltag beobachtet	Häufigkeit (Rangplatz)	als „Gewalt" bezeichnet
Rangeleien/Schubsen	99%	2,5	13,6%
herabsetzende Beleidigung /	75%	5,0	14%
unflätige Beschimpfung	87%	2,9	15%
Bedrohung durch Gesten und Anschreien	84%	4,7	23%
mutwilliges Zerstören (z.b. eines Bauwerks)	64%	6,1	34%
Beißen/Kratzen/an den Haaren ziehen	77%	4,6	37%
Schlagen mit der Hand	80%	5,0	43%
Schlagen mit einem Gegenstand	67%	6,1	57%
Kind trägt körperliche Verletzungen davon	46%	8,5	61%
Schlagen/Treten auch dann noch, wenn das andere Kind hilflos ist, z.B. am Boden liegt	43%	7,8	73%

Quelle: Fichtner 1994

Die Liste von Fichtner läßt sich auch als Ausgangspunkt für eine Übung im Rahmen einer Fortbildung verwenden.

Praxisübung (56): Gewalt im Kindergarten?

Die Teilnehmerinnen erhalten eine unsortierte Liste der Verhaltenskategorien von Fichtner und beantworten in Einzelarbeit die folgenden Fragen:

- *Haben Sie diese Verhaltensweisen seit Beginn des Kindergartenjahres in ihrer Gruppe beobachten können?*
- *Sortieren Sie alle Kategorien danach, wie häufig Sie sie beobachten.*
- *Geben Sie für jede Verhaltensweise an, welche Sie als „Gewalt" bezeichnen würden.*

Auswertung
Für die Auswertung können die Angaben von Fichtner als Vergleich herangezogen werden. Folgende Aussagen können Ausgangspunkt für eine Diskussion sein:

- *Der Pädagoge Fichtner meint, daß viele Erzieherinnen vor kindlicher Gewalttätigkeit die Augen verschließen, weil diese nicht zu ihrem Idealbild von Kindern paßt.*
- *Andere Pädagogen meinen dagegen, daß viele Erzieherinnen zu Unrecht von „Gewalt" sprechen und wildes Verhalten von Kindern überdramatisieren, weil sie selbst mit Aggressionen Schwierigkeiten haben.*

Praxisübung (57): Der eigene Umgang mit Konflikten

Ein Ausgangspunkt für die Auseinandersetzung mit aggressivem Verhalten ist die Frage, wie Erzieherinnen selbst mit Konflikten umgehen.
Fragen für ein Gruppengespräch könnten sein:

- *Wie regeln Sie Konflikte untereinander und im Team?*
- *Werden Konflikte der Erwachsenen vor den Kindern ausgetragen?*
- *Welche Vorstellungen haben Kinder davon, wie Erwachsene Konflikte bewältigen?*
- *In welcher Weise können Sie als Erzieherin bzw. Ihr Team eine direkte oder indirekte Modellfunktion für den kindlichen Umgang mit Konflikten haben?*

Praxisübung (58): Grenzen setzen

Ein Vortrag oder der Teilnehmertext → Vom Streiten und Kämpfen können als Grundlage eines Gesprächs dienen. Um die unterschiedlichen Auffassungen und Toleranzen gegenüber aggressivem Verhalten zu erkunden, können in Kleingruppen oder in der Gesamtgruppe folgende Fragen diskutiert werden:

- *Was können Kinder unter sich regeln?*
- *Wo benötigen Jungen unsere Unterstützung – auch die „Täter"?*
- *Wann müssen aggressiven Kindern Grenzen gesetzt werden, wann müssen Mädchen und schwächere Jungen geschützt werden?*
- *Wo liegt meine Verantwortung als Erzieherin?*

Sinnvoll ist auch, von Situationen auszugehen, in denen Unsicherheit über die Notwendigkeit des Eingreifens besteht. Was spricht dafür, was spricht dagegen?

Praxisübung (59): Vom Umgang mit Schimpfworten

Ziel dieser Übung ist, daß Erzieherinnen weniger verunsichert auf Schimpfworte reagieren und gegebenenfalls auch einmal zurückmotzen können. Dies trifft auf tiefsitzende Tabus. Es ist daher wichtig, deutlich zu machen, daß es sich in der Fortbildung um eine besondere Situation handelt, in der ansonsten „verbotene" Verhaltensweisen einmal ausprobiert werden können, ohne daß das „Folgen" hat.

Die Übung sollte in einem großen Raum durchgeführt werden und hat drei Phasen:

- *Sammeln von Schimpfworten* in zwei Gruppen. Die Teilnehmer sammeln in zwei Listen Schimpfworte, die sich gegen Jungen bzw. gegen Mädchen richten (in geschlechtsgemischten Gruppen werden Frauen und Männer hierzu getrennt). Die Worte und Redewendungen werden dabei als „harmlos", „schlimm" und „ganz schlimm" eingestuft. Alle TeilnehmerInnen schreiben alle Worte auf.

- *Aufwärmen:* Vom Leiter wird eine Aufwärmphase angeleitet, die zum Ausdruck von Bewegungen und Stimme ermutigt.

- *Beschimpfung:* Die TeilnehmerInnen stehen sich in zwei Reihen gegenüber. Eine Reihe übernimmt die Jungenseite, eine die Mädchen-/Frauenseite. Abwechselnd wird der Gegenseite ein Schimpfwort (laut) zugerufen. Bei jedem Wort gehen die Reihen einen Schritt aufeinander zu. Dabei werden die Worte allmählich vom „Harmlosen" zum „Schlimmen" gesteigert. Es ist wichtig, den Teilnehmerinnen Zeit dafür lassen, der Wirkung der Schimpfworte nachzuspüren.

Auswertung
Anschließend tauschen die Teilnehmerinnen sich über die erlebten Gefühle aus. Danach wird die Übung mit vertauschten Rollen wiederholt. An die Übung kann sich eine Vertiefung von einzelnen Situationen durch Rollenspiel anschließen.

Die folgenden drei Übungen ermöglichen den Teilnehmerinnen einen direkten Zugang zu aggressiven Gefühlen und Kampf im Rahmen der Fortbildung. Gleichzeitig lassen sie sich auch in der Arbeit mit Kindern anwenden.

Praxisübung (60): Fuchs und Adler

Diese Übung, die auch mit etwas größeren Kindern gespielt werden kann, liefert den Teilnehmerinnen auf spielerische Weise Einsichten in ihr Konfliktverhalten.

Die Teilnehmerinnen bilden zwei ungefähr gleichstarke Gruppen, die Adler und die Füchse. Jede Gruppe stellt sich an den entgegengesetzten Enden des Raumes neben ihrer Burg (ein Stuhl) auf. Die Hälfte jeder Mannschaft hat ca. 1m lange Stöcke. Es geht um eine Fahne (ein nicht zu kleines Tuch), das in der Raummitte auf dem Boden liegt. Adler und Füchse stürmen auf ein Startzeichen zur Fahne. Die Hälfte der Mannschaft, die einen Stock hat, darf keinen(!) Spieler berühren – nur die Fahne! oder die Stöcke des Gegners. Die andere Hälfte kämpft mit den Händen. Sie darf den Gegner festhalten, aber nicht die Stäbe und erst recht nicht die Fahne! Die Fahne darf nur mit dem Stock befördert werden. Gewonnen haben die, auf deren Burg die Fahne flattert. (Die Verlierer sollten das Recht auf Revanche bekommen!)

Auswertung
Das Spiel setzt in der Regel eine heftige Dynamik frei. Entweder in Kleingruppen oder im Plenum kann das Spielerleben durch folgende Fragen reflektiert werden:

- *Welche Rolle haben Sie in dem Spiel gespielt? Waren Sie eher aktiv oder haben Sie sich zurückgehalten?*

- *Hatten Sie Spaß an der körperlichen Auseinandersetzung, oder empfanden Sie Abneigung oder Angst?*

- *Haben Sie sich während des Spiels geärgert? Wie sind Sie damit umgegangen?*

- *Erinnern Sie sich an ähnliche Spiele in Ihrer Kindheit? Wie haben Sie sich damals verhalten?*

- *Können Sie in Ihrem Verhalten im Spiel Parallelen zu anderen Lebensbereichen entdecken?*

Praxisübung (61): Ringkampf

Ein Ringkampf stellt insbesondere für Erzieherinnen, die nicht gern toben, eine echte Herausforderung dar – und setzt natürlich sichere Leiter voraus. Bevor aber Erzieherinnen nahegelegt wird, Jungen solche Gelegenheiten zum Kämpfen einzurichten, sollten diese selbst damit Erfahrungen sammeln. Wenn die Gegebenheiten dies zulassen, sollte der Kampf auf einer Matte stattfinden. Es ist aber auch möglich, mit den übrigen Teilnehmerinnen einen dichten und stabilen „Ring" zu bilden, der die Kämpfenden im Zweifelsfall hält.

Ausgangsbedingung ist Freiwilligkeit: Wer nicht kämpfen will, darf nicht dazu gezwungen werden. Die Regeln werden dann gemeinsam festgelegt. Dazu wird abgefragt, „was man darf": Darf getreten werden? Darf ins Gesicht geschlagen werden? Darf gebissen werden? usw. Erlaubt ist nur, womit die kämpfenden Parteien einverstanden sind. Diese Vorgehensweise funktioniert auch mit Kindern meist sehr gut. In der Regel bleibt nicht viel übrig außer Ringen.

Wichtig ist die Einführung einer „Stop"-Regel. Es muß jederzeit die Möglichkeit bestehen, sich aus einem Kampf zurückzuziehen. Ein Schiedsrichter kann bestimmt und eine Zeitbegrenzung eingeführt werden.

Auch hier ist es wichtig, Gegenpole der Ruhe und Entspannung bereitzustellen: geschützte Nischen; Unterstützer, die das Handtuch bereithalten; „Ärzte", die untersuchen, ob es Verletzungen gegeben hat...

Auswertung

- *Wie ging es Ihnen beim Kämpfen?*

- *Wer hat gewonnen? Wie war es, stärker zu sein – oder schwächer?*

- *Wie haben Sie Ihre Kraft eingesetzt?*

- *Hatten Sie Angst, kräftig zuzupacken? Was wissen Sie darüber?*

- *Was haben Sie vermieden?*

Im Anschluß kann eine „sanfte" Körperübung angeboten werden, z.B. das „Aufgefangenwerden" (falls mit den Teilnehmerinnen ein „Ring" gebildet worden ist, kann dies direkt im Anschluß erfolgen).

Das geschilderte Vorgehen kann dann auch auf das Gestalten von Kämpfen der Kinder übertragen werden. Wenn im Verlauf des Kampfes Kinder Regeln nicht einhalten können, kann dies gemeinsam besprochen und ihnen „Unterstützung" angeboten werden.

Praxisübung (62): Nageligel

Für diese einfache Übung wird lediglich ein großes Stück Holz, ein Hammer und eine Kiste mit großen Nägeln benötigt. Die Teilnehmerinnen werden aufgefordert, Nägel ganz in das Holz hineinzuschlagen.

Auswertung
Eine Übung, die Spaß machen, aber – bei entsprechender Bereitschaft, auch Einsichten liefern kann:

- *Wie ging es Ihnen beim Nageleinschlagen?*
- *Wieviel Kraft legten Sie in die Schläge?*
- *Wieviel Schläge brauchten Sie, bis der Nagel im Holz verschwunden ist?*
- *Hatten Sie Angst, kräftig zuzuschlagen? Was wissen Sie darüber?*

Der Nageligel kann auch für den gesamten Zeitraum einer Fortbildung zugänglich aufgestellt werden.

Praxisübung (63): Über „Gewalt" sprechen

Im Alltag der Kindertagesstätte, insbesondere in problematischen Einrichtungen, ergibt sich immer wieder einmal die Möglichkeit oder Notwendigkeit, aggressives Verhalten zum Thema zu machen. Gespräche über Gewalt und aggressives Verhalten finden statt

- *mit Kindern* anläßlich eines akuten Konflikts direkt in der Situation, oder als vorbereitetes Kreisgespräch
- *mit Kolleginnen* als Thema einer Teamsitzung im Kindergarten
- *mit Eltern „zwischen Tür und Angeln"* oder (besser) als Thema eines Elternabends.

Alle diese Situationen können im Rollenspiel erprobt werden. Dabei kann entweder eine von Teilnehmerinnen tatsächlich erlebte konkrete Szene Ausgangspunkt sein, oder es wird ein gezieltes Gespräch vorbereitet, das entsprechende Konflikte in allgemeiner Form aufgreift. Dies ist besonders dann sinnvoll, wenn es darum geht, ein verändertes Konfliktverständnis Eltern oder Kolleginnen nahezubringen.

Weil Rahmenbedingungen entscheidend zu Form und Ausmaß von Konflikten und Aggressionen beitragen, ist in diesem Zusammenhang die Beschäftigung mit materiellen und formalen Bedingungen der Einrichtungen zentral (→ Kapitel 7.2., Veränderung der Rahmenbedingungen).

Weiterführende Literatur

Ein brauchbares und gut aufbereitetes Handbuch, in erster Linie für Erzieherinnen:

Sommerfeld, Verena (1996): Umgang mit Aggressionen. Ein Arbeitsbuch für Erzieherinnen, Lehrer und Eltern. Neuwied & Berlin: Luchterhand.

Die Hintergründe aggressiven Verhaltens von Kindern im Kindergarten schildert verständlich:

Hüller, Thomas (1995): Aggression in der Kindergartengruppe. In: Schüttler-Janikulla, Klaus (Hg.):Handbuch für Erzieherinnen in Krippe, Kindergarten, Vorschule und Hort. 15. Lieferung. München: mvg.

Interessierten Erzieherinnen und Eltern läßt sich empfehlen:

Kammerer, Dorothea (1993): Aggression und Gewalt bei Jungen. Warum sie auf Waffen und Raufereien stehen und wie Eltern damit umgehen können. München: Mosaik.

Reichel, Auguste & Reichel, Renè (1977): Mit Angst, Lust und Aggression leben. Heilsame Gedanken und Methoden für Erziehung und Beratung. Münster: Ökotopia

Zum Thema Frauen und Aggression:

Mitscherlich, Margarete (1985): Die friedfertige Frau. Eine psychoanalytische Untersuchung zur Aggression der Geschlechter. Frankfurt: Fischer.

Vertiefend zum Zusammenhang von Gewalt und Männlichkeit:

Kersten, Joachim (1993): Der Männlichkeits-Kult. Über die Hintergründe der Jugendgewalt. Psychologie Heute, 20(7), 50-57.

Kersten, Joachim (1995): Feindbildkonstruktionen, Konfrontation und Konflikt als Darstellung von sozialer Geschlechtszugehörigkeit. Widersprüche 56/57, Offenbach/M., 103-118.

Zu Jungen und Männern als Opfern von sexuellen Übergriffen und Gewalt:

Lenz, Hans-Joachim (1996): Spirale der Gewalt. Jungen und Männer als Opfer von Gewalt. Berlin: Morgenbuch.

Bange, Dirk & Enders, Ursula (1995): Auch Indianer kennen Schmerz. Sexuelle Gewalt gegen Jungen. Köln: Kiepenheuer & Witsch.

7.1 ZIELE – UND DER WEG DAHIN

> Die Wahrheit liegt nicht in einem Traum,
> sie liegt in vielen Träumen.
>
> Pier Paolo Pasolini

Im letzten Schritt geht es darum, wie über die Entwicklung eines „anderen Blicks" im Alltag mit Jungen hinaus geschlechtsbezogene Pädagogik in die Praxis umgesetzt werden kann. Vor der Frage nach dem „Wie" steht die Frage nach dem „Wohin". An dieser Stelle ist es daher wichtig, Ziele und Motivationen der Teilnehmerinnen zu bearbeiten. Ziele geben unserem Handeln nicht nur eine Richtung, sondern überhaupt den Anlaß, etwas mit unserer Arbeit zu erreichen. Um uns nicht in utopischen Entwürfen zu verlieren, braucht es aber den Kontakt mit der Realität, der genauen Analyse der unsere Arbeit bestimmenden Bedingungen, ihren Möglichkeiten und Grenzen – nicht zu vergessen der Möglichkeiten und Grenzen der Menschen, mit denen wir es in der Praxis zu tun haben, nicht zuletzt der Kinder. Aus der Spannung zwischen dem, was wir uns vorstellen, und der Realität erwächst jedoch die Kraft zu handeln. Um neue Wege einzuschlagen, müssen wir daher beides im Auge behalten: die Vision und den nächsten Schritt (vgl. Senge et al. 1996).

Was *unserer* Ansicht nach Ziele geschlechtsbezogener Pädagogik sein sollten, haben wir im ersten Kapitel (→ S. 28f.) zusammengefaßt. Natürlich ist es möglich, diese oder ähnliche Ziele als Grundlage von Fortbildung und pädagogischem Handeln einzuführen. Für sinnvoller halten wir es aber, daß die Teilnehmerinnen *selbst* die Ziele ihrer Arbeit bestimmen. Andernfalls kann es passieren, daß Erzieherinnen aus dem Gefühl heraus, „mehr für die Jungen tun zu müssen" (weil ihnen in einer Fortbildung etwas über die problematischen Aspekte der Situation von Jungen klargeworden ist), Aktionen durchführen, die letztlich ihren Intentionen zuwiderlaufen. So kann z.B. die gut gemeinte Anschaffung einer Werkbank oder eines Boxsackes Probleme mit geschlechtstypischem Verhalten verstärken, wenn die Erzieherinnen die Situation in ihrer Gruppe nicht richtig eingeschätzt haben – oder *selbst* mit dem neuen Angebot nichts anfangen können. Im folgenden Abschnitt werden zunächst die Ziele und dann die Schritte zur Umsetzung einer geschlechtsbezogenen Pädagogik besprochen, bevor dann auf Veränderungsvorschläge, Methoden und Möglichkeiten von gezielten Projekten und Jungenarbeit im engeren Sinn eingegangen wird.

Gleichheit oder Differenz?

Wenn wir die tradierten Geschlechtsstereotype überwinden wollen, stellt sich die Frage, wie wir uns denn Männer und Frauen wünschen. In den letzten Jahrzehnten stand eine zunehmende Angleichung der Geschlechter im Vordergrund. Hierher fallen auch die Vorstellungen von *Androgynie* als Idealbild der Geschlechter. Ursprünglich einem von Platon berichteten Mythos entnommen, wird damit meist gemeint, daß alle Menschen sowohl „weibliche" als auch „männliche" Anteile in sich entwickeln sollen. So werden in psychologischen Tests Männlichkeit und Weiblichkeit nicht mehr als gegensätzliche Pole, sondern als „voneinander unabhängige" Eigenschaftsbündel verstanden. Die Vorstellung vom androgynen Menschen, der „männliche" und „weibliche" Eigenschaften in sich vereinen kann, hat aber einige Haken. Sie ignoriert nicht nur die Bedeutung der tatsächlichen biologischen Unterschiede, sondern übernimmt auch die Bezeichung von bestimmten Eigenschaften als „männlich" oder „weiblich". Sie übersieht gesellschaftliche Zusammenhänge und Machtverhältnisse. Und schließlich hat die Idee der Androgynie „das zur Voraussetzung, was sie überwinden will: Trennung und Teilung des Menschen in zwei Hälften" (Glücks 1994, S. 30).

Badinter hat ein anderes Verständnis von Androgynie entwickelt. Sie sieht den androgynen Mann als Endpunkt einer Entwicklung, in der Jungen zunächst „Männlichkeit" erlernen müssen, um als Männer dann die „Rückkehr zur Weiblichkeit" zu vollziehen (vgl. Badinter 1993, S. 202). Sie greift damit etwas Wichtiges auf: Jungen müssen sich über ihr Mann-Sein sicher werden. Dagegen fördern innere Unsicherheit und Probleme in der Entwicklung der männlichen Identität das „typisch männliche" Gehabe. Auch hier wird jedoch die Vorstellung aufrechterhalten, daß manche Eigenschaften dem „eigentlich Männlichen" entgegengesetzt seien und zur Vervollständigung hinzugewonnen werden müßten.

Dieses „eigentlich Männliche" stellt der archetypische Ansatz in den Vordergrund. Hiernach stellt „Männlichkeit" eine grundlegende *psychische* Struktur dar, die über die eindeutigen *biologischen* Geschlechtsmerkmale hinausgeht. Ihren Ausdruck findet diese Sichtweisen in popularisierten Begriffen wie „wahre Männlichkeit", „männliche Energie" oder „Wurzeln der Männlichkeit". Theoretisch wird dabei meist auf die Archetypenlehre Jungs zurückgegriffen, die vom *männlichen und weiblichen Prinzip* in der Psyche spricht. Die Archetypen von Männlichkeit und Weiblichkeit werden dabei als kollektive und überzeitliche Strukturen verstanden. Bei der Suche nach entsprechenden Bedeutungen wird einerseits auf traditionelle Mythen und Märchen sowie überliefertes Wissen indigener Kulturen zurückgegriffen. Zentral sind hier die Mythen vom „Weg des Helden", der schon eine Schlüsselrolle in Jungs Konzept des Individuationsprozesses spielt und wichtiges Thema des Mythenforschers Campbell ist. *Der Heros in tausend Gestalten* (Campbell 1978) stellt für die amerikanische mythopoetische Literatur eine wichtige Quelle dar, wobei der aufklärerische Aspekt der Campbellschen Mythenforschung oft vernachlässigt wird. Andererseits wird von den Erlebnissen und Aussagen von Männern ausgegangen, die im Zusammenhang mit Psychotherapie und Selbsterfahrung stehen. Populärster Autor der in diesem Zusammenhang entstandenen *mythopoetischen* Richtung der Männerbewegung ist der Amerikaner Bly, der diese Sichtweise anhand seiner Interpretation des Grimmschen Märchens *Der Eisenhans* bekannt machte. Bei der Suche der „Mythopoeten" nach neuen Orientierungen und neuen Leitbildern von Männlichkeit stehen zunächst Männer im Vordergrund. Moore & Gillette meinen: „In der gegenwärtigen Krise der Männlichkeit brauchen wir nicht, wie manche Feministinnen behaupten, *weniger* maskuline Stärke. Wir brauchen *mehr* davon. Aber wir brauchen mehr *gereifte* Männlichkeit" (1992, S. 15). Aus einer solchen Position ergeben sich auch Aussagen über die Entwicklung von Jungen. Am deutlichsten wird das vielleicht bei Moore & Gillettes Unterscheidung von *Jungen-Bewußtsein* und *Mann-Bewußtsein*. Mit *Jungen-Bewußtsein* ist hier die „unreife" Entwicklungsstufe gemeint, die auf dem Weg zu „reifer Männlichkeit" allmählich „transzendiert" werden muß (1992, S. 29ff.). Archetypische Bilder und Initiation stellen nach Ansicht einiger Autoren dafür wichtige Orientierungen bereit.

Zu fragen wäre, inwieweit durch die Bezugnahme auf „Archetypen" traditionelle Stereotype von Mann und Frau wieder eingeführt werden. Allerdings läßt sich der Archetypenansatz Jungs aber auch ganz anders aufgegriffen werden. So geht es z.b. Verlinden in seiner Arbeit zu Jungen und Mädchen in Kindertagesstätten (1995) vorrangig um „offene Rollenvorstellungen" und gleichberechtigtes Miteinander. Er faßt Jung folgendermaßen zusammen: „Er ging davon aus, daß in jedem Menschen männliche und weibliche Wesenszüge, ‚animus und anima', möglich sind. Nicht nach Naturgesetz – sondern je nach persönlicher Entwicklung und Erfahrung sind beide verschieden ausgeprägt. Beide Qualitäten sollten aber im Charakter des gesunden Individuums vertreten sein" (Verlinden 1995, S. 17). Ein solches Verständnis des Archetypbegriffs ähnelt eher den Vorstellungen von Androgynie – womit sich der Kreis schließt.

Von der grundlegenden Differenz zwischen männlich und weiblich gehen auch andere Theorien aus, die nach neuen Wegen im Geschlechterverhältnis suchen. Ihr Ausgangspunkt sind aber nicht Vermutungen über das Wesen der Geschlechter, sondern zwei Aspekte:

● die gesellschaftlich bedingten Unterschiede und Ungleichheiten der Geschlechter

● die Tatsache, daß wir in einem männlichen oder in einem weiblichen Körper leben.

Für Jungen ergibt sich hieraus die Unterscheidung zwischen *Mann-* bzw. *Junge-Sein* und *Männlichkeit* (➔ S. 21). Diese Sichtweisen haben wir im fünften Kapitel ausführlich dargestellt. Ziel der Entwicklung ist aus dieser Sicht eine *Neubewertung*, die eine Gleichwertigkeit von Unterschieden einschließt: *Gleichwertigkeit in Differenz*.

Daß mit unterschiedlichen Grundannahmen über die Ursachen von Geschlechterunterschieden so unterschiedliche Zielvorstellungen verbunden werden können, hängt damit zusammen, daß auch die Annahme „naturgegebener" männlicher und weiblicher Anteile noch nichts darüber aussagt, wie „männlich" ein Junge oder Mann denn nun sein soll. Zwischen *Gleichheit* und *Differenz* muß jede und jeder ihren bzw. seinen eigenen Standort finden.

Das Gesetz

Das Kinder- und Jugendhilfegesetz formuliert nicht nur den eigenständigen Erziehungsauftrag der Kindertagesstätten sondern nennt die Gleichberechtigung von Jungen und Mädchen ausdrücklich als ein wichtiges Ziel öffentlicher Erziehung:

> *Kinder- und Jugendhilfegesetz (KJHG) vom 26.6.1990*
> Artikel 1, Sozialgesetzbuch (SGB) Achtes Buch (VIII): Kinder- und Jugendhilfe
>
> *§ 9 Grundrichtung der Erziehung, Gleichberechtigung von Mädchen und Jungen*
> (...)
> 3. Bei der Ausgestaltung der Leistungen und der Erfüllung der Aufgaben sind (...)
> die unterschiedlichen Lebenslagen von Mädchen und Jungen zu berücksichtigen, Benachteiligungen abzubauen und die Gleichberechtigung von Mädchen und Jungen zu fördern.

Die Hervorhebung eines eigenständigen Bildungsauftrages für Kindertagesstätten gilt es zunächst als *Chance* zu begreifen:

● Kindertagesstätten sind ein zunehmend wichtiger Erfahrungsraum für Kinder. Sie sind der erste Ort, an dem sie außerhalb der Familie mit einer größeren Zahl von Jungen und Mädchen zusammenkommen und soziales Verhalten unter Gleichaltrigen einüben. Kinder sind interessiert daran, über ihre Familie hinaus neue Formen des Umgangs kennenzulernen und auszuprobieren.

● Was Kinder im Kindergarten durch direktes Miteinander erleben, zählt mehr als die unpersönlichen und unrealistischen Botschaften aus den Medien.

● Bemühungen der Erzieherinnen sind „Samenkörner, die Zeit brauchen, um aufzugehen – und manche werden wohl auch nicht aufgehen" (eine Erzieherin).

Allerdings sind den Bemühungen um eine geschlechtsbezogene Erziehung auch Grenzen gesetzt, die erkannt und gezielt verändert werden müssen:

- Die Rahmenbedingungen der Einrichtungen sind oft schlecht: Mangel an Personal, Raum, geeignetem Material...
- Einflüsse des Elternhauses sind massiv: wenn die Eltern die Arbeit nicht unterstützen, sind die Veränderungsmöglichkeiten begrenzt.
- Es fehlt an Fachberatung, Supervision und Fortbildung.
- Es fehlen die Männer im Kindergarten!

Geschlechtsbezogene Pädagogik – Schritte der Umsetzung

Der Weg zu einer geschlechtsbezogenen Pädagogik führt über sieben Stationen:

1. Am Beginn steht die Analyse der eigenen *Ausgangsbedingungen:* der eigenen Wahrnehmungen der Situation mit Jungen und Mädchen im Alltag der Kindergruppe; der Gefühle, die damit verbunden sind – und der eigenen Wünsche und Ziele.
   Leitfrage: *Was nehme ich wahr – was will ich verändern?*

2. Als nächstes geht es um das *Prioritäten setzen:* Worauf will ich mich in meiner Arbeit konzentrieren? Wie kann ich diese Ziele unter den gegebenen Rahmenbedingungen umsetzen? Wo benötige ich Unterstützung?
   Leitfrage: *Wo will ich beginnen – was brauche ich dazu?*

3. Ein wesentlicher Schritt ist die *Wahrnehmung der Kinder:* Welches Interesse könnten die Kinder selbst an der Veränderung gewohnter Geschlechterverhältnisse haben? Veränderungsmöglichkeiten liegen dort,
   - wo das Interesse der Kinder an Selbstverwirklichung und „untypischen" Aktivitäten groß ist (Stichwort: Mädchen an der Werkbank, Jungen in der Kuschelhöhle);
   - wo Kinder mit geschlechtstypischen Problemen unzufrieden sind und unter den Folgen ihres Handelns leiden (Stichwort: Gewalt);

● wo geschlechtstypische Anfragen sichtbar werden und gezielt aufgegriffen werden können (Stichwort: Was ist ein Mann?).
Leitfrage: *Was wollen die Jungen – was wollen die Mädchen?*

4. In der Praxis steht am Anfang das *Alltagshandeln:* das Beachten geschlechtstypischen Verhaltens und damit zusammenhängender Probleme im Alltag. Dabei geht es um Fragen der Gleichbehandlung und um den bewußten Umgang mit geschlechtstypischen Verhaltensweisen und Auffälligkeiten. Hierzu gehört auch, entsprechende Situationen sowohl in der Kindergruppe als auch im Team zum Thema zu machen.
Leitfrage: *Was kann ich im Alltag anders gestalten?*

5. Wenn darüber hinaus die pädagogische Konzeption verändert oder konkrete Ideen verwirklicht werden sollen, dann ist zunächst der *Zeitpunkt von Veränderungen* zu bedenken. Die soziale Struktur zwischen den Kindern festigt sich rasch; in der Anfangsphase des Kindergartenjahres bestehen die besten Voraussetzungen für Veränderungen.
Leitfrage: *Wann sollen Veränderungen eingeführt werden?*

6. Ein wesentlicher Bereich umfaßt dann Veränderungen der Rahmenbedingungen: Raumgestaltung, Regeln, Materialien.
Leitfrage: *Wie sollte der äußere Rahmen aussehen – und was läßt sich realistisch umsetzen?*

7. Schließlich geht es um gezielte pädagogische Angebote zu geschlechtsbezogenen Themen. Dazu gehören Projekte, dazu können eventuell auch Angebote für getrennte Jungen- und Mädchengruppen gehören.
Leitfrage: *Welche Themen möchte ich aufgreifen – welche Themen interessieren Jungen und Mädchen?*

Den beiden letzten Fragen wenden wir uns in den folgenden Kapiteln zu.

Schritte in den Alltag

Erste Schritte zu Veränderungen können im Rahmen einer Fortbildung geplant werden. Bei kurzen Fortbildungen kann es ausreichen, die Teilnehmerinnen am Ende einige Ideen sammeln zu lassen, die sie in der Folgezeit konkret beachten bzw. umsetzen wollen (→ *Ausgang*). Bei einrichtungsinternen Fortbildungen kann es auch bei eintägigen Veranstaltungen sinnvoll sein, konkrete Veränderungen zu planen, wenn man davon ausgehen kann, daß die Atmosphäre im Team eine Weiterarbeit an begonnenen Vorhaben ermöglicht. Hier bietet es sich an, die konkreten *materiellen Rahmenbedingungen* der Einrichtung zu untersuchen und/oder in den bestehenden Gruppenzusammenhängen zu arbeiten. Bei längeren Fortbildungen sollte der Umsetzung in die Praxis in jedem Fall ausreichend Raum gegeben werden. Möglich ist hier die Vorbereitung eines bzw. mehrerer konkreter Projekte. Die Inhalte können dabei aus der Fortbildungssituation entwickelt werden (→ *Praxisübung (66): Projektwerkstatt*). In jedem Fall ist es wichtig, auf zu erwartende Schwierigkeiten aufmerksam zu machen, damit die Impulse aus der Fortbildung nicht an den ersten Widerständen scheitern.

Es kann aber auch sinnvoll sein, von übereilten Aktionen abzuraten, insbesondere, wenn die Auseinandersetzung mit persönlichen Fragen und der eigenen Lebensgeschichte ein Schwerpunkt der Fortbildung war. Dann ist es z.b. möglich, den Teilnehmern zunächst eine längere Beobachtungsphase zu „verschreiben" (→ *Praxisübung (22): Beobachtungsaufgabe*). Wünschenswert ist nach dieser Zeit ein Nachtreffen, auf dem Eindrücke ausgetauscht und weitere Schritte geplant werden können.

PRAXISÜBUNGEN

Praxisübung (64): Ziele geschlechtsbezogener Pädagogik

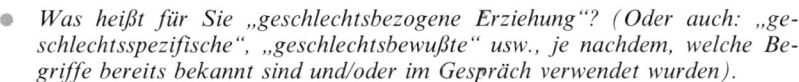

In Kleingruppen diskutieren die Teilnehmerinnen die folgenden Fragen:

- *Was heißt für Sie „geschlechtsbezogene Erziehung"? (Oder auch: „geschlechtsspezifische", „geschlechtsbewußte" usw., je nachdem, welche Begriffe bereits bekannt sind und/oder im Gespräch verwendet wurden).*
- *Welche Ziele streben Sie in der Erziehung von Jungen und Mädchen an?*
- *Zu welchen Problemen kann geschlechtsbezogene Erziehung führen?*

Variante
Anstatt die Teilnehmerinnen frei über Erziehungsziele sprechen zu lassen, ist es auch möglich, allgemein anerkannte Ziele pädagogischen Handelns vorzugeben und die Teilnehmerinnen darüber diskutieren zu lassen, was diese jeweils für Jungen und Mädchen bedeuten. Aufgegriffen werden können dazu die von uns formulierten Ziele (➜ *Ziele geschlechtsbezogener Pädagogik*, S. 28f.) oder auch die Leitsätze von Verlinden (1995):

- Selbstvertrauen stärken

- Gruppenverhalten entwickeln

- Konflikte lösen lernen

- Gefühle ausdrücken und verstehen.

Für die Bearbeitung wird die Gruppe in „Jungen"- und „Mädchen"gruppe(n) aufgeteilt.

Auswertung
Jede Gruppe faßt ihre Ergebnisse pro Ziel in maximal drei Sätzen kurz zusammen. Anschließend werden die Ergebnisse ausgetauscht und Gemeinsamkeiten und Unterschiede besprochen.

Praxisübung (65): Toller Mann – tolle Frau

Die Teilnehmerinnen tragen in Kleingruppen auf einem Plakat zusammen, wie sie sich die Qualitäten von Mann und Frau wünschen.

Auswertung
In der Gesamtgruppe können die Ergebnisse unter Berücksichtigung der folgenden Fragen besprochen werden:

- In welchem Verhältnis stehen diese Wünsche zur Realität?

- Wo sind die Erwartungen widersprüchlich?

● Was sind Qualitäten, die im Kindergartenalltag wichtig sind bzw. hier entwickelt werden können?

Quelle: Kokigei & Richtermeier 1992, mitgeteilt von Permien & Frank 1995, S. 137

Für die Diskussion der Idealvorstellungen der Teilnehmerinnen ist auch → Praxisübung (8): *Der Junge, wie er ist – der Junge, wie er sein soll* geeignet. Während es zu Beginn einer Fortbildung hierbei eher um die unbewußten oder wenig reflektierten inneren Bilder der Teilnehmerinnen geht, kann es zu einem späteren Zeitpunkt wichtiger sein, ein realistischeres Leitbild zu entwickeln.

Praxisübung (66): Projektwerkstatt

Die Teilnehmerinnen sammeln Bereiche, in denen mögliche Veränderungen geplant und durchgeführt werden können. Alternativ können auch ein oder mehrere Themen von der Leitung vorgeschlagen bzw. vorbereitet werden. Dann erfolgt die Bildung von Kleingruppen anhand der Interessen der Teilnehmerinnen.

Die Kleingruppen bearbeiten ihr Thema selbständig und stellen ihre Ergebnisse anschließend der Gesamtgruppe vor. Möglich ist auch eine Praxisaktion, z.B. die Durchführung eines körperbezogenen Angebots mit der Gruppe oder die Erprobung eines Elternabends im Rollenspiel. Die LeiterInnen unterstützen die Teilnehmerinnen sowohl bei der Bearbeitung als auch bei den Überlegungen zur Vorstellung der Arbeitsergebnisse in der Gesamtgruppe.

Die folgenden Kapitel geben Anregungen zu den Themenbereichen *materielle Rahmenbedingungen, geschlechtsbezogene Angebote* und *Elternarbeit.*

Auswertung

Da es hier zu einer Fülle von interessanten Ideen kommen kann, geht es bei der Auswertung in erster Linie um eine Begrenzung auf das realistisch Durchführbare. Anschließend an die Vorstellung der Ergebnisse der Arbeitsgruppen sollte daher Zeit gegeben werden, in der jede Teilnehmerin eine begrenzte Anzahl von Anregungen für die eigene Arbeit schriftlich festhalten kann.

WEITERFÜHRENDE LITERATUR

Glück, Hans im (1997): Wenn Männer zu viel reden. Ein Handbuch zur Ein-, Aus- und Mißbildung von ErzieherInnen. Völlenbach/Allgäu: Kunterbunt.

7.2 VERÄNDERUNGEN DER RAHMENBEDINGUNGEN

> Endlich wissen wir, daß nicht alle Probleme Lösungen
> haben müssen, weil manche Lösungen katastrophaler
> sein können als die Probleme.
>
> Breyten Breytenbach

Wie sich Jungen entwickeln und wie Erzieherinnen mit ihnen umgehen, hängt entscheidend mit dem äußeren Rahmen der Einrichtung zusammen. Knappe räumliche Möglichkeiten bei hohen Kinderzahlen erfordern entweder engere Reglementierungen, oder sie führen zu Konflikten und begünstigen problematisches Verhalten von Jungen. Das „typische" Problemverhalten ist entscheidend auch ein Raumproblem – Jungen machen damit auf Probleme aufmerksam, die alle Kinder gleichermaßen betreffen. Im folgenden Abschnitt geht es darum, wie die materiellen, personellen und zeitlichen Bedingungen besser gestaltet werden können. Angesichts knapper finanzieller und personeller Ressourcen braucht es dazu manchmal den Mut, auch ungewöhnliche Dinge auszuprobieren. Davon können Jungen, Mädchen und Erzieherinnen profitieren!

Räumliche Differenzierung ermöglichen

Jungen benötigen Platz für raumgreifende Bewegungsbedürfnisse, aber auch unbeaufsichtigte Nischen, in die sie sich zurückziehen können. Auch Mädchen müssen manchmal vor Störmanövern der Jungen geschützt werden. Dennoch sollte klar sein, daß der weite Raum allen gehört, und auch die Mädchen sollten dazu ermutigt werden, sich zu „entfernen" und den ganzen Raum zu nutzen. Differenziertere Raumaufteilungen können Konfliktanlässe verringern helfen. Möglichkeiten zur räumlichen Differenzierung sind:

●   Abtrennung von Raumteilen, um sowohl Bedürfnisse nach Bewegung und Action als auch nach Rückzug und ruhigen Spielen befriedigen zu können.

●   Offener Ansatz: Öffnung der Gruppen, Verteilung von Funktionsecken und Spielangeboten auf mehrere Räume.

●   Nutzung zusätzlicher Räume (z.B. Sporthalle).

- Schaffung von großräumigen Bewegungsflächen, aber auch von geschützten Nischen (Höhlen, „Buden") und „sicheren Zonen" am Rand von Toberäumen.

- differenzierte Gestaltung des Außengeländes (Kletterbäume, Baumhaus, Tunnel im Gebüsch u.a.); dabei sollte genügend freier Raum erhalten bleiben, der sich gestalten und verändern läßt.

Jungen (und Männer) nehmen zwar oft viel Raum ein, aber sie haben es manchmal schwer, einen *eigenen* Raum zu gestalten. Möglicherweise ist es wichtig, daß sie einen Raum haben, der „ihnen gehört" und dessen Nutzung und Gestaltung sie selbst übernehmen. Sonst kann die Tendenz von Jungen bestärkt werden, „immer überall" zu sein – und nirgendwo zur Ruhe zu kommen. Daß dies auch ein Bedürfnis von Jungen selbst ist, wurde in einem von einer Seminarteilnehmerin berichteten Projekt deutlich, in dem Jungen einen Raum gemeinsam mit der Erzieherin nach eigenen Vorstellungen einrichten konnten – es wurde ein „Budenzimmer" daraus, das sowohl das Bedürfnis nach Action und Bauaktivitäten als auch das nach Rückzug und geschützten Nischen befriedigen konnte. Eine solche Raumveränderung kann zeitlich befristet werden, wie überhaupt darauf geachtet werden sollte, daß alle Schritte in diese Richtung aufgrund von Erfahrungen wieder verändert werden können.

Bei der Umsetzung des „offenen Ansatzes" muß berücksichtigt werden, daß er auch von den Mitarbeiterinnen vorgelebt wird: Auch sie brauchen Arbeitsbedingungen, in denen sie sich wohlfühlen – dazu kann auch ein Raum gehören, in den sie sich ungestört zurückziehen können.

Zeit- und Aufsichtsregelungen lockern

Hier geht es zunächst darum, vorhandene Aufsichtsregelungen zu thematisieren. Enge Regelungen schränken die Autonomie der Kinder ein und begrenzen die Spielmöglichkeiten (z.B. nur zwei Kinder dürfen jeweils zusammen 'raus; „Fünf Minuten Tobezeit"). Fehlende oder nicht eingehaltene Regelungen führen zu Chaos und Verunsicherung. Berichte zeigen, daß das (kontrollierte) Ermöglichen von unbeaufsichtigtem Spiel meist gut funktioniert und eine räumliche Entzerrung die Gesamtsituation in der Kita deutlich entspannt. Dazu

gehört auch, das Freigelände mehr zu nutzen – auch bei „schlechtem Wetter"!
Hinter einer strengen Aufsicht kann ein übertriebenes Kontrollbe-
dürfnis stehen, aber auch Unsicherheit angesichts der Erwartungen
von Eltern. Wichtig ist, daß ein flexiblerer Umgang mit der Auf-
sichtspflicht vom Team beschlossen, in der Konzeption verankert und
vom Träger getragen wird.

Kompetenzerweiternde Aktivitäten anregen

In vielen Einrichtungen fehlen insbesondere „jungentypische" Spielmöglichkeiten. Andererseits können auch „jungenuntypische" Spiel-
bereiche attraktiver gestaltet werden. Sinnvoll ist eine Erweiterung
durch Möglichkeiten wie die folgenden:

- *Werkbank:* Hier sind Nutzungsregelungen zu thematisieren, da
  eine Werkbank im Gruppenraum ein massiver Störfaktor sein
  kann.

- *Technische Geräte:* Computer, Nähmaschinen, Bügeleisen, Mikro-
  skope, Dampfmaschine, Radio.

- Möglichkeiten für spannende *Körpererfahrungen:* Das kann durch
  Materialien z.B. für *Bewegungsbaustellen* geschehen, aber vor
  allem auch durch verbesserte Gestaltung des Freigeländes – zum
  Beispiel die Erlaubnis, in Gebüschen Geheimgänge anzulegen oder
  „nach Öl zu graben".

- *Tontisch:* Ton ist nicht nur billiger als Knetmasse, sondern auch
  ungiftig, haltbar und leicht zu entfernen. Büttner & Dittmann
  schlagen vor, einen Tisch zum Tontisch zu erklären, an dem jederzeit gearbeitet werden kann. Dabei ist es „besonders interessant,
  zu verfolgen, was die Mädchen und Jungen überwiegend gestalten" (1992, S. 172).

- Möglichkeiten zum *Feuer machen* (z.B. eine alte Waschmittel-
  trommel zum Kokeln und für Stockbrot) oder auch Bau eines
  Lehmofens.

255

● Die *Verkleidungskiste* kann daraufhin untersucht werden, welche „Verwandlungsangebote" sie bereitstellt. Meist ist hier nur wenig typische „Männerkleidung" zu finden. Sind es überwiegend Ballerinen und Prinzessinnen, die ausstaffiert werden können, oder gibt es auch Kettenhemden für RitterInnen, Werkzeuge für HandwerkerInnen, Uniformen usw.?

● Ein Raum als *Kinderwohnung*, möglichst mit Kinderküche, läßt sich auch und gerade für Jungen einrichten.

Die Einrichtung solcher Spielmöglichkeiten macht nur dann Sinn, wenn die Erzieherinnen selbst etwas damit anfangen können und diese Tätigkeiten ihnen auch selbst Freude machen. (ansonsten können Erzieherinnen z.b. im Verstecken neu angeschaffter Werkbänke unglaublich erfinderisch sein). Dazu müssen sie vielleicht manchmal über den Schatten ihrer eigenen weiblichen Erziehung springen, um mehr Selbständigkeit und Risiko zuzulassen. Unterstützend kann dabei sein, dies in der Konzeption zu verankern und mit den Eltern abzusprechen. Für die Umsetzung wird möglicherweise die Zusammenarbeit mit anderen Gruppen, Hausmeistern, benachbarten Schulen usw. nötig sein. Solche Veränderungen können auch gut im Rahmen eines Projekts ausprobiert werden (siehe dazu das nächste Kapitel).

Geschlechtstypisch weniger vorbelastete Spielorte schaffen

In Zusammenarbeit mit den Kindern kann geklärt werden, ob es immer die traditionelle Puppen- oder Bauecke geben muß. Vielleicht kann der Platz unter Einsatz von vielseitigen Materialien anders und abwechslungsreicher genutzt werden. Dazu kann eine „Rumpelecke" gehören oder auch die Einrichtung einer besonders „schönen" Ecke mit wertvollen Materialien, die zu Achtsamkeit und sorgsamen Umgang auffordern. „Die Erfahrung von Erzieherinnen zeigt, daß sich Mädchen und Jungen an solchen nicht eindeutig ‚vorbelasteten' Spielorten leichter begegnen und neue Rollenverteilungen ausprobieren können" (Permien & Frank 1995, S. 111).

In diese Richtung zielt auch der *spielzeugfreie Kindergarten* (vgl. Schubert & Strick 1994). Hier wird auf traditionelles und zumeist geschlechtsstereotypes Spielzeug ganz verzichtet. Berichte zeigen, daß

Kinder hier weniger geschlechtstypisch spielen. Erwähnt seien in diesem Zusammenhang auch die *Waldkindergärten* beziehungsweise Einrichtungen mit naturnahen Spielplätzen, in denen dieselbe Beobachtung gemacht wurde.

Bei derartigen Versuchen sind zwei Aspekte zu beachten:

- Geschlechtstypisierungen finden sich nicht nur bei „typischem" Spielzeug, sondern auch bei scheinbar neutralen Spielzeugen und Spielzusammenhängen. Geschlechtstypische Aspekte wie Sach- versus Beziehungsorientierung oder grob- versus feinmotorische Aktivitäten können auch dort eine Rolle spielen.

- Der völlige Verzicht auf geschlechtstypisches Spielzeug nimmt Jungen und Mädchen, aber auch den pädagogisch Tätigen, eine wichtige Möglichkeit, sich in der Kindertagesstätte mit geschlechtsbezogenen Fragen sowie mit Erfahrungen auseinanderzusetzen, die mit solchem Spielzeug in anderen Lebensbereichen gemacht werden.

PRAXISÜBUNGEN

Zu den folgenden Praxisübungen vergleiche auch:
→ *Der Kindergarten als weiblicher Raum*, S. 79.

 ***Praxisübung (67): Die eigene Einrichtung***

Die Teilnehmerinnen werden gebeten, einen Grundriß ihrer Einrichtung zu zeichnen. Das Bild ist die Grundlage für weitergehende Fragestellungen. Der Fragekatalog kann bei mehrteiligen Fortbildungen als *Hausaufgabe* mitgegeben oder kann im Vorfeld als *Vorbereitung* bearbeitet werden.

Aufgabe:
Zeichnen Sie auf ein großes Blatt Papier (mindestens DIN-A-3, besser größer) einen Grundriß Ihrer Kindertagesstätte auf. Malen sie dann farbig all das hinein, was Sie wichtig finden.

● *Bitte berücksichtigen Sie dabei die folgenden Fragen:*

● *Gibt es Bereiche, wo fast nur Jungen oder fast nur Mädchen spielen?*

● *Gibt es besonders „beliebte" Bereiche?*

● *Was für Spielangebote gibt es in den verschiedenen Bereichen?*

● *Wo halten Sie und Ihre Kolleginnen sich überwiegend auf?*

Es muß nicht perfekt gezeichnet sein! Die Bilder sollen nur den Einstieg ins Gespräch erleichtern. Was sich nicht aufzeichnen läßt, schreiben Sie bitte daneben. Halten Sie außerdem einige Angaben zur Zeitstruktur und Personalsituation Ihrer Einrichtung fest:

● *Wie sind die Öffnungszeiten Ihrer Einrichtung?*

● *Wie viele Mitarbeiter sind durchschnittlich für wieviele Kinder zuständig?*

● *Wie oft müssen Sie allein die Verantwortung für die Gruppe übernehmen?*

● *Wieviel Zeit steht Ihnen in der Woche für Vorbereitung und Durchführung von Projekten außerhalb des normalen Tagesablaufs zur Verfügung?*

● *Wieviel Zeit am Tag steht den Kindern in Ihrer Einrichtung durchschnittlich für freies Spiel zur Verfügung?*

Auswertung
Die Bilder werden in Kleingruppen gezeigt und besprochen (die Vorstellung der Bilder ist zeitaufwendig und dauert für eine große Gesamtgruppe zu lang). Dabei wird auf folgende Fragen geachtet:

● *Wo können Jungen in der Einrichtung spielen? Wo finden sie Nischen?*

● *Welche Spielmöglichkeiten, Materialien usw. finden sie vor? Wie werden sie genutzt?*

● *Wo bestimmen Jungen über den Raum? Wo stören sie?*

● *Was fehlt?*

Die Bilder können auch später als Einstieg oder als Vergleich für die folgende Übung verwendet werden.

Praxisübung (68): Traum-Kindergarten

Die Teilnehmerinnen erhalten ein Blatt Papier und werden aufgefordert, einen „Traum-Kindergarten" aufzumalen.

Wie sieht ein Kindergarten aus

● *den ein Junge sich wünscht?*

● *den ein Junge nach Ihrer Meinung braucht?*

● *in dem auch Sie sich wohlfühlen können?*

Eventuell sollte für Horte ein eigener Entwurf gestaltet und die Gruppe entsprechend geteilt werden. Anschließend werden die Bilder in der Gruppe gezeigt und besprochen.

Auswertung
Viele der entstehenden Ideen sind „utopisch" und undurchführbar. Die Übung soll jedoch kein Gedankenspiel bleiben. Die Teilnehmerinnen werden daher nach der Besprechung eines Bildes dazu aufgefordert, jeweils *drei* Anregungen schriftlich festzuhalten, die sie in ihrer Einrichung umsetzen wollen oder mit denen sie sich zumindest noch weiter beschäftigen wollen.

Variante
Bei einer Zeichnung stehen materielle Bedingungen im Vordergrund, während Beziehungsaspekte und zeitliche Regelungen möglicherweise vernachlässigt werden. Als Alternative wäre denkbar, die Teilnehmerinnen stattdessen eine Geschichte schreiben zu lassen.

Praxisübung (69): Raumerkundung aus Jungensicht

Bei teaminternen Studientagen in der Einrichtung kann die folgende Raumerkundung angeleitet werden. Im Anschluß an →*Praxisübung (38): Wie fühlen sich Jungen in ihrem Körper?* oder mit einer ähnlichen Einführung werden die Teilnehmerinnen gebeten, jede für sich „als Junge" durch die Einrichtung zu streifen und den Kindergarten mit „Jungenaugen" wahrzunehmen. Als Orientierungsfragen können gegeben werden:

● *Wo fühlst Du Dich als Junge besonders wohl?*

● *Wozu hast Du jetzt Lust?*

● *Was würdest Du als Junge gern verändern?*

● *Was fehlt Dir?*

Wichtig ist der Hinweis, daß während der Erkundung noch nicht miteinander gesprochen werden soll, weil die Teilnehmerinnen sonst schnell wieder aus der Jungen-Sicht herausgeraten und stattdessen *über* Jungen (oder über ganz anderes) reden.

Auswertung
Die Kleingruppen können evt. so aufgeteilt werden, daß jeweils die Mitarbeiterinnen einer Kindergartengruppe gemeinsam überlegen können:

● Was könnten Jungen gebrauchen?

● Was würde Ihnen selbst im Umgang mit Jungen Spaß machen?

● Was könnten Sie mit vertretbarem Aufwand konkret verändern?

Praxisübung (70): Im Stehen pinkeln – aber wo?

Schließlich noch eine letzte umstrittene Anregung. Ein Thema, das heiße Auseinandersetzungen garantiert, ist die Frage: wo können kleine Jungen noch mit Lust im Stehen pinkeln? Die Forderung nach Pissoirs auf dem Jungenklo ist problematisch, solange es Frauen sind, die den Putzdienst machen. Andererseits sind Jungen gerade im Kindergartenalter stolz auf ihre sich langsam entwickelnde Fähigkeit, im Stehen zu pinkeln. Also: wo können kleine Jungen... ?

WEITERFÜHRENDE LITERATUR

Zum spielzeugfreien Kindergarten:

Schubert, Elke & Strick, Rainer (1994): Spielzeugfreier Kindergarten: Ein Projekt zur Suchtprävention für Kinder und mit Kindern. München: Aktion Jugendschutz.

Winner, Anna (1996): Der Spielzeugfreie Kindergarten. Begleitstudie zur Suchtprävention. München: Aktion Jugendschutz. Bezug: *Aktion Jugendschutz, Landesarbeitsstelle Bayern, Fasanenstraße 17, 80636 München.*

Zur Bewegungsbaustelle:

Miedzinski, Klaus (⁴1991): Die Bewegungsbaustelle: Kinder bauen ihre Bewegungsanlässe selbst. Dortmund: Verlag modernes Leben.

Zur Psychomotorik:

Zimmer, Renate (1993): Handbuch der Bewegungserziehung. Freiburg: Herder.

Zu naturnahen Spielplätzen:

KIWI e.V.: Naturnahe Spielflächen: Landesregierung Schleswig-Holstein, Ministerium für Jugend, Frauen, Wohnungs- und Städtebau.

Zum Waldkindergarten:

Mühler, Ursula (1997): Der Waldkindergarten. Die Natur als Erlebnis- und Erfahrungsfeld für Kinder. *Klein & Groß, 4/97, S. 32-34.*

7.3 GESCHLECHTSBEZOGENE ANGEBOTE

Im Alltag ergibt sich oft die Möglichkeit, mit Kindern über Fragen ins Gespräch zu kommen, die das Junge- oder Mann-Sein, das Mädchen- oder Frau-Sein betreffen. Es ist aber auch möglich, solche Fragen einmal ganz gezielt zum Thema eines Gesprächs zu machen – vielleicht ausgehend von einem Erlebnis, das alle beschäftigt.
Möglich sind dabei zum Beispiel Fragen wie die folgenden:

- Wie wirst du einmal sein, wenn du groß bist? Was für einen Beruf möchtest du haben?

- Was weißt du über Männer, was über Frauen? Woran erkennst du den Unterschied?

- Was erlebst du zu Hause? Was macht Mama, was macht Papa?

- Was können Jungen/Männern besser, was Mädchen/Frauen?

Derartige Fragen können auch Ausgangspunkte für eine weiterführende Projektarbeit sein.
Möglichkeiten für Projekte gibt es genug. Hier sei noch einmal daran erinnert, daß geschlechtsbezogene Pädagogik keine *Methode*, sondern in erster Linie eine neue *Sichtweise* ist. Im Rahmen eines *Offenen Kindergartens* (vgl. Kühne & Regel 1995) werden eine Reihe von Praxisprojekten zum „erlebnisorienterten Lernen" vorgestellt. Für solche Projekte kann auch versucht werden, Väter oder andere Männer zu gewinnen (→ *Väterarbeit*, S. 276f.). Wenn es um Erweiterung des Verhaltensrepertoires von Jungen und Mädchen geht, ist es aber wichtig, daß gerade auch die Erzieherinnen selbst ungewöhnliche Rollen ausprobieren (z.B. Feuermachen, Auto reparieren oder Fußball spielen). In diesem Zusammenhang ist es wichtig, den Blick dafür zu entwickeln, was Jungen ermöglicht, sich anders als gewohnt zu verhalten. Was braucht ein „hyperaktiver" Junge, damit er sich entspannen kann? Was ein unsicherer Junge, damit er seine Interessen in die Jungengruppe einbringen kann? Was brauchen „coole Jungs", damit sie mehr von sich zeigen können, ohne gleich eine große Show abziehen zu müssen? Zusammengefaßt: Was brauchen Jungen, um zu sich zu kommen und sich vielseitig entwickeln zu können?

Geschlechtsbezogene Angebote können z.B. in den folgenden Bereichen sinnvoll sein:

- Spielangebote

- Medienangebote

- Bücher

- Gesundheitserziehung

- Körperlichkeit, Sexualität und Zärtlichkeit

Auf *Medien* und *Bücher* sind wir im vorhergehenden Schritt ausführlich eingegangen. In diesem Kapitel gehen wir noch gesondert auf drei Praxisbereiche ein: auf *körperorientierte Angebote*, auf *Patenschaften* und auf die Möglichkeiten geschlechtshomogener *Jungengruppen*.

Projekte

Eine Möglichkeit, sich und die Kindergruppe intensiver mit geschlechtsbezogenen Fragen zu beschäftigen, ist die Durchführung eines längeren Projektes zum Thema, z.B. einer Projektwoche. In die Planung eines solchen Projekts werden Väter, Mütter, Jungen und Mädchen mit einbezogen (vgl. Blank-Mathieu 1996a, S. 107ff.). Inwieweit Eltern von Anfang an beteiligt werden, muß im Einzelfall geklärt werden. Da das Thema auch problematische Bereiche bei den Eltern berührt, kann es sinnvoll sein, sie nicht von Anfang an aktiv zu beteiligen, sondern zunächst nur zu informieren.

Die Planung sollte die folgenden Schritte berücksichtigen:

(1) Einigung über Ziele und Festlegung des Zeitrahmens im Team;

(2) Durchführung eines Elternabends zum Thema Jungen und Mädchen im Kindergarten; Vorstellung der Projektidee und evtl. gemeinsames Sammeln von Ideen;

(3) Aufgreifen des Themas in der Kindergruppe und gemeinsames Sammeln von Ideen;

(4) Endgültige Planung im Team;

(5) Durchführung von konkreten Projekten (siehe unten);

(6) Gemeinsamer Abschluß mit Kindern und Eltern (Fest, Ausstellung,...);

(7) Reflexion und Auswertung im Team.

Die Planung oder zumindest der Ansatz zu einzelnen Planungsschritten kann Gegenstand einer Fortbildung sein (➔ *Praxisübung (66): Projektwerkstatt*). Die Möglichkeiten für konkrete Projekte sind vielfältig. Wir verweisen hierzu auch auf die anderen Teile dieses Konzepts, insbesondere auf ➔ *Veränderung der Rahmenbedingungen* und ➔ *Elternarbeit*.

Malaktion

„Was tun Frauen/Mädchen, was tun Männer/Jungen?" Diese und ähnliche Fragestellungen können verwendet werden, um mit älteren Jungen und Mädchen (ab 5 Jahren) Bilder zur Geschlechtsthematik zu zeichnen (vgl. Milhoffer 1989; Thoma et al. 1996).
Viele Jungen sind allerdings nicht so gut zum Malen zu motivieren. Das Interesse auch von Jungen am Malen kann durch die folgenden Möglichkeiten angeregt werden:

● Einbettung des Malens in ein Projekt, das es als eine besondere Aktion hervorhebt;

● Bereitstellung von attraktiven Materialien: Großformatige Blätter; evtl. Filzstifte (die trotz Bedenken seitens der ErzieherInnen bei den Kindern sehr beliebt sind), Staffeleien oder Malen auf dem Fußboden;

● Ankündigung und Durchführung einer „Ausstellung" oder ähnlichem als Ergebnis des Projekts.

Im Rahmen unseres Forschungsprojektes haben wir Jungen und Mädchen aufgefordert, sich als Erwachsene vorzustellen („*Malt, wie ihr seid, wenn ihr groß seid*"), und ließen an einem anderen Tag alle Kinder Männerbilder malen („*Heute malen wir nur Männer – auch die Mädchen.*"). Dabei kommt es weniger auf die genaue Fragestellung an, noch auf die „Erfüllung" der Aufgabe. „Es geht nicht darum, daß uns die Bilder der Kinder gefallen oder unseren Erwartungen entsprechen. Wenn die Kinder Bilder malen, die uns gefallen, haben wir möglicherweise einen Fehler gemacht. Wenn die Bilder uns nicht gefallen, müssen wir wahrscheinlich unsere Kriterien hinterfragen. Kinder machen Bilder, damit wir sie wahrnehmen" (Fricke & Thoma 1994, Leseheft 1, S. 28).

Bei einem solchen Vorhaben sind weniger die Ergebnisse wichtig als das, was „nebenbei" passiert. Während des Zeichnens ist es möglich, mit den Kindern über die Inhalte und Themen ihrer Bilder ins Gespräch zu kommen. Anschließend ist ein Gruppengespräch möglich über die (Un)veränderlichkeit von Eigenschaften, die Männer oder Frauen „haben".

Lieblingsspielzeug

Ein Spielzeugtag ist im Kindergarten nichts Ungewöhnliches. Von einem interessanten Experiment – allerdings aus der Grundschule – berichtet Milhoffer (1989). Sie ließ Jungen und Mädchen ihr Lieblingsspielzeug mitbringen. In gemischten Vierergruppen zeigten sie sich gegenseitig alle Spielmöglichkeiten und erklärten, warum sie ihr Spielzeug gern haben. Anschließend konnten die Gruppen gemeinsam mit den Sachen spielen.

Das Projekt war in eine Befragung eingebettet, ob Mädchen auch mit Jungenspielzeug spielen könnten. Während vor der Aktion insbesondere die Jungen an einer strikten Rollentrennung festhielten und einen geschlechtsübergreifenden Gebrauch von Spielzeug eher ablehnten, war das nach der Aktion kaum noch der Fall. „Wir wußten ja nicht, daß das auch so schön sein kann" (nach Permien & Frank 1995, 116f.). Mit jüngeren Kindern ließe sich anstelle des Fragebogens ein Gruppengespräch durchführen.

Rollentausch

„Wenn ich ein Junge wär..." (und umgekehrt...) – und schon ist die Anregung gegeben für eine Reihe von Phantasien, was Mädchen oder Jungen gern einmal täten, wenn sie dem anderen Geschlecht angehören würden.

Nach dem Reden kommt das Ausprobieren: Verkleiden, Ausprobieren von Haltungen und Bewegungen des anderen Geschlechts. Am Anfang ist es einfacher, wenn ein konkretes Mädchen und ein konkreter Junge die Rollen tauschen, um direkt „abschauen" zu können. Blank-Mathieu schlägt sogar für einen ersten Projekttag vor, „verkehrte Welt" zu spielen: „Jungen kommen als Mädchen, Mädchen als Jungen verkleidet in den Kindergarten" (1996a, S. 108). Aber da kommen natürlich die Eltern mit ins Spiel...

Körperorientierte Angebote

Die Möglichkeiten, Bedürfnisse nach Bewegung und Körpererfahrung zu befriedigen, sind in den Lebenswelten von Kinder heute eingeschränkt. Daraus ergeben sich allgemein beklagte Defizite in der sensu-motorischen Entwicklung vieler Kinder. Darüber hinaus gibt es große geschlechtstypische Unterschiede im Umgang mit Raum, Bewegung und dem eigenen Körper. Viele ältere Jugendliche und Männer gehen mit ihrem Körper nicht gut um. Körperorientierte Arbeit ist daher nicht umsonst ein wesentlicher Bestandteil der bestehenden Ansätze von Jungenarbeit.

Der große Bewegungsdrang von Jungen im Kindergarten bietet einen guten Ansatzpunkt. Auch hier geht es nicht unbedingt um neue Methoden, sondern darum, Jungen *und* Mädchen *vielfältige* Erfahrungen mit ihrem Körper zu ermöglichen – auch solche, für die im Alltag des Kindergartens normalerweise wenig Raum ist. Wichtig ist es dabei, über die geschlechtstypischen Zuordnungen hinauszukommen. Dabei können die Bedürfnisse der Jungen, Mädchen und Erzieherinnen aufeinanderstoßen (und die der männlichen Erzieher, falls es sie gibt). Dies sei am Beispiel des Fußballspielens illustriert, wozu viele Jungen im Kindergarten große Lust haben:

● Erst einmal muß es überhaupt die *Möglichkeit* geben, Fußball zu spielen.

● Es *kann* darum gehen, auch Mädchen zu ermutigen, mitzumachen – zum Beispiel dafür zu sorgen, daß sie überhaupt die richtigen Schuhe dafür in den Kindergarten mitbringen. Weiße Sandaletten sind wenig geeignet.

- Es *kann* auch darum gehen, daß Erzieherinnen dabei mitmachen, so daß Fußballspielen nicht nur eine „männliche" Aktivität ist. Wenn eine Erzieherin aber absolut keine Lust dazu hat, oder es nur tut, weil sie meint, es tun zu müssen, dann wird das nicht funktionieren.

- Es *kann* wichtig sein, darauf zu achten, daß Kämpfe um Hierarchie und Ausgrenzung das Spiel in der Jungengruppe nicht dominieren – und daß die Jungen sich auch einmal entspannen können.

- Wenn es einen Mann in der Einrichtung gibt, *kann* es für die Jungen toll sein, wenn er mit ihnen Fußball spielt. Das kann eine tolle Männererfahrung sein – aber es kann auch geschlechtstypisches Verhalten verstärken. Und nicht zuletzt: vielleicht hat der Erzieher selbst gar keine Lust dazu? (➔ *Männer im Kindergarten*, S. 86)

Wichtig ist also, dem eher „jungentypischen" Pol *Bewegung – Toben – Action* und dem eher „mädchentypischen" Pol *Ruhe – Entspannung – Zärtlichkeit* gleichermaßen Raum zu geben und in Angebote mit einzubeziehen. Während dabei das „wilde" Element vielen Mädchen, manchen Jungen und vor allem manchen Erzieherinnen eher fremd sein wird, kann es bei den „sanften" Aspekten umgekehrt sein.
Bei der konkreten Gestaltung körperbezogener Arbeit geht es um:

- die Absprache von *Regeln* für körperbezogenes Spiel,

- die Gestaltung von *räumlichen Bedingungen* und *materiellen Möglichkeiten*,

- das gezielte Anbieten von *ungewöhnlichen Erfahrungen*.

Auf die gemeinsame Absprache von Regeln sind wir im Abschnitt zu ➔ *Bedingungen für das „Austoben" von Kraft und Wut* (S. 228) eingegangen. Veränderungen von Rahmenbedingungen waren Thema des vorhergehenden Kapitels. Eine Vielzahl von Anregungen zu ungewöhnlichen Körperabenteuern sind in den fünf Bänden von Vopel (1989) zu finden.
Insbesondere der reiche praktische Erfahrungsschatz der Psychomotorik läßt sich sowohl für Fortbildungen als auch für die Praxis im Kindergarten vielfältig im Sinne geschlechtsbezogener Herangehensweisen nutzen.

Patenschaften

Jungen fahren auf größere Jungen ab. Im Kindergarten stehen die kleinen Jungen um die großen herum und möchten gern mitspielen. Sie bewundern die „Großen", laufen ihnen hinterher, ahmen sie nach. Die großen Jungen sind allerdings nicht immer begeistert davon. Manchmal gestatten sie den „Kleinen" gnädig mitzuspielen. Manchmal werden diese massiv ausgegrenzt. Muß das so sein? Sich mit kleinen Kindern zu beschäftigen, ist keine „Männersache". Nur langsam beginnt sich das zu ändern. Kein Wunder also, daß Jungen, die „Männer" sein wollen, keine Lust darauf haben, sich mit den Kleinen zu beschäftigen. Umso mehr, weil sie dadurch auch an ihre eigenen „kleinen" Seiten erinnert werden würden. So sind es oft die älteren Mädchen, die sich – „typisch weiblich" – um „die Kleinen" kümmern.

Aber vielleicht geht es auch anders. Wie wäre es, wenn ältere Jungen eine „Patenschaft" für neue Gruppenkinder übernehmen würden? Oder Jungen aus der benachbarten Grundschule mit Kindergartenjungen gemeinsam ein Projekt gestalteten? Die Kleinen hätten ein wenig mehr „Mann" in ihrer Lebenswelt. Und die Älteren könnten erfahren, daß sie für kleine Kinder wichtig sind – und sogar Spaß dabei haben können!

Getrennte Jungen- und Mädchengruppen

Es gibt vereinzelte Berichte über Mädchenarbeit oder Mädchen- und Jungenarbeit in Kindertagesstätten, vor allem allerdings im Hortbereich. Gegen den Einwand, daß die Geschlechter doch nicht getrennt werden sollten, ist festzuhalten, daß es zur Trennung der Geschlechter und zur Ausbildung geschlechtstypischer Muster *gerade in gemischten Gruppen* kommt. Sinnvoll ist es, solche Angebote nach Alter zu differenzieren – angesprochen werden sollten vor allem die älteren Jungen und Mädchen. Dies ist allerdings schon von den Rahmenbedingungen her oft schwierig:

- Die räumlichen und personellen Möglichkeiten lassen eine Teilung der Gruppen oft nicht zu.

● Es gibt kaum Männer, die mit Jungen Jungenarbeit machen könnten. Ob auch Frauen Jungenarbeit durchführen können, wird
unterschiedlich eingeschätzt (vgl. Permien & Frank 1995, S. 113).

Falls ein entsprechendes Angebot möglich ist, so ist die Jungengruppe
manchmal eine Nebenerscheinung des eigentlichen Ziels, die
Mädchen durch ein gezieltes Angebot zu stärken (wie oft in der offenen Jugendarbeit). Zu welchen Irritationen die zeitweise Teilung einer
Gruppe in „Kampfkatzen" (zur Stärkung der Mädchen) und Jungengruppe *bei den Kindern* führen kann, zeigt ein Beispiel von Hoeltje.
Ein Konflikt entwickelt sich aus folgender Szene:

> *„...Kampfkatzen.", „Heute ist Jungensgruppe." „Heute ist Kampf-*
> *katzen."*
> *(Mädchenstimme) "Zweimal Kampfkatzen und einmal Jungens-*
> *gruppe." Karin:"Nee, dreimal Kampfkatzen und nur einmal Jun-*
> *gensgruppe." Mädchen: „Nee, sechsmal..." „Nee, tausendmal..."*
> *Norbert (5 Jahre): „Ihr spinnt, ne? Die spinnen! (lacht) Einmal,*
> *einmal Kampfkatzen und einmal Jungensgruppe, jetzt, heute,*
> *doch!" Er sagt dann laut zur Erzieherin: „Ej, Annette (lacht),*
> *die spinnen voll!! Ehm (lacht), tausendmal oder so Kampfkatzen*
> *und einmal Jungensgruppe!! Die spinnen voll!" (...)*
> *(Etwas später:) „Aber wenn ihr (...) so oft, oft – ehm – Kampf-*
> *katzen macht?! – dann gucken wir eben den Film, wo wir geknallt*
> *haben, nochmal. (...) Da sind nämlich nur die Jungens drauf."*
> (Hoeltje, *1996, S. 150f.*)

Hoeltje macht darauf aufmerksam, daß der Ansatz der geschlechts-
getrennten Gruppe für beide Geschlechter ambivalent sein kann. Mit
einem Angebot, das gezielt die Mädchen stärken soll, wird auch die
Botschaft vom „Defizit" mitgesendet – daß Mädchen einen Schutz-
raum brauchen, um ihre „Defizite" zu beheben, z.B. kämpfen zu lernen. Damit wird die „männliche Norm" aufrechterhalten. Die Jungen
wiederum spüren, daß die Teilung der Gruppen mit der Kritik an
ihrem „Dominanzverhalten" zusammenhängt, und wehren sich (vgl.
Hoeltje 1996, S. 150f.). Wir finden es daher wichtig, daß ein Angebot
für Jungen kein „Nebenprodukt" von Mädchenarbeit ist – und umgekehrt!

Es ist durchaus möglich, in Jungen- und Mädchengruppe ähnliche Angebote durchzuführen. Das entscheidende an einer Jungengruppe sind nicht Methoden, sondern daß Jungen einmal nur unter sich sein können. Eine Jungengruppe kann anstrengend sein, aber auch faszinierende Erfahrungen ermöglichen, weil die Jungen dabei manchmal in der Lage sind, Erfahrungen zuzulassen, die sie in gemischten Gruppen nicht machen. Dabei geht es nicht unbedingt darum, Jungen mehr Raum für „jungentypische Interessen" zu geben. Sie können sich in der Gruppe auch anders als sonst erleben, können einander etwas Gutes tun und müssen einmal *nicht* laut oder wild sein.

Was Jungen in einer Jungengruppe erfahren können, hängt natürlich entscheidend von der Leitung der Gruppe ab.

Leitung von Jungengruppen durch Männer

Das Problem wird hier in erster Linie dabei liegen, geeignete Männer für die Durchführung zu gewinnen. Geeignet wären z.B. Studenten der Sozialpädagogik, Diakone, Väter... (→ *Praxisübung (72): Männer in den Kindergarten holen!*).

Bei der Gestaltung des Gruppenangebotes – und bei der Reflexion ihrer Tätigkeit – können sich Männer zum Teil an den vorhandenen Ansätzen der Jungenarbeit orientieren. Dabei kann Ausgangspunkt sein, daß die Jungen den Mann einmal „für sich haben wollen" und jungentypische Interessen mit ihm verwirklichen wollen. Davon abgesehen, daß die Interessen der Männer ganz anders sein können und daß es Männer gibt, deren Sympathie eher auf Seiten der Mädchen ist, kann dies *langfristig* gesehen problematisch werden. Die alleinige Zuständigkeit von Männern für „Jungenangelegenheiten" kann die Zuordnung von Verhaltensbereichen als „männlich" oder „weiblich" verstärken. Grundlage ist daher, daß der Leiter selbst vielfältige Aspekte seines Mann-Seins in die Begegnung mit den Jungen einbringen kann (→ *Fortbildung für männliche Mitarbeiter*, S. 91ff.).

Leitung von Jungengruppen durch Frauen

Unserer Ansicht nach können Jungengruppen durchaus auch von Erzieherinnen durchgeführt werden. Dies kann einerseits offen durch das Angebot einer Gruppe „nur für Jungen" geschehen (vgl. unten: Phantasiereise). Andererseits kann auch eine an „Jungeninteressen" orientierte Gruppe durchgeführt werden, bei der nur Jungen mitmachen, ohne daß dies explizit so bestimmt wird (vgl. das *Budenzimmer*). In beiden Fällen ist zu beachten:

- Die Jungen müssen da abgeholt werden, wo sie stehen. Das bedeutet auch, die in Jungengruppen geltenden Kommunikationsregeln zu kennen und zunächst zu akzeptieren – z.B. daß es einen „Boß" geben muß (was in diesem Fall zunächst die Leiterin sein muß!).

- Um dies realisieren zu können, muß eine Leiterin auch „männliche" Seiten in sich entwickeln. Dies kann bedeuten, sich auf typische Jungeninteressen einlassen zu können. Es kann aber auch bedeuten, „Chef sein zu können", damit der Rahmen klar ist, in dem Jungen dann auch andere Erfahrungen machen können.

Nachdem eine Sozialpädagogin in einem Hort längere Zeit Mädchenarbeit durchgeführt hatte, protestierten die Jungen und forderten das Gleiche für sich. Inzwischen führt sie eine Jungengruppe mit den gleichen Inhalten durch. Dabei liegt der Schwerpunkt auf psychomotorisch fundierter Körperarbeit. Phantasiereisen, Entspannung, Massage mit Igelbällen u.a. werden von Jungen im Rahmen dieser Gruppe mit Begeisterung angenommen. Manchen aggressiven Jungen gelingt es nach längerer Gruppenteilnahme auch außerhalb, sich „etwas zu holen", z.B. sich in Krisensituationen beruhigen zu lassen. Die Jungen und Mädchen verhalten sich dennoch unterschiedlich: „Bei den Mädchen bin ich „Partnerin", bei den Jungen bin ich „Chefin" (Wasserbauer, pers. Mitteilung).

WEITERFÜHRENDE LITERATUR

Blank-Mathieu, Margarete (1996a): Jungen im Kindergarten. Frankfurt: Brandes & Apsel.

Kühne, Thomas & Regel, Gerhard (1995): Erlebnisorientiertes Lernen im Offenen Kindergarten. Projekte und Arbeitsansätze aus der Praxis für die Praxis. Hamburg: ebv Verlag für Erwachsenenbildung.

Vopel, Klaus (1989): Kinder ohne Streß. Fünf Bände. Salzhausen: iskopress. *Bd. 1: Bewegung im Schneckentempo. Bd. 2: Im Wunderland der Phantasie. Bd. 3: Reise mit dem Atem. Bd. 4: Zauberhände. Bd. 5: Ausflüge im Lotussitz.*

7.4 Den Eltern begegnen

> Alle Dinge sind schwer,
> bevor sie leicht werden.
> Persisches Sprichwort

Für fast alle Erzieherinnen ist die Zusammenarbeit mit den Eltern ein wesentlicher Bestandteil ihrer Arbeit. Dabei kommt neben der „Begegnung zwischen Tür und Angel" sowie den verschiedenen Formen der Elternarbeit, insbesondere den Eltern-abenden, eine wichtige Bedeutung zu. Nach einer Untersuchung von Wolfram (1995, S. 175) sollte für fast drei Viertel der Erzieherinnen die Entwicklung des Kindes im Mittelpunkt stehen. Während Elternarbeit für die Erzieherinnen sowohl aus pädagogischen Gründen als auch wegen der Anerkennung ihrer Arbeit sehr wichtig ist, treten in der beruflichen Praxis nicht selten Enttäuschungen auf. Die Bereitschaft der Eltern zum Engagement in der Kindertagesstätte ist oft gering. Erziehungsaufgaben werden an die Institution delegiert. Insbesondere die Väter sind oft wenig präsent. In der genannten Untersuchung zeigte sich nur ein Drittel der Erzieherinnen mit den Erfolgen ihrer Elternarbeit zufrieden, während zwei Drittel nur halbwegs zufrieden bzw. richtig enttäuscht sind (vgl. Wolfram 1995, S. 176). Wolfram schlußfolgert: „Im Vergleich zur Arbeit mit den Kindern erfährt die Erzieherin im Kontakt mit den Eltern weniger Bestätigung" (ebenda, S. 179).

Trotz der geschilderten Problematik bleiben Erzieherinnen aber in ihrer Arbeit auf gute Kontakte zu den Eltern angewiesen und benötigen deren Unterstützung bei der Umsetzung ihrer pädagogischen Ziele. Dies gilt um so mehr für die mit einer geschlechtsbezogenen Pädagogik verbundenen Themen und Veränderungen in Teilen der praktischen Arbeit im Kindergarten.

Elternarbeit

Eine wichtige Voraussetzung für die Zusammenarbeit mit den Eltern ist, daß das Team sich weitgehend einig ist über die Notwendigkeit und die Ziele einer geschlechtsbezogenen Pädagogik im Kindergarten und die einzelne Mitarbeiterin die Sichtweise der Einrichtung auch vertreten kann. Hilfreich ist dabei die Einbindung geschlechtsbezogener Aspekte (bzw. sich daraus ergebende Konsequenzen) in das Konzept der Einrichtung. Dies gibt den einzelnen Mitarbeiterinnen Rückhalt auch bei schwierigen Gesprächen oder in Konfliktsituationen. Zur Reflexion im Team hinsichtlich der Realisierung einer geschlechtsbezogenen Pädagogik in Zusammenarbeit mit der Elternschaft schlägt Wolfram daher zunächst die Klärung zweier Fragen vor:

„1. Wie ist die Situation der Eltern und was wünschen sie von mir? 2. Was will ich von den Eltern und was kann ich von ihnen erwarten?" (Wolfram 1995, S. 228).

Eine Beantwortung dieser Fragen ist deshalb so wichtig, weil die Auffassung über geschlechtstypisches Verhalten unmittelbar die persönlichen Einstellungen und Wertvorstellungen der Eltern berühren und Veränderungen in der Kindertagesstätte schnell an ihre Grenze stossen, wenn sie von den Eltern nicht befürwortet und unterstützt werden. Zu bedenken sind folgende Probleme:

● Das Erziehungsverhalten der Eltern entspricht nicht den pädagogischen Zielen der Erzieherinnen oder liegt sogar konträr dazu.

● Eltern entwickeln Widerstände, wenn Verhaltensweisen ihrer Kinder das eigene Verhalten in Frage stellen.

● Mit der Erziehung überforderte Eltern oder Elternteile können zusätzliche „Anforderungen" eher als Angriff denn als Entlastung empfinden.

Eltern sollten daher von Beginn an in geplante Veränderungen mit einbezogen werden.
Verlinden (1995, S. 88 ff.) nennt vier Phasen, die in der Zusammenarbeit mit den Eltern beachtet werden sollten:

1. Situation begreifen
In dieser Phase wird wie bei Wolfram vor allem Wert auf eine genaue Beobachtung der Ausgangssituation gelegt, wobei die Mithilfe der Eltern zu neuen, manchmal auch unerwartete Einsichten beitragen kann. In Blick genommen werden könnte(n):

● die Gestaltung der Räume und Nutzungsregeln;

- der Einfluß des Außenbereiches des Kindergartens auf das Verhalten von Jungen und Mädchen;

- das Verhalten von Jungen und Mädchen im Wohn-, Konsum- und Freizeitbereich;

- die Vorbilder, denen die Kinder im Alltag begegnen;

- trennende Gewohnheiten im Spiel von Jungen und Mädchen;

- die individuellen Lebensbedingungen, die für Jungen und Mädchen existieren.

2. Schwerpunkte benennen
Die aus der Beobachtung und gemeinsam erkannten Bedingungen zu ziehenden Schlußfolgerungen müssen von den Erzieherinnen zunächst intern, dann aber in Abstimmung mit den betroffenen Eltern, erarbeitet werden.

3. Maßnahmen mit den Eltern entwerfen
Selbstverständlich ist der Austausch mit den Eltern über die Frage, wie Jungen und Mädchen in bezug auf ihr Geschlecht behandelt und beeinflußt werden sollten, an das Interesse der Eltern gebunden. Um so wichtiger ist es, sich in Erinnerung zu rufen, daß eine gechlechtsbezogene Akzentuierung der Kindergartenarbeit nicht von vornherein am fehlenden Interesse von Eltern scheitern muß. Verlinden weist mit Recht darauf hin, daß Kinder fähig sind, innerhalb des Kindergartens andere Umgangsformen als zu Hause zu respektieren und in der Lage sind, „unterschiedliche Verhaltensmaßstäbe in verschiedenen Umfeldern zu erkennen und in ihrem Verhalten zu berücksichtigen" (Verlinden 1995, S. 99).
Die Zusammenarbeit mit der Elternschaft kann durch eine Reihe von Maßnahmen eingeleitet bzw. verbessert werden, wobei neben Elternbriefen sowie verschiedenen Formen der praktischen Mitwirkung von Eltern im Kindergarten sicherlich der Elternabend (siehe unten) im Vordergrund steht.
Neben den übergreifenden Veranstaltungen, die der gesamten Elternschaft im Kindergarten gelten, ist auch an familienspezifische Maßnahmen zu denken, die auf die individuellen Bedürfnisse einzelner Kinder und ihren Eltern abgestimmt werden können. Eine sehr pra-

xisnahe und detallierte Darstellung zur Elternarbeit findet sich bei Verlinden 1995, S. 112 ff.
Wir wissen aus Erfahrung, wie schwierig es ist, die in Fortbildungen neu gewonnene Einsichten Eltern zu vermitteln. Daher ist es sinnvoll, entsprechende Vorhaben gut vorzubereiten – z.B. im Rollenspiel (➜ *Praxisübung (71): Elternabend zur geschlechtsbezogenen Pädagogik*).

4. Auswirkungen verfolgen
Bei diesem abschliessenden Schritt geht es um die Qualitätskontrolle der geleisteten Arbeit und um eine Überprüfung, inwieweit die durchgeführten Maßnahmen sich in die erhoffte Richtung ausgewirkt haben. Unterschieden werden können kurzfristige und langfristige Auswirkungen auf die Kinder. Eine selbstkritische und realistische Einschätzung von Erfolgen sollte davon ausgehen, daß Fortschritte in diesem Bereich nur langsam und in kleinen Schritten erfolgen können und Veränderungen nicht selten erst nach längeren Zeiträumen überhaupt wahrnehmbar sind. Die gleiche Vorsicht gilt auch für die Einschätzung kurz- bzw. langfristiger Auswirkungen auf die Erwachsenen. Oft muß als Erfolg gewertet werden, wenn Eltern nicht sofort mit Ablehnung oder Zurückweisung reagieren. Geduld ist nicht nur bei der Arbeit mit Erwachsenen ein guter Ratgeber...

Im übrigen ist die Abfolge der dargestellten vier Schritte nur ein Ausschnitt im fortlaufenden Bemühen um die Zusammenarbeit mit Eltern. Die Überprüfung der Maßnahmen und Ergebnisse sollte der Beginn neuer Planung, neuer Vorhaben, neuer Schritte sein. Dabei ist zu beachten, daß es meist weniger darum geht, neue oder gar spektakuläre Projekte zu initiieren, als vielmehr darum, die in einer Einrichtung üblichen und bewährten Formen der Elternarbeit mit neuen Akzenten zu versehen. Fast in jedem Kindergarten werden zu bestimmten Anlässen Spiele oder Bücher mit Kaufempfehlung für die Eltern ausgelegt, es werden Hinweise auf Veranstaltungen (Vorträge, Filme, Theaterstücke etc.) angebracht, Berichte und Zeitungsausschnitte ausgehängt – alles gute Möglichkeiten, den eigenen Blick und die Aufmerksamkeit der Eltern für die Bedürfnisse und das Verhalten ihrer Jungen und Mädchen zu sensibilisieren.

Themenbezogene Elternabende

Elternabende bieten eine gute Möglichkeit, mit Eltern und anderen Bezugspersonen der Kinder darüber ins Gespräch zu kommen, welche Vorstellungen über das Verhalten und Miteinanderumgehen von Jungen und Mädchen existieren. Verlinden weist darauf hin, daß schon durch die Form der Einladung zum Elternabend Erwartungen geweckt werden, die sich auf die Beteiligung und die Beiträge am Abend auswirken (vgl. hierzu ausführlich: Verlinden 1995, S. 102 ff.). Wichtig ist, daß es den Erzieherinnen sowohl in der Vorbereitung als auch in der Durchführung der Veranstaltung gelingt, das eigene Interesse am Thema und eine offene Suchhaltung zum Ausdruck zu bringen. Den Eltern muß von Beginn an deutlich werden, daß es bei Fragen der Geschlechtsrolle kein „richtig" oder „falsch" gibt, sondern es um die gegenseitige Ermutigung und Hilfe auf der gemeinsamen Suche nach alltäglichen Antworten auf ganz individuelle Probleme und Fragen ihrer Kinder geht.

Eine Möglichkeit, die Aufmerksamkeit und das Interesse der Eltern zu wecken, besteht darin, Elternabende unter ein ganz bestimmtes Thema zu stellen: Geschlechterrollen, „Gewalt", Jungen- und Mädchenspielzeug usw. Besser als abstrakte Themen sind dabei konkrete und lebendige Fragen und Formulierungen wie

- Wo die wilden Kerle wohnen...

- Hilfe, mein Sohn ist ein Macker?

- Als die Power-Ranger die Macht ergriffen...

Eine weitere Möglichkeit besteht in der Einladung von Referenten aus anderen Einrichtungen (Erziehungsberatungstellen, Kinderpsychotherapeuten), die aus ihrer Arbeit unter besonderer Berücksichtigung geschlechtsspezifischer Aspekte berichten können.

Väterarbeit

Zusätzliche Schwierigkeiten bereitet Erzieherinnen in der Regel der Umgang und die Zusammenarbeit mit den Vätern. Auch wenn es inzwischen mehr Väter gibt, die ihre Kinder zum Kindergarten bringen oder sie abholen, wird spätestens auf Elternabenden deutlich, wie sehr Kindererziehung noch immer als Frauensache gilt. Wenn ein Vater sich im Kindergarten engagieren, dann wird er wiederum oft schnell Vorsitzender des Elternbeirates, und die typische Geschlechterhierarchie wird wieder hergestellt... Dies zu ändern bedarf zunächst der bewußten Wahrnehmung (im Gegensatz zum stillschweigendem Übersehen) und der gezielten Ansprache der Väter.

Dabei sind zunächst die Probleme zu bedenken, die Männer haben, wenn sie in den Kindergarten kommen. Schon als Kinder lernen Jungen und Mädchen unterschiedliche „Sprachen" und bekommen mit, daß manche Lebensbereiche den Frauen, andere den Männern zugeordnet werden. Das führt oft zu Verständigungsschwierigkeiten zwischen Männern und Frauen. Viele Männer haben gelernt, sich in der Arbeitswelt durchzusetzen und technische Probleme in den Griff zu bekommen. Für Gefühle, Häuslichkeit und kleine Kinder sind dagegen oft Frauen zuständig. In der von Frauen gestalteten Lebenswelt des Kindergartens fühlen sich viele Männer dann unsicher und unwohl. Die Angst, „nicht genau Bescheid zu wissen" oder pädagogisch nicht kompetent zu sein, paßt natürlich nicht zum Bild des „sicheren Mannes" – da bleiben viele lieber gleich ganz weg. Oder sie kommen nur dann, wenn klar ist, daß ihre Fähigkeiten gefragt sind, z.B. wenn es darum geht, etwas umzubauen. Es geht daher zunächst darum, deutlich zu machen, daß Männer wie Frauen mit ihren unterschiedlichen Sichtweisen für Kinder wichtig sind.

Um das Interesse der Väter an dem zu wecken, was im Kindergarten tagsüber mit ihren Kindern passiert, sollten wir davon ausgehen, daß Väter sich grundsätzlich für die Entwicklung ihrer Kinder verantwortlich fühlen. Anders als „Fürsorglichkeit" ist „Verantwortung" ein Begriff, der auch mit Männlichkeit assoziiert ist und möglicherweise dabei helfen kann, auch solche Männer anzusprechen, die Erziehung von Kleinkindern ansonsten für „Frauensache" halten.

Die Einbeziehung der Väter – oder auch Großväter – kann an deren Stärken und Qualitäten ansetzen. So können sich Väter bei der Gestaltung des Freigeländes beteiligen. Oder sie werden als „Ratgeber" zu einer „Hausbegehung" eingeladen und um Verbeserungsvorschläge gebeten, die ihren Kindern und allen anderen zugutekommen. Von da aus können andere Aktionen geplant werden, die neue und ungewohnte Erlebnisse für die Väter ermöglichen.

Solche Vorhaben müssen allerdings gut vorbereitet werden. Viele Erzieherinnen haben mit den Männern Probleme, nehmen sie nicht ernst oder empfinden sie als Belastung (➜ *Kapitel 4.4 Männer im Kindergarten*, S. 86ff.). Vermieden werden sollte umgekehrt, daß pädagogische Entscheidungen des Teams durch Überaktivität eifriger Väter, die meinen, alles besser zu wissen, durcheinandergebracht werden („wir machen das hier 'mal eben so!"").

Die Arbeit mit Vätern kann inzwischen auf eine Reihe von Veröffentlichungen (vgl. Bullinger 1996) zurückgreifen und sollte möglichst unter Einbeziehung von männlichen Mitarbeitern oder Gästen erfolgen.

Gesprächsangebote für Väter

Da Väter eher selten zu Elternabenden kommen, sollten sie gezielt angesprochen und auf Einladungen ausdrücklich benannt werden. Die eingespielte Form der Eltern-arbeit läßt sich allerdings nicht ohne weiteres verändern. Die Arbeit mit Vätern ist daher ein *Projekt*. Eine weitergehende Möglichkeit ist es, gezielt zu einem Gesprächsabend nur für Väter einzuladen. Dies wird von einem Teil der Väter gern angenommen (vgl. Seubert 1993, S. 17; Blank-Mathieu 1996a, S. 96 ff.). Es kann auch sinnvoll sein, zunächst einen gemeinsamen Abend für Mütter und Väter zu gestalten und erst dann einen Abend für Väter (so daß die Frauen ihre zunächst nicht mitgekommenen Männer hinschicken...).

Die Leitung von Väterabenden sollte dabei möglichst ein Mann haben. Es muß nicht unbedingt ein Erzieher sein. Bei kirchlichen Trägern könnte möglicherweise der Pfarrer hinzugezogen werden.

Aktivitäten für Väter und Kinder

Es können gezielt Aktivitäten geplant werden, bei denen Väter für einen bestimmten Zeitraum die gesamte Verantwortung für die Kinder übernehmen. Wie Erfahrungen zeigen, fällt es Müttern nicht immer leicht, die Verantwortung abzugeben. Möglichkeiten für gemeinsame Aktivitäten von Vätern mit ihren Söhnen und Töchtern, die sowohl innerhalb auch auch außerhalb traditioneller geschlechtsspezifischer Arbeitsteilung liegen können, sind: Väterspielkreis, Kochtag mit den Kindern, Wandertag, Ausflug (mit oder ohne Übernachtung), Vorbereitung eines Festes usw. Wichtig ist dabei:

- Mütter haben einen freien Tag.

- Väter übernehmen die volle Verantwortung für die Kindergruppe.

- Für Jungen und Mädchen ist es wichtig zu erfahren, daß ihre Väter dazu in der Lage sind.

Besonders ist dabei die Situation von Kindern alleinerziehender Mütter zu berücksichtigen. Vieleicht gibt es einen Freund der Mutter oder einen Großvater, der dabei sein kann. Ansonsten ist es wichtig, deutlich zu machen, daß die *Gruppe der Väter* etwas mit der *Gruppe der Kinder* macht und nicht nur einzelne Väter für ihre jeweiligen Kinder zuständig sind. Unter dieser Bedingung können solche Erfahrungen gerade für die Kinder von Alleinerziehenden wichtig sein.

Einbeziehung von Männern in die Arbeit des Kindergartens

Das fast völlige Fehlen männlicher Erzieher in Einrichtungen der Früh- und Vorschulerziehung bedeutet einen Erfahrungsverlust für Jungen und Mädchen. Daher ist es sinnvoll zu überlegen, welche Möglichkeiten es neben der Arbeit mit Vätern noch gibt, Männer in den Alltag der Kindertagesstätte miteinzubeziehen. Dies kann entweder langfristig und kontinuierlich in Form eines Projektes zu geschlechtstypischem Verhalten geplant werden (vgl. hierzu die Anregungen bei Blank-Mathieu 1996a, S. 98 f. und S. 107 ff.), oder zunächst eher punktuell und abhängig von den sich bietenden Möglichkeiten. Zu bedenken sind dabei die weiter oben bereits angesprochenen Unsicherheiten von Männern, aber auch die widersprüchlichen Erwartungen von Frauen – und die daraus resultierenden Kommunikationsprobleme.

Abschließend einige Vorschläge, wie Männer in die Kindertagesstätten zu holen sind:

- In der Berufsfindungsphase können männliche Jugendliche und junge Männer dazu motiviert werden, ein *Praktikum* in einer Kindertagesstätte zu absolvieren.

- Einrichtungen können sich darum bemühen, einen *Zivildienstleistenden* zu beschäftigen, der allerdings nicht im Gruppendienst eingesetzt werden darf.

- Für gezielte Projekte kann eine *Honorarkraft* beschäftigt werden, z.B. ein Sozialpädagogik- oder Pädagogik-Student, der einmal wöchentlich eine Jungengruppe mitgestaltet. Das ist auch eine gute Möglichkeit für einzelne männliche Mitarbeiter, sich einen zweiten Mann ins Team zu holen, zumindest für ein paar Stunden.

- *Jugendliche* aus dem Hort oder aus der offenen Jugendarbeit können für stundenweise Anwesenheit gewonnen werden (Patenschaften; „Babysitterdiplom", Teilnahme an Ausflügen; Jugendgruppenleiter-Schein usw.)

- Kirchliche Einrichtungen können *Pfarrer*, andere Kirchenangehörige oder Mitarbeiter der *kirchlichen Männerarbeit* dazu bewegen, sich am Alltag der Einrichtung zu beteiligen – allerdings nicht im Sinne eines vorgezogenen Religionsunterrichts, sondern als Spiel- und Beziehungsangebot.

- *Handwerker* können eingeladen oder auch besucht werden, so daß Jungen und Mädchen ihre Tätigkeit kennenlernen können: Tischler, Bäcker, Kfz-Mechaniker...

Manches mag zunächst eher ein lästiger zusätzlicher Aufwand sein, als daß es sichtbare Erfolge zeigt. Hier – wie in allen Bemühungen um geschlechtsbezogene Pädagogik – braucht es Geduld und Beharrlichkeit, bis neue Wege leichter begehbar werden. Die Einbeziehung von Männern in das Leben kleiner Kinder kann ungewohnt und schwierig sein – aber auch eine Entdeckungsreise für alle Beteiligten.
Projekte zur Arbeit mit Eltern oder zur Einbeziehung von Männern in die Kindertagesstätten können im Rahmen von Fortbildungen vorbereitet werden (➔ *Praxisübung (66): Projektwerkstatt; und die beiden folgenden Praxisübungen*).

PRAXISÜBUNGEN

Praxisübung (71): Elternabend zur geschlechtsbezogenen Pädagogik

Nachdem die Teilnehmerinnen sich über Ziele geschlechtsbezogener Pädagogik Gedanken gemacht haben, können sie aufgefordert werden, in Kleingruppen einen Elternabend zum Thema vorzubereiten und im Rollenspiel auszuprobieren. Dabei wird oft deutlich, daß das, was beim Zuhören und Diskutieren noch einfach erschien, nicht so leicht und überzeugend darzustellen ist.

Es ist sinnvoll, dazu ein spezielles Thema auszuwählen. Bei wenig Zeit (z.B. einem Studientag) kann sich das Rollenspiel auf den Einstieg beschränken, z.B.:

Jede Gruppe soll in fünf Minuten erläutern, warum geschlechtsbezogene Erziehung wichtig ist. Die anderen Teilnehmerinnen stellen die Eltern dar, fragen nach und geben Rückmeldung.

Auswertung
Fragen an die „Eltern":

● *Wo haben Sie sich akzeptiert / verstanden gefühlt?*

● *Wo haben Sie sich angegriffen gefühlt?*

● *Wie haben Sie die Vortragenden erlebt?*

Fragen an die „Erzieherinnen":

● *Wie haben Sie sich gefühlt?*

● *Was haben Sie bei den „Eltern" wahrgenommen?*

● *Was hätten Sie gebraucht?*

Praxisübung (72): Männer in den Kindergarten holen!

Wie läßt sich bei Jungen/Männern Interesse für den Kindergarten wecken?

Da die Einbeziehung von Männern in die Arbeit des Kindergarten sowohl von der Phantasie der Erzieherinnen als auch von den Umständen und Möglichkeiten vor Ort abhängt, sollten die Teilnehmerinnen in kleinen Gruppen zunächst eigene Erfahrungen und Ideen mitteilen und darüber sprechen, wie Männer unter Berücksichtigung des Umfeldes und der Möglichkeiten der Einrichtung konkret in den Alltag des Kindergartens einbezogen werden können. Wichtig ist hierbei, darauf zu achten, daß in der Gruppe im Sinne eines brain-stormings zunächst möglichst viele, zunächst auch ungewöhnliche Einfälle gesammelt werden, ohne diese vorschnell zu bewerten und nach – vielleicht nur vermeintlichen – Realisierungsmöglichkeiten auszusondern.

Anschließend kann die Frage bearbeitet werden, was Männer von Frauen und Frauen von Männern erfahren müssen, wenn sie mehr in die Arbeit des Kindergartens miteinbezogen werden sollen: was muß mitgeteilt, besprochen, besser kennengelernt werden?

WEITERFÜHRENDE LITERATUR

Zu Eltern und Elternarbeit:

Wolfram, Wolf-Wedigo (1995): Präventive Kindergartenpädagogik. Grundlagen und Praxishilfen für die Arbeit mit auffälligen Kindern. Weinheim: Juventa.

Verlinden, Martin (^{2}1995): Mädchen und Jungen im Kindergarten. 2. überarbeitete und ergänzte Auflage. Köln: Sozialpädagogisches Institut. S. 85-126.

Einen kurzen allgemeinen Überblick über die Arbeit mit Vätern gibt:

Bullinger, Hermann (1996): Väterarbeit. In: Brandes, Holger & Bullinger, Hermann (Hg.): Handbuch Männerarbeit. Weinheim: Psychologie Verlags Union. S. 402-413.

Nützlich für die Väterarbeit ist auch die folgende Broschüre:

Netzwerk der Europäischen Kommission für Kinderbetreuung (1995): Papa, wie hast du gelernt, dich um mich zu kümmern? Brüssel: Europäische Kommission.

7.5 Zum Umgang mit Widerständen

Die Fortbildung ist vorbei, und mit großem Engagement kehren die Teilnehmerinnen in den Alltag zurück, um ganz viel zu verändern – und geraten ins Stolpern:

- die Kollegin in der Gruppe hält nichts von den neuen Ideen;
- der Leiter oder die Leiterin sieht keine Möglichkeit, das Thema „Jungen und Mädchen" auf einer der nächsten drei Teamsitzungen zu besprechen;
- die Mutter eines Mädchens will nicht, daß ihre Tochter sich schmutzig macht;
- die Eltern eines Jungen sind nicht davon abzubringen, daß ihr Sohn aggressiv aus dem Kindergarten nach Hause kommt, weil da immer so viel 'rumgeballert wird;
- die Mädchen beschweren sich, weil die Erzieherin die Jungen nicht mehr so oft zur Ordnung ruft;
- und die Jungen haben überhaupt keine Lust, mit der Erzieherin Fußball zu spielen...

Der Versuch, anders mit sich, Jungen und Mädchen umzugehen, stößt im Alltag auf erhebliche Widerstände – von allen Seiten. Daher ist es wichtig, schon im Rahmen der Fortbildung über solche „Stolpersteine" zu sprechen und Möglichkeiten der Unterstützung zu suchen.

Irritationen bei Kindern und Eltern

Viele geschlechtstypische Verhaltensweisen sind hartnäckige Gewohnheiten, die sich nicht durch eine andere Herangehensweise schnell verändern lassen. Jungen und Mädchen haben sich auf die Umgangsformen in ihrer Einrichtung eingestellt. Auch die Eltern haben sich daran gewöhnt, wie das Miteinander im Kindergarten geregelt ist, und wie die Erzieherinnen zu ihren persönlichen Erziehungsvorstellungen stehen. Wenn diese nun versuchen, Veränderungen einzuführen, müssen sie mit Irritationen und Widerständen rechnen.
Jungen können vielleicht nicht verstehen, warum die Erzieherin im Gesprächskreis plötzlich häufiger die Mädchen anspricht als zuvor.

Mädchen muß möglicherweise vermittelt werden, warum sie nun Jungen manchmal mehr Raum läßt. Wenn eine Erzieherin nach einer Fortbidung plötzlich vermehrt jungenorientierte Angebote beginnt, können sich Mädchen zu Recht vernachlässigt fühlen, zumal sie oft ohnehin schon weniger Aufmerksamkeit bekommen als die lauten Jungen...

Um sich schon im Verlaufe einer Fortbildung auf mögliche Schwierigkeiten vorzubereiten, kann es sinnvoll sein, im Rollenspiel solche Situationen zu bearbeiten. – Und wenn eine Teilnehmerin am Ende einer Fortbildung über Jungen für sich herausfindet, daß sie sich zukünftig mehr mit den *Mädchen* beschäftigen will, so kann auch das ein wichtiges Ergebnis sein.

Auch Eltern brauchen Zeit, um sich auf Neues einzustellen, und können erwünschte Änderungen erschweren, wenn sie nicht „mitziehen" oder den Kindern zu Hause das Gegenteil von dem vorleben, was die Erzieherinnen erreichen wollen. Auf Fragen der Elternarbeit sind wir daher im vorhergehenden Abschnitt ausführlich eingegangen.

Umgang mit dem Träger

Die Träger von Kindertagesstätten unterscheiden sich beträchtlich, sowohl bezüglich ihrer organisatorischen und finanziellen Struktur, als auch bezüglich der Freiräume und Unterstützung, die sie den Einrichtungen und Mitarbeiterinnen für eigene Entscheidungen und Experimente geben. In jedem Fall ist es wichtig, auch die Träger in geplante Veränderungen mit einzubeziehen und ihre Unterstützung zu gewinnen.

Eine wichtige Position haben dabei die Fachberatungen. Sie können geschlechtsbezogene Fragen in der Beratungsarbeit aufgreifen, Fortbildungen durchführen, Mitarbeiterinnen bei der Umsetzung von Veränderungen im Alltag unterstützen und bei Konflikten zwischen Träger und Mitarbeiterinnen vermitteln. Zu den Aufgaben der Fachberatung gehört:

● Durchführung von gezielten Fortbildungen zum Thema,

● Unterstützung von Studientagen in einzelnen Einrichtungen,

● Unterstützung bei der Einbeziehung geschlechtsbezogener Pädagogik in die Konzeption einer Einrichtung

● Zusammenarbeit mit anderen Fachberatungen z.B. in der Öffentlichkeitsarbeit oder bei der Durchführung von Fortbildungen für männliche Mitarbeiter.

Zusammenarbeit im Team

Oft wird von Teilnehmerinnen die Schwierigkeit angesprochen, daß „die Kolleginnen nicht dabei sind". Schwierig ist es, wenn Teilnehmerinnen annehmen, daß Kolleginnen oder insbesondere die Leitung Veränderungen nicht unterstützen würden. Umgekehrt kann auch eine engagierte Leiterin befürchten, daß ihr Team zu den von ihr gewünschten Veränderungen nicht bereit ist. Zu empfehlen ist in diesem Zusammenhang die Durchführung von einrichtungsinternen Studientagen, die jedoch häufig nicht einfach zu organisieren oder manchmal prinzipiell nicht möglich sind.

Das Vermitteln von Fortbildungsinhalten ist gerade dann nicht einfach, wenn es sich nicht um erlernte Methoden, sondern um persönliche Einsichten handelt. Dabei wird deutlich, daß was beim Zuhören und Diskutieren noch so einleuchtend erschien, nicht so leicht und überzeugend darzustellen ist. Manchmal kann es wichtig sein, Fortbildungsteilnehmerinnen ausdrücklich *ein Recht, nichts zu erzählen,* mit auf den Weg zu geben (und wenn die Kolleginnen noch so löchern!).

Für ein Gespräch mit den Kolleginnen im Team ist eine gute Vorbereitung wichtig, um Enttäuschungen zu vermeiden (→ *Praxisübung (73): Teamgespräch zur geschlechtsbezogenen Pädagogik).* Dabei geht es darum, einen eigenen Standpunkt zu finden und zu vertreten, auch wenn andere die eigene Sichtweise nicht teilen oder das Thema zunächst nicht wichtig finden. Die folgenden Vorschläge können bei der Vorbereitung von Teamgesprächen zum Thema helfen:

● im Team ausreichend Zeit für eine Weitergabe der Erfahrungen beantragen;

● von Themen ausgehen, in denen frau sich sicher fühlt;

- konkrete Themen einbringen, nicht alles anreißen oder mitteilen wollen;

- Materialien mitbringen, die Struktur und Sicherheit geben können, z.B. einen Text (die Autoren können Inhalte oft besser formulieren; vor allem aber richten sich Widerstände und Abwehr dann eher gegen die Autoren, nicht gegen die Mitarbeiterin, die sich davon auch distanzieren kann);

- im Alltag der Einrichtung zunächst Beobachtungen durchführen und sie dokumentieren;

- nicht nur berichten, sondern etwas mit den Kolleginnen machen.

Es kann sinnvoll sein, Themen vorher mit einer Kollegin zu besprechen und sie in die Planung einzubeziehen. Eventuell ist es möglich, schon vorher eine kleine Idee umzusetzen, die dann gemeinsam vorgestellt werden kann.

PRAXISÜBUNG

Praxisübung (73): Teamgespräch zur geschlechtsbezogenen Pädagogik

Die Teilnehmerinnen der Gruppe stellen im Rollenspiel Kolleginnen dar, deren Bereitschaft, sich mit diesem Thema zu beschäftigen, unterschiedlich ist. Ein oder zwei Teilnehmerinnen übernehmen die Rolle der Kolleginnen, die von der Fortbildung zurückkommen und berichten.
Mögliche Themenstellungen für Teamgespräche sind:

● *Veränderungen der Rahmenbedingungen*
Im Teamgespräch sollen die Kolleginnen davon überzeugt werden, daß Veränderungen notwendig sind.

● *„Warum sind Jungen so, wie sie sind?"*
Den Kolleginnen sollen einige wichtige Aspekte der Situation von Jungen erläutert werden. Es ist mit Widerständen und Abwehr zu rechnen.

● *„Warum muß frau sich mit sich selbst beschäftigen, wenn sie etwas verändern will?"*
Wie kann in einem Team die Beschäftigung mit den eigenen Empfindungen und der eigenen Lebensgeschichte angeregt werden? Es muß bedacht werden, daß in einem Team, das Tag für Tag zusammenarbeitet, persönliche Grenzen noch mehr bewahrt werden müssen als in einer Fortbildung, nach der sich die Teilnehmerinnen vielleicht nie wiedersehen.

Auswertung
Fragen an die „Kolleginnen":

● *Wo haben Sie sich akzeptiert / verstanden gefühlt?*

● *Wo haben Sie sich angegriffen gefühlt?*

● *Wie haben Sie die Vortragenden erlebt?*

Fragen an die „Fortbildungsteilnehmerinnen":

● *Wie haben Sie sich gefühlt?*

● *Was haben Sie bei den „Kolleginnen" wahrgenommen?*

● *Was hätten Sie gebraucht?*

Diese Übung kann auch zu schwierigen Situationen führen. Während sich bei
→ *Praxisübung (71)* die Mitarbeiterinnen eher mit der Seite der Erzieherinnen identifizieren und damit Probleme mit „schwierigen" Eltern nachvollziehen können (auch wenn sie diese zuvor selbst gespielt haben), spielen sie im gestellten Teamgespräch *auch* sich selbst – und können möglicherweise eine Kollegin massiv auflaufen lassen („so würdest du mich nie dazu kriegen, mich mit dem Thema zu beschäftigen!"). Erforderlich ist daher eine gute Atmosphäre in der Gesamtgruppe.

Der Ausgang ist offen. Dennoch...

... sollen hier ein paar Anregungen gegeben werden, wie sichergestellt werden kann, daß die Ergebnisse von Fortbildungen nicht völlig im Sand verlaufen.

Fortbildungen zu geschlechtsbezogenen Themen sind immer zu kurz, ob sie nun zwei Stunden oder eine Woche dauern. Die Entwicklung eines „anderen Blicks" auf Jungen und insbesondere die persönliche Auseinandersetzung mit dem eigenen Frau- (oder Mann-)Sein braucht viel Zeit. Ein anderer Umgang mit Jungen läßt sich nicht als Programm einführen, und Veränderungen müssen vom Team gemeinsam entwickelt werden. Viele Fortbildungsteilnehmerinnen befürchten zu Recht, daß die vielen Einsichten und Anstöße allzu schnell im Alltag untergehen. Daher ist es besonders wichtig, zum Ende einer Fortbildung die Möglichkeit zu geben, wichtige Erkenntnisse noch einmal zu reflektieren und in individueller Form festzuhalten. Und last not least muß über den Preis gesprochen werden, den jeder und jede für Veränderungen zu zahlen bereit ist. Neue Wege einzuschlagen bedeutet immer auch, Sicherheit aufzugeben und gewohnte Pfade zu verlassen, bereit zu sein, sich auf unbekanntes Terrain zu wagen, bedeutet ein Risiko einzugehen. Über diesen Preis muß gesprochen werden!

Weil all dies für niemand einfach ist, brauchen Erzieherinnen Unterstützung. Dazu können Möglichkeiten der Weiterarbeit schon am Ende eines Seminars konkret vereinbart werden. Lose Verabredungen („wir sollten irgendwann noch einmal...") verlaufen meist im Sande.

Anregungen für die Weiterarbeit

- Ein Arbeitsergebnis (Notizen, Collagen, Plakate...) mitnehmen und gut sichtbar aufhängen.

- Ein Buch kaufen und, wenn möglich, im Team vorstellen.

- Verabredung von drei festen Telefonterminen, zu denen die Teilnehmerinnen sich gegenseitig anrufen und von der Zwischenzeit berichten.

- Durchführung eines Nachbesprechungstages für die Teilnehmerinnen der Fortbildung.

- Einrichtung eines selbstorganisierten Arbeitskreises. Sinnvoll kann eine offizielle Einladung über die Fachberatung sein.

- Günstiger sind die Möglichkeiten bei einrichtungsinternen Studientagen. Hier kann schon in der Fortbildung verbindlich verabredet werden, welche Veränderungen in der Einrichtung konkret angegangen werden sollen.

Zum Abschluß einer kürzeren Fortbildung bietet sich die folgende Übung an:

Praxisübung (74): Auswertung I

Anschließend an eine angeleitete Rückbesinnung auf wesentliche Themen und Stationen der Fortbildung werden die Teilnehmerinnen gebeten,

- *eine* wichtige persönliche Einsicht

- *einen* wichtigen theoretischen Gedanken

- *eine* umsetzbare konkrete Anregung

schriftlich für sich selbst festzuhalten.

Der Abschluß einer längeren Fortbildung kann mit folgender Praxisübung gestaltet werden:

Praxisübung (75): Auswertung II

Anschließend an eine angeleitete Rückbesinnung auf wesentliche Themen und Stationen der Fortbildung werden die Teilnehmerinnen gebeten, die folgenden Fragen schriftlich zu beantworten:

- *Was nehme ich von der Fortbildung mit?*

- *Was kann ich weniger tun, was kann ich sein lassen, damit überhaupt Zeit und Energie für neue Vorhaben da ist?*

- *Was sind meine drei wichtigsten Ziele in der geschlechtsbezogenen Arbeit?*

- *Was möchte ich als erstes angehen?*

- *Wo rechne ich am ehesten mit Schwierigkeiten und Widerständen?*

Auswertung
Gegenstand des anschließenden Gesprächs sind die erwarteten Schwierigkeiten (vgl. hierzu den vorigen Abschnitt).

Wichtig ist es dabei, die Ziele nicht zu hoch zu stecken: „Kleine Brötchen backen", meinen Franz & Hilke, nicht ohne darauf hinzuweisen, daß dies ein geschlechtsspezifisches Sprichwort ist (1995, S. 47). Mit ihnen schlagen wir vor: Kleine Nägel in die Wand hauen!

VERZEICHNIS DER PRAXISÜBUNGEN

(1):	Ich und ein Junge, der mich stark beschäftigt	50
(2):	Was ist männlich, was ist weiblich?	51
(3):	Woher kommen die Geschlechtsunterschiede?	51
(4):	Wie erlebe ich Jungen im Alltag?	57
(5):	Ich und die Kinder in meiner Gruppe	58
(6):	Mein Team und ich	58
(7):	Was mag ich, was stört mich an Jungen und Mädchen?	59
(9):	Puppen bauen	60
(10):	Phantasiereise in die Vergangenheit	72
(11):	Lebenspanorama	73
(12):	Lebensbuch	73
(13):	Das Männerbild des Vaters – das Männerbild der Mutter	75
(14):	Kleingruppengespräch zur Lebensgeschichte	76
(15):	Kleingruppengespräch zur Berufswahl	76
(16):	Gruppengespräch im Anschluß an autobiographische Übungen	77
(17):	Der Kindergarten als weiblicher Raum	81
(18):	Mutter – Boß – Kumpel – Frau	81
(19):	Präsenztorte	82
(20):	Kollegiale Beratung	83
(21):	Lust und Abgrenzung	83
(22):	Beobachtungsaufgaben	84
(23):	Erfahrungsaustausch über Männer in Kindertagesstätten	88
(24):	Was ist Männersache, was ist Frauensache, wenn es um Jungen geht?	88
(25):	Männer in der Gruppe	89
(26):	Was wäre, wenn...	89
(27):	Mein Männerbild	94
(28):	Wo ist mein Mann-Sein in der Arbeit wichtig?	95
(29):	Kindergartenarbeit für Männer	95
(30):	Was kann meine Arbeit mir geben, was will ich meiner Arbeit geben	96
(31):	Ein Tag im Leben als 58jähriger Erzieher	96
(32):	Der Garten der Frauen	112
(33):	Mama kocht, Papa geht arbeiten	129
(34):	Eltern im Kindergarten	129
(35):	Was ist ein „richtiger" Junge – was ist ein „guter Junge"?	129
(36):	Jungen als „Männer"	130
(37):	Jungen als „Nicht-Frauen"	130
(38):	Wie fühlen sich Jungen in ihrem Körper?	150
(39):	Der Bestimmer	151
(40):	Sind Jungen „Kleine Männer"?	151
(41):	Spielzeugkorb	171
(42):	Jungenspiele – Mädchenspiele	171
(43):	Kinderinterview	172
(44):	Kann man Jungen und Mädchen gleich behandeln?	176

(45):   Tischdecken und Aufräumen   176
(46):   Rollenspiele zu Alltagssituationen   177
(47):   Märchen   182
(48):   Parzival   185
(49):   Der Butterbauch   186
(50):   Diskussion zu Medienspielzeug im Kindergarten   203
(51):   Freies Spiel   203
(52):   Was fällt Ihnen zu Jungen und Puppen ein?   204
(53):   Gewaltspielzeug   204
(54):   Mein Lieblingsbuch   211
(55):   Was ist „Gewalt"?   235
(56):   Gewalt im Kindergarten?   237
(57):   Der eigene Umgang mit Konflikten   237
(58):   Grenzen setzen   237
(59):   Vom Umgang mit Schimpfworten   238
(60):   Fuchs und Adler   239
(61):   Ringkampf   240
(62):   Nageligel   241
(63):   Über „Gewalt" sprechen   241
(64):   Ziele geschlechtsbezogener Pädagogik   251
(65):   Toller Mann – tolle Frau   251
(66):   Projektwerkstatt   252
(67):   Die eigene Einrichtung   258
(68):   Traum-Kindergarten   259
(69):   Raumerkundung aus Jungensicht   259
(70):   Im Stehen pinkeln – aber wohin?   260
(71):   Elternabend zur geschlechtsbezogenen Pädagogik   281
(72):   Männer in den Kindergarten holen!   281
(73):   Teamgespräch zur geschlechtsbezogenen Pädagogik   287
(74):   Auswertung I   290
(75):   Auswertung II   290

LITERATUR

LITERATURLISTE FÜR ERZIEHERINNEN UND ERZIEHER

Jungen und Mädchen in Kindertagesstätten

Einige einführende Artikel:

HÜLLER, THOMAS (1992): Zum Umgang mit Geschlechtsidentifikationen in der Kindertagesstätte. In: Büttner & Dittmann (Hg.): Brave Mädchen, böse Buben? (s.u.). S. 44-55.

KEBBE, ANNA (1993): Voneinander lernen, miteinander leben – Meine Erfahrungen zur geschlechtsspezifischen Erziehung im Kindergarten. In: Büttner & Dittmann (s.u.). S. 34-43.

REDAKTION WELT DES KINDES (1995): Jungen. Schwerpunktthema der *Zeitschrift Welt des Kindes* 1/95, mit Beiträgen verschiedener Autoren.

ROHRMANN, TIM (1998): Die Jungen am Boxsack oder: Warum es so schwierig ist, Jungen und Mädchen gleich zu behandeln. *klein & groß 2/98, 11 – 14.*

Das Buch mit Erfahrungsberichten aus dem Kindergarten:

BÜTTNER, CHRISTIAN & DITTMANN, MARIANNE (Hg.)(1993): Brave Mädchen, böse Buben? Erziehung zur Geschlechtsidentität in Kindergarten und Grundschule. Weinheim: Beltz.

Das Praxisbuch zur Förderung des Miteinanders von Jungen und Mädchen:

VERLINDEN, MARTIN (1995): Mädchen und Jungen im Kindergarten. 2. überarbeitete und ergänzte Auflage. Köln: Sozialpädagogisches Institut.

Das Buch über den Umgang mit Jungen:

BLANK-MATHIEU, MARGARETE (1996): Jungen im Kindergarten. Frankfurt: Brandes & Apsel.

... und die Broschüre zur Situation von Mädchen:

ZENTRALSTELLE ZUR FÖRDERUNG DER MÄDCHENARBEIT (Hg.) (1996): „Jungs sind so feige..." Mädchen in Kindertageseinrichtungen. Münster: Institut für soziale Arbeit.
Zu beziehen über die Zentralstelle, Studtstraße 20, 48149 Münster.

Das Buch über Gleichberechtigung in Horten:

PERMIEN, HANNA & FRANK, KERSTIN (1995): Schöne Mädchen – Starke Jungen? Gleichberechtigung: (k)ein Thema in Tageseinrichtungen für Schulkinder. Freiburg: Lambertus.

Die Bücher mit vielen Anregungen zum Umgang mit Medien:

DEUTSCHES JUGENDINSTITUT (HG.) (1994): Handbuch Medienerziehung im Kindergarten. Teil 1: Pädagogische Grundlagen (1994), Teil 2: Praktische Handreichungen (1995). Opladen: Leske & Budrich.

Das Arbeitsbuch zum Umgang mit Aggressionen in der Kindertagesstätte:

SOMMERFELD, VERENA (1996): Umgang mit Aggressionen. Ein Arbeitsbuch für Erzieherinnen, Lehrer und Eltern. Neuwied & Berlin: Luchterhand.

Das Handbuch zur Weiterbildung:

ROHRMANN, TIM & THOMA, PETER (1998): Jungen in Kindertagesstätten. Ein Handbuch zur geschlechtsbezogenen Pädagogik für Aus- und Fortbildung. Freiburg: Lambertus.

Zwei zusammenfassende Artikel:

ROHRMANN, TIM (1997): Im Garten der Frauen. Jungen in Kindertagesstätten. In: Schüttler-Janikulla, Klaus (Hg.): Handbuch für Erzieherinnen in Krippe, Kindergarten, Vorschule und Hort. 23. Lieferung. München: mvg.

ROHRMANN, TIM (1998): Geschlechtsbezogene Pädagogik mit Jungen. In: Schüttler-Janikulla, Klaus (Hg.): Handbuch für Erzieherinnen in Krippe, Kindergarten, Vorschule und Hort. 25. Lieferung. München: mvg.

Geschlechtsspezifische Entwicklung

Das Standardwerk zur geschlechtstypischen Sozialisation:

HAGEMANN-WHITE, CAROL (1984): Sozialisation: weiblich – männlich? (Reihe: Alltag und Biographie von Mädchen). Opladen: Leske & Budrich.

Das Buch über den Anfang aller Mißverständnisse:

OLIVIER, CHRISTIANE (1989): Jokastes Kinder. Die Psyche der Frau im Schatten der Mutter. München: dtv.

Ein Buch zur Entwicklung geschlechtstypischen Sprachverhaltens:

GÜTHNER, SUSANNE & KOTTHOFF, HELGA (1991): Von fremden Stimmen. Frankfurt.

Jungen und Männer

Der Einstieg ins Thema:

SCHNACK, DIETER & NEUTZLING, RAINER (1990): Kleine Helden in Not. Jungen auf der Suche nach Männlichkeit. Reinbek: Rowohlt.

SCHNACK, DIETER & NEUTZLING, RAINER (1997): „Der Alte kann mich mal gern haben!" Über männliche Sehnsüchte, Gewalt und Liebe. Reinbeck: Rowolt.

Das interessante Buch über Männlichkeit überall auf der Welt:

GILMORE, DAVID (1991): Mythos Mann. Rollen, Rituale, Leitbilder. München: Artemis & Winkler.

Das Buch zum Nachlesen:

ROHRMANN, TIM (1994): Junge, Junge – Mann, o Mann. Die Entwicklung zur Männlichkeit. Reinbek: Rowohlt.

Das Buch mit den Ratschlägen für Eltern und LehrerInnen:

ZELTNER, EVA (1996): Weder Macho noch Muttersöhnchen. Denkanstöße zum Umgang mit Jungen. Bern: Zytglogge.

Das Buch über den Umgang mit Aggressionen, das Eltern empfohlen werden kann:

KAMMERER, DOROTHEA (1993): Aggression und Gewalt bei Jungen. Warum sie auf Waffen und Raufereien stehen und wie Eltern damit umgehen können. München: Mosaik.

Mädchen und Frauen

Das Buch zum sich Erinnern:

GRABRUCKER, MARIANNE (1985): „Typisch Mädchen...". Prägung in den ersten drei Lebensjahren. Frankfurt: Fischer.

Das Buch zum Lebenslauf:

OLIVIER, CHRISTIANE (1992): F wie Frau. Psychoanalyse und Sexualität. Düsseldorf: Econ.

Das Buch zum Verändern:

ERHARDT, UTE (1994): Gute Mädchen kommen in den Himmel, böse überall hin. Frankfurt: Krüger.

Jungen- und Mädchenarbeit

BRENNER, GERD & GRUBAUER, FRANZ (HG.) (1991): Typisch Mädchen? Typisch Junge? Persönlichkeitsentwicklung und Wandel der Geschlechtsrollen. Weinheim: Beltz.

FAULSTICH-WIELAND, HANNELORE (HG.) (1987): Abschied von der Koedukation? Materialien zur Sozialarbeit und Sozialpolitik, Band 18. Frankfurt.

GLÜCKS, ELISABETH & OTTEMEIER-GLÜCKS, FRANZ-GERD (HG.) (1994): Geschlechtsbezogene Pädagogik. Ein Bildungskonzept zur Qualifizierung koedukativer Praxis durch parteiliche Mädchenarbeit und antisexistische Jungenarbeit. Münster: Votum.

KAISER, ASTRID (HG.) (1997): Koedukation und Jungen. Soziale Jungenförderung in der Schule. Weinheim: Deutscher Studienverlag.

KLEES, RENATE, MERBURGER, HELGA & SCHUMACHER, MICHAELA (1989): Mädchenarbeit. Praxishandbuch für die Jugendarbeit, Teil 1. Weinheim: Juventa.

SIELERT, UWE (1989): Jungenarbeit. Praxishandbuch für die Jugendarbeit, Teil 2. Weinheim: Juventa.

WINTER, REINHARD (1996): Jungenarbeit – ein Perspektivenwechsel. In: Brandes, Holger & Bullinger, Hermann (Hg.): Handbuch Männerarbeit. Weinheim: Psychologie Verlags Union. 378-389.

WINTER, REINHARD & WILLEMS, HORST (HG.) (1991): Was fehlt, sind Männer!
Ansätze praktischer Jungen- und Männerarbeit. Tübingen: Neuling.

ZENTRALSTELLE ZUR FÖRDERUNG DER MÄDCHENARBEIT (1996): Literaturliste zur Mädchenarbeit. Zu beziehen über die Zentralstelle, Studtstraße 20, 48149 Münster.

Verwendete Literatur

Arbeitsgruppe Jungenerziehung (1991): Jungenerziehung im Heim. In: Winter & Willems (Hg.): Was fehlt, sind Männer! Schwäb. Gmünd: Neuling.

Bader, Birgit & Lang, Ellinor (Hg.) (1991): Stricherleben. Hamburg: Verlag Am Galgenberg.

Badinter, Elisabeth (1987): Ich bin Du. Die neue Beziehung zwischen Mann und Frau oder die androgyne Revolution. München: Piper.

Badinter, Elisabeth (1993): XY. Die Identität des Mannes. München: Piper.

Bange, Dirk & Enders, Ursula (1995): Auch Indianer kennen Schmerz. Sexuelle Gewalt gegen Jungen. Köln: Kiepenheuer & Witsch.

Barthelmes, Jürgen; Feil, Christine & Furtner-Kallmünzer, Maria (1991): Medienerfahrungen von Kindern im Kindergarten. München: DJI Verlag Deutsches Jugendinstitut.

Bem, Sandra L. (1983): Gender Schema Theory and its implications for child development. Raising gender-aschematic children in a gender-schematic society. Signs: Journal of Women in Culture and Society, 8, 598-616.

Berger, Manfred (41994): Sexualerziehung im Kindergarten. Frankfurt: Brandes & Apsel.

Bernfeld, Siegfried (1967): Sisyphos, oder die Grenzen der Erziehung. Frankfurt: Suhrkamp.

Berty, Karin; Fried, Lilian; Gieseke, Heide & Herzfeld, Helga (1990): Emanzipation im Teufelskreis. Zur Genese weiblicher Berufs- und Lebensentwürfe. Weinheim: Deutscher Studienverlag.

Bettelheim, Bruno (1980): Kinder brauchen Märchen. München: dtv.

Betz, Felicitas (51985): Märchen als Schlüssel zur Welt. Eine Auswahl für Kinder im Vorschulalter: Handreichung für Erzieher. Lahr: Ernst Kaufmann

Bichsel, Gottfried (1994): Sandkastenrocker und Softies. Jungen im Kindergarten – Erfahrungen aus der Fortbildung. Welt des Kindes, 1994(2), 34-37.

Bienek, Bernd et al. (1992): Männer in der Kita. Berlin: Amt für Kindertagesstättenarbeit in der EKiBB.

Blank-Mathieu, Margarete (1996a): Jungen im Kindergarten. Frankfurt: Brandes & Apsel.

Blank-Mathieu, Margarete (1996b): Die geschlechtsspezifischen Aspekte im Bilderbuch. In: Schüttler-Janikulla, Klaus (Hg.): Handbuch für Erzieherinnen in Krippe, Kindergarten, Vorschule und Hort. 15. Lieferung. München: mvg.

Blei, Robert (1997): Der Faselhans. Die vergebliche Suche des Mannes nach dem Eigentlichen. Völlenbach/Allgäu: Kunterbunt.

Bly, Robert (1991): Eisenhans. Ein Buch über Männer. München: Kindler.

BÖHNISCH, LOTHAR & WINTER, REINHARD (1993): Männliche Sozialisation. Bewältigungsprobleme männlicher Geschlechtsidentität im Lebenslauf. Weinheim: Juventa.

BÖNOLD, FRITJOF (1993): Jungen in Kindertagesstätten. Eine explorative Interviewstudie mit ErzieherInnen aus sechs Nürnberger Kindertagesstätten. Unveröffentlichte Diplomarbeit an der Fakultät für Pädagogik, Philosophie, Psychologie, Universität Bamberg.

BOURDIEU, PIERRE (1987): Sozialer Sinn. Kritik der theoretischen Vernunft. Frankfurt: Suhrkamp.

BRANDES, HOLGER & BULLINGER, HERMANN (HG.) (1996a): Handbuch Männerarbeit. Weinheim: Psychologie Verlags Union.

BRANDES, HOLGER & BULLINGER, HERMANN (1996b): Männlichkeit im Umbruch. Soziologische Aspekte der Veränderung männlicher Lebenswelt. In: Dies. (Hg.): Handbuch Männerarbeit. Weinheim: Psychologie Verlags Union. 36-58.

BRANDES, HOLGER, FRANKE, CHRISTA & RASPER, BEATE (1996): Aspekte der Übertragung und Gegenübertragung in der Psychotherapie von Männern. In: Brandes, Holger & Bullinger, Hermann (Hg.): Handbuch Männerarbeit. Weinheim: Psychologie Verlags Union. 103-119.

BRENNER, GERD & GRUBAUER, FRANZ (HG.) (1991): Typisch Mädchen? Typisch Junge? Persönlichkeitsentwicklung und Wandel der Geschlechtsrollen. Weinheim: Beltz.

BÜTTNER, CHRISTIAN & DITTMANN, MARIANNE (HG.) (1992): Brave Mädchen, böse Buben? Erziehung zur Geschlechtsidentität in Kindergarten und Grundschule. Weinheim: Beltz.

BÜTTNER, CHRISTIAN (1995): ‚Gewalt' im Kinderspiel – zur kindlichen Identifikation mit Medienhelden. In: Deutsches Jugendinstitut (Hg.): Handbuch Medienerziehung im Kindergarten. Teil 2: Praktische Handreichungen. Opladen: Leske & Budrich. 136-147.

BÜTTNER, CHRISTIAN (HG.) (1994): Leitungsfunktion und Lebensgeschichte. Frauen und Männer in Kindertageseinrichtungen. Neuwied: Luchterhand.

BULLINGER, HERMANN (1996): Väterarbeit. In: Brandes, Holger & Bullinger, Hermann (Hg.): Handbuch Männerarbeit. Weinheim: Psychologie Verlags Union. 402-413.

CAMPBELL, JOSEPH (1978): Der Heros in tausend Gestalten. Frankfurt: Fischer.

CONNELL, ROBERT W. (1995a): Neue Richtungen für Geschlechtertheorie, Männlichkeitsforschung und Geschlechterpolitik. In: Armbruster et al. (Hg.): Neue Horizonte? Sozialwissenschaftliche Forschung über Geschlechter und Geschlechterverhältnisse. Opladen: Leske & Budrich. 61-84.

CONNELL, ROBERT W. (1995b): ‚The big picture'. Formen der Männlichkeit in der neueren Weltgeschichte. Widersprüche 56/57, Offenbach/M., 23-46.

CURTH, ANETTE (1994): Medienvorlieben von Mädchen und Jungen im Prozeß der Geschlechtsfindung. In: Deutsches Jugendinstitut (Hg.) (1994): Handbuch Medienerziehung im Kindergarten. Teil 1: Pädagogische Grundlagen. Opladen: Leske & Budrich. 218-222.

DALL, KARL (1997): Brave Buben, böse Erzieherinnen. Eine Reportage aus dem Untergrund. Völlenbach/Allgäu: Kunterbunt.

DEUTSCHES JUGENDINSTITUT (HG.) (1993): Was für Kinder. Aufwachsen in Deutschland. Ein Handbuch. München: Kösel.

DEUTSCHES JUGENDINSTITUT (HG.) (1994): Handbuch Medienerziehung im Kindergarten. Teil 1: Pädagogische Grundlagen (1994), Teil 2: Praktische Handreichungen (1995). Opladen: Leske & Budrich.

DEVEREUX, GEORGES (1973): Angst und Methode in den Verhaltenswissenschaften. München: Hanser.

DIECKMANN, DOROTHEA (1994): Kinder greifen zur Gewalt. Nördlingen: Rotbuch.

DORNES, MARTIN (1992): Der kompetente Säugling. Die präverbale Entwicklung des Menschen. Frankfurt: Fischer.

DRECHSLER, SYBILLE & WALLNER, CLAUDIA (1992): Das Lebensbuch. Unveröffentlichtes Seminarmanuskript.

EBERT, SIGRID (1994): Erzieherin – Ein Frauenberuf mit Zukunft? Zur Professionalisierung des Erzieherinnenberufs. In: Handbuch der Elementarerziehung. Seelze-Velber: Kallmeyer'sche Verlagsbuchhandlung, 8. Ergänzungslieferung.

ENDERS, URSULA (1995): ‚Das glaubst Du doch selbst nicht!' Sexuelle Gewalt in Kindertagesstätten. In: Bange & Enders: Auch Indianer kennen Schmerz. Sexuelle Gewalt gegen Jungen. Köln: Kiepenheuer & Witsch.

ENDERS-DRAGÄSSER, UTA & FUCHS, CLAUDIA (19903): Jungensozialisation in der Schule. Darmstadt.

ENGELFRIED, CONSTANZE (1991): Feministische Jungenarbeit im Heim – Wunsch, Utopie oder Chance? In: Winter & Willems (Hg.): Was fehlt, sind Männer! Schwäb. Gmünd: Neuling.

FAST, IRENE (1991): Von der Einheit zur Differenz. Psychoanalyse der Geschlechtsidentität. Frankfurt: Fischer.

FAVIER, ANGELIKA & SCHÄFER, GERD E. (1995): Bildung oder Mißbildung? Über Science-Fiction-Spielzeug und Geschlechtsidentität. In: Schäfer, Gerd E.:Bildungsprozesse im Kindesalter. Weinheim&München: Juventa. 177-195.

FICHTNER, HEINZ-LOTHAR (1994): Gewalt als Erfahrung im Kindergarten. Ergebnisse einer Erzieher/innenbefragung. Kindertageseinrichtungen aktuell, Ausgabe ND, 10/94,133-166.

FINGER-TRESCHER, URTE (1995): Der Splitter im Auge des anderen. Von der Abwehr eigener Aggression und Wut. tps, 3/95,128-131.

FRANZ, PETRA & HILKE, GABRIELE (1995): Brave Mädchen kommen in den Himmel, freche Mädchen kommen überall hin. Abschlußbericht und Materialiensammlung der Erzieherinnenfortbildung. Hg. vom Ministerium für Familie, Frauen, Weiterbildung und Kunst Baden-Württemberg und dem Landeswohlfahrtsverband Württemberg-Hohenzollern. Stuttgart.

FRANZKOWIAK, PETER & STÖßEL, ULRICH (1990): Jugend und Gesundheit. In: Sachverständigenkommission 8. Jugendbericht (Hg.): Risiken des Heranwachsens. München: DJI Verlag Deutsches Jugendinstitut. 53-102.

FRICKE, JÖRG & THOMA, PETER (1994): Lernort Projekt. (Fachhochschule Braunschweig/Wolfenbüttel, Hochschulreihe Band IX). Wolfenbüttel.

FRIED, LILIAN (1990): Kindergartenerziehung heute: geschlechtstypisch oder geschlechtsflexibel? In: Berty et al.: Emanzipation im Teufelskreis. Zur Genese weiblicher Berufs- und Lebensentwürfe. Weinheim: Deutscher Studienverlag. 44-69.

FROMM, LILO (1970): Der Eisenhans. Bilderbuch. München: Ellermann. (Nachdruck: 1977 München: dtv; beide Ausgaben vergriffen).

GEBERT, HELGA (1987): Phantastische Märchen von Zwergen, Riesen & Drachen, von Meermädchen & Wassermännern. Märchen, ausgewählt , aus dem Englischen übersetzt und mit Federzeichnungen ausgestattet von H.G. Weinheim: Beltz.

GERNERT, W. (1993): Aggression und Gewalt im Kindergarten. Sozialmagazin, 18 (6), 48-52.

GILMORE, DAVID G. (1991): Mythos Mann. Rollen, Rituale, Leitbilder. München & Zürich: Artemis & Winkler.

GLÜCK, HANS IM (1997): Wenn Männer zu viel reden. Ein Handbuch zur Ein-, Aus- und Mißbildung von ErzieherInnen. Völlenbach/Allgäu: Kunterbunt.

GLÜCKS, ELISABETH & OTTEMEIER-GLÜCKS, FRANZ-GERD (Hg.) (1994): Geschlechtsbezogene Pädagogik. Ein Bildungskonzept zur Qualifizierung koedukativer Praxis durch parteiliche Mädchenarbeit und antisexistische Jungenarbeit. Münster: Votum.

GLÜCKS, ELISABETH (1994): Im Widerstreit: Androgynie oder Gleichwertigkeit in Differenz – Geschlechterpolitische Denkansätze. In: Glücks & Ottemeier-Glücks (Hg.) (1994): Geschlechtsbezogene Pädagogik. Ein Bildungskonzept zur Qualifizierung koedukativer Praxis durch parteiliche Mädchenarbeit und antisexistische Jungenarbeit. Münster: Votum.

GRIMM, JAKOB & WILHELM (1991): Grimms Märchen. Kinder- und Hausmärchen, gesammelt durch die Brüder Grimm. Frankfurt: Insel.

GÜTHNER, SUSANNE & KOTTHOFF, HELGA (1991): Von fremden Stimmen. Frankfurt.

HAGEMANN-WHITE, CAROL (1984): Sozialisation: weiblich – männlich? (Reihe: Alltag und Biographie von Mädchen). Opladen: Leske & Budrich.

HAUG, FRIGGA (1981): Frauen: Opfer oder Täter? Über das Verhalten von Frauen. (Argument Studienhefte 46). Berlin: Argument.

HEGE, MARIANNE (1994): Mütterlichkeit und Sozialarbeit: Historische Entwicklung und gegenwärtige Tendenzen. In: Fthenakis, Wassilos E. (Hg.): Handbuch der Elementarerziehung. Seelze-Velber: Kallmeyerísche Verlagsbuchhandlung, 8. Ergänzungslieferung, Kapitel 5.2. und 5.3.

HEIDARPUR, ALI (1992): Geschlechtserziehung bei ausländischen Kindern in Kindergarten und Grundschule. In: Büttner & Dittmann (Hg.): Brave Mädchen, böse Buben? Erziehung zur Geschlechtsidentität in Kindergarten und Grundschule. Weinheim: Beltz. 86-97.

HEIMVOLKSHOCHSCHULE „ALTE MOLKEREI FRILLE" (1988): Parteiliche Mädchenarbeit und antisexistische Jungenarbeit – geschlechtsspezifische Bildungsarbeit für Jungen und Mädchen. Abschlußbericht des Modellprojekts „Was Hänschen nicht lernt ... verändert Clara nimmermehr!" Frille: Selbstverlag.

HERRATH, FRANK, RICHTER, PIM, SIELERT, UWE & WANZECK-SIELERT, CHRISTA (1994): Sechsmal Sex und mehr ... Das Buch zur Fernseh-Reihe. Weinheim: Beltz Quadriga.

HISGE-WEBER, ULRIKE & NÜRNBERG, WILTRUD (1995): Spielzeug aus dem Medienverbund im Kindergarten: pro & contra. In: Deutsches Jugendinstitut (Hg.): Handbuch Medienerziehung im Kindergarten. Teil 2: Praktische Handreichungen. Opladen: Leske & Budrich. 134-135.

HOELTJE, BETTINA (1996): Kinderszenen. Geschlechterdifferenz und sexuelle Entwicklung im Vorschulalter. Stuttgart: Enke.

HUBE, HANS-JÜRGEN (HG.) (1992): Norwegische Märchen. Frankfurt: Insel.

HÜLLER, THOMAS (1992): Zum Umgang mit Geschlechtsidentifiaktionen in der Kindertagesstätte. In: Büttner & Dittmann (Hg.): Brave Mädchen, böse Buben? Erziehung zur Geschlechtsidentität in Kindergarten und Grundschule. Weinheim: Beltz. 44-55.

HÜLLER, THOMAS (1995): Aggression in der Kindergartengruppe. In: Schüttler-Janikulla, Klaus (Hg.):Handbuch für Erzieherinnen in Krippe, Kindergarten, Vorschule und Hort. 15. Lieferung. München: mvg.

JALETZKE, CORDULA (1995): Interaktionsfeld Kindergarten. Der Einfluß von Beziehungsgeflechten auf die kindliche Entwicklung. Kindertageseinrichtungen aktuell, Ausgabe MO, 7-8/95, 160-164.

JENDE, GABRIELE (1995): Spülen Jungen besser ab? Welt des Kindes 1/95, 18-21.

KÄMPF-JANSEN, HELGA (1989): He-Man wird Vater und Barbie wird Bildhauerin. Über den Umgang mit geschlechtsspezifischen Leitbildern. In: Friedrich-Jahresheft VII: Feminin – Maskulin. Seelze: Friedrich. 124-129.

KAISER, ASTRID (HG.) (1997): Koedukation und Jungen. Soziale Jungenförderung in der Schule. Weinheim: Deutscher Studienverlag.

KAMMERER, DOROTHEA (1993): Aggression und Gewalt bei Jungen. Warum sie auf Waffen und Raufereien stehen und wie Eltern damit umgehen können. München: Mosaik.

KARL, HOLGER (1994): Der ehrenhafte Abschied des Panzersoldaten – Grundlagen antisexistischer Jungenarbeit. In: Glücks & Ottemeier-Glücks (Hg.): Geschlechtsbezogene Pädagogik. Münster: Votum. 133-154.

KAST, VERENA (1988): Familienkonflikte im Märchen. München: dtv.

KEBBE, ANNA (1993): Voneinander lernen, miteinander leben – Meine Erfahrungen zur geschlechtsspezifischen Erziehung im Kindergarten. In: Büttner & Dittmann (Hg.): Brave Mädchen, böse Buben? Erziehung zur Geschlechtsidentität in Kindergarten und Grundschule. Weinheim: Beltz. 34-43.

KERBER, IRENE (1991): (Mit) Jungen im Kindergarten. In: Winter & Willems (Hg.) : Was fehlt, sind Männer! Ansätze praktischer Jungen- und Männerarbeit. Schwäb. Gmünd: Neuling. 1928.

KERSTEN, JOACHIM (1993): Der Männlichkeits-Kult. Über die Hintergründe der Jugendgewalt. Psychologie Heute, 20(7), 50-57.

KERSTEN, JOACHIM (1995): Feindbildkonstruktionen, Konfrontation und Konflikt als Darstellung von sozialer Geschlechtszugehörigkeit. Widersprüche 56/57, Offenbach/M., 103118.

KETILSSON, ELI (1989): Troll i Norge / in Norwegen. Oslo: J. M. Stenersens Forlag.

KIERKEGAARD, SÖREN (1960): Der Begriff Angst. Werke I. Reinbek: Rowohlt.

KINDLER, HEINZ (1993): Maske(r)ade. Jungen- und Männerarbeit für die Praxis. Schwäbisch Gmünd: Neuling.

KIPNIS, AARON & HERRON, ELIZABETH (1995): Wlder Frieden. Das Experiment einer neuen Partnerschaft zwischen Männern und Frauen. Frankfurt: Campus (TB Rowohlt 1997)

KIWI e.V.: Naturnahe Spielflächen: Landesregierung Schleswig-Holstein, Ministerium für Jugend, Frauen, Wohnungs- und Städtebau.

KLEES-MÖLLER, RENATE & BUDDE, MECHTHILD (1996): Miteinander, nebeneinander oder gegeneinander? Mädchen und Jungen in Tageseinrichtungen für Schulkinder. Sozialmagazin, 21, 11/96, 21-26.

KLEIN, LOTHAR & WAWRZYNEK, THOMAS (1995): „Schlag ein, Kumpel!" Jungen in Kindertagesstätten. Theorie und Praxis der Sozialpädagogik 2/95.

KLEJN-STANGIER, C. (1991): Die Geschichte des jungen Parzival als Initiationsweg. In: Klosinski, Gunther (Hg.): Pubertätsriten. Äquivalente und Defizite in unserer Gesellschaft. Bern: Huber. 50-57.

KROH, STEFANI & VIERECK, HEIDE (1995): Spielwelt in Kindergarten und Familie: Wie lassen sich Gegensätze überbrücken? In: Deutsches Jugendinstitut (Hg.) (1994): Handbuch Medienerziehung im Kindergarten. Teil 2: Praktische Handreichungen (1995). Opladen: Leske & Budrich. 130-134.

KÜHNE, THOMAS & REGEL, GERHARD (1995): Erlebnisorientiertes Lernen im Offenen Kindergarten. Projekte und Arbeitsansätze aus der Praxis für die Praxis. Hamburg: ebv Verlag für Erwachsenenbildung.

LAING, RONALD D. (1977): Das Selbst und die Anderen. Reinbek: Rowohlt.

LECHNER, AUGUSTE (1995): Parzival. Auf der Suche nach der Gralsburg. Würzburg: Arena.

LENZ, HANS-JOACHIM (1996): Spirale der Gewalt. Jungen und Männer als Opfer von Gewalt. Berlin: Morgenbuch.

LOHSTROH-KUSSOWSKI, DIETER (1994): Allein unter Frauen. Als Erzieher im Kindergarten. Theorie und Praxis der Sozialpädagogik, 2/94.

MAAR, PAUL & BALLHAUS, VERENA (1993): Neben mir ist noch Platz. Lohr: modus vivendi.

MÄNNERFORSCHUNGSKOLLOQUIUM TÜBINGEN (1995): Die patriarchale Dividende: Profit ohne Ende? Erläuterungen zu Connells Konzept der ëHegemonialen Männlichkeit". Widersprüche 56/57, Offenbach/M., 47-62.

MARKS, STEPHAN (HG.) (1993): Märchen von Männern. Frankfurt: Fischer.

MCINTOSH, MARY (1991): Der Begriff „Gender". Das Argument, 33, Nr.190, 845-860.

MERTENS, WOLFGANG (1992): Entwicklung der Psychosexualität und der Geschlechtsidentität. Band 1: Geburt bis 4. Lebensjahr. Stuttgart: Kohlhammer.

MICHELS, KARL-HEINZ (1994): Fundstücke: Jungenarbeit in der Schule. In: Glücks & Ottemeier-Glücks (Hg.): Geschlechtsbezogene Pädagogik. Münster: Votum. 243-265.

MIEDZINSKI, KLAUS (41991): Die Bewegungsbaustelle: Kinder bauen ihre Bewegungsanlässe selbst. Dortmund: Verlag modernes Leben.

MILHOFFER, PETRA (1989): Mädchen und Jungen – Geschlechterdifferenz in der Grundschule. In: Friedrich Jahreheft VII: Feminin – Maskulin. Seelze: Friedrich. 107-120.

MILLETT, KATE (1985): Sexus und Herrschaft. Reinbek: Rowohlt.

MITARBEITER/INNENTEAM DER KINDERTAGESSTÄTTE SCHWABENSTRAßE, Emden (1994): Frauen und Männer im Kindertagesstätten-Team. Kindertageseinrichtungen aktuell, Ausgabe ND 11/94.

MITSCHERLICH, MARGARETE (1985): Die friedfertige Frau. Eine psychoanalytische Untersuchung zur Aggression der Geschlechter. Frankfurt: Fischer.

MOORE, ROBERT & GILLETTE, DOUGLAS (1992): König, Krieger, Magier, Liebhaber. Die Stärken des Mannes. München: Kösel.

MÜHLER, URSULA (1997): Der Waldkindergarten. Die Natur als Erlebnis- und Erfahrungsfeld für Kinder. Klein & Groß, 4/97, S. 32-34.

NETZWERK DER EUROPÄISCHEN KOMMISSION FÜR KINDERBETREUUNG (1993): Männer als Betreuer. Für eine Kultur der Verantwortung, der Aufgabenteilung und Gegenseitigkeit zwischen Mann und Frau bei der Betreuung und Erziehung der Kinder. Brüssel: Europäische Kommission.

NETZWERK DER EUROPÄISCHEN KOMMISSION FÜR KINDERBETREUUNG (1995): Papa, wie hast du gelernt, dich um mich zu kümmern? Brüssel: Europäische Kommission.

NEUBAUER, GUNTER (1991): Wenn die Jungen spielen – Beobachtungen zu Jungenspielen und Jungenspielzeug im Kinderhausalltag. In: Winter & Willems (Hg.): Was fehlt, sind Männer. Schwäbisch Gmünd: Neuling. 37-44.

NEUBAUER, GUNTER (1993): ‚Sex' im Kinderhaus: Auch kleine Jungen tun's! In: Winter (Hg.): Stehversuche. Sexuelle Jungensozialisation und männliche Lebensbewältigung durch Sexualität. Schwäbisch Gmünd: Neuling.

NEUTZLING, RAINER (1992): Das ‚Kind im Mann' und die Liebe des Erziehers. In: Büttner & Dittmann (Hg.) (1992): Brave Mädchen, böse Buben? Erziehung zur Geschlechtsidentität in Kindergarten und Grundschule. Weinheim: Beltz. 98-105.

OLIVIER, CHRISTIANE (1989): Jokastes Kinder. Die Psyche der Frau im Schatten der Mutter. München: dtv.

OLIVIER, CHRISTIANE (1992): F wie Frau. Psychoanalyse und Sexualität. Düsseldorf: Econ.

OLIVIER, CHRISTIANE (1994): Die Söhne des Orest: Ein Plädoyer für Väter. Düsseldorf: Econ.

OTTEMEIER-GLÜCKS, FRANZ-GERD (1994): Geschlecht: Männlich – Identität: Mensch. In: Glücks & Ottemeier-Glücks (Hg.): Geschlechtsbezogene Pädagogik. Münster: Votum.

PERMIEN, HANNA & FRANK, KERSTIN (1995): Schöne Mädchen – Starke Jungen? Gleichberechtigung: (k)ein Thema in Tageseinrichtungen für Schulkinder. Freiburg: Lambertus.

PESCH, LUDGER (1993): Männer in Kindertagesstätten. Theorie und Praxis der Sozialpädagogik 1/93.

PETZOLD, HILARION & RAMIN, GABRIELE (1987): Integrative Therapie mit Kindern. In: dies. (Hg.): Schulen der Kinderpsychotherapie. Paderborn: Junfermann. 359-426.

RAHM, DOROTHEA, OTTE, HILKA, BOSSE, SUSANNE & RUHE-HOLLENBACH, HANNELORE (1993): Einführung in die Integrative Therapie. Grundlagen und Praxis. Paderborn: Junfermann.

REBSTOCK, DIETRICH (1993): Kleine Männer – Große Männer. Zum Funktionswandel des Vaterseins und die Bedeutung des Vaters für den Sohn. Schwäb. Gmünd: Neuling.

REICHEL, AUGUSTE & REICHEL, RENE (1997) Mit Angst, Lust und Aggression leben. Heilsame Gedanken und Methoden für Erziehung und Beratung. Münster: Ökotopia.

RICHTER, SIGRUN & BRÜGELMANN, HANS (1994). Mädchen lernen a n d e r s lernen Jungen. Geschlechtsspezifische Unterschiede beim Schriftsprachenerwerb. Bottighofen: Libelle.

RIEDERLE, JOSEF (1995a). Wenn die Lust erwacht. Pädagogische Arbeit mit Jungen zu Sexualität und Selbstbefriedigung. Kiel: Veris.

RIEDERLE, JOSEF (1995b): Kleine Helden in Not – Jungen im Kindergarten. Konzept einer Fortbildung. Unveröffentlichtes Manuskript.

RÖHNER, CHARLOTTE (1991): Geschlechterverhältnis – Jungen in der Grundschule. In: Winter & Willems (Hg.): Was fehlt, sind Männer! Schwäb. Gmünd: Neuling.

ROHR, RICHARD (1988): Der wilde Mann. Geistliche Reden zur Männerbefreiung. München: Claudius.

ROHRMANN, TIM (1994): Junge, Junge – Mann, o Mann. Die Entwicklung zur Männlichkeit. Reinbek: Rowohlt.

ROHRMANN, TIM (1996): Was brauchen Jungen im Kindergarten? Kindertageseinrichtungen aktuell, Ausgabe BY, 8, 8/96, 201-203. Nachdruck: Ausgabe ND, 5, 1/97, 3-5.

ROHRMANN, TIM (1997): Im Garten der Frauen. Jungen in Kindertagesstätten. In: Schüttler-Janikulla, Klaus (Hrsg.): Handbuch für Erzieherinnen in Krippe, Kindergarten, Vorschule und Hort. 23. Lieferung. München: mvg.

ROHRMANN, TIM (1998): Geschlechtsbezogene Pädagogik mit Jungen. In: Schüttler-Janikulla, Klaus (Hrsg.): Handbuch für Erzieherinnen in Krippe, Kindergarten, Vorschule und Hort. 25. Lieferung. München: mvg.

ROHRMANN, TIM (1998): Die Jungen am Boxsack oder: Warum es so schwierig ist, Jungen und Mädchen gleich zu behandeln. *klein & groß 2/98, 11 – 14.*

SCHÄFER, GERD E. (1986): Spiel, Spielraum und Verständigung. Untersuchungen zur Entwicklung von Spiel und Phantasie im Kindes- und Jugendalter. Weinheim: Juventa.

SCHENK, MICHAEL (1992): Warum Jungenarbeit. Zur Begründung von emanzipatorischer Jungenarbeit: Eine Kritik am Konzept der antisexistischen Jungenarbeit und einige Beispiele für eine Antwort. Sozial extra, 7-8/92.

SCHERF, WALTER (1987): Die Herausforderung des Dämons. Form und Funktion grausiger Kindermärchen. München: Saur.

SCHERF, WALTER (1995): Das Märchenlexikon (2 Bände). München: C.H. Beck

SCHESKAT, THOMAS (1994): Der innenverbundene Mann. Männliche Selbstwahrnehmung und körperorientierte Therapie. Göttingen: Männerbüroverlag.

SCHEU, URSULA (1977): Wir werden nicht als Mädchen geboren – wir werden dazu gemacht. Frankfurt: Fischer.

SCHMAUCH, ULRIKE (1993): Kindheit und Geschlecht. Anatomie und Schicksal. Zur Psychoanalyse der frühen Geschlechtersozialisation. Basel & Frankfurt: Stroemfeld/Nexus.

SCHMIDBAUER, WOLFGANG (1991): ‚Du verstehst mich nicht'. Die Semantik der Geschlechter. Reinbek: Rowohlt.

SCHNACK, DIETER & GESTERKAMP, THOMAS (1996): Hauptsache Arbeit. Männer zwischen Beruf und Familie. Reinbek: Rowohlt.

SCHNACK, DIETER & NEUTZLING, RAINER (1990): Kleine Helden in Not. Jungen auf der Suche nach Männlichkeit. Reinbek: Rowohlt.

SCHNACK, DIETER & NEUTZLING, RAINER (1992): ‚Wir fürchten weder Tod noch Teufel!' – Wovor Jungen Angst haben. In: Büttner & Dittmann (Hg.) (1992): Brave Mädchen, böse Buben? Erziehung zur Geschlechtsidentität in Kindergarten und Grundschule. Weinheim: Beltz. 133-144.

SCHNACK, DIETER & NEUTZLING, RAINER (1997): „Der Alte kann mich mal gern haben". Über männliche Sehnsüchte, Gewalt und Liebe. Reinbek: Rowohlt.

SCHUBERT, ELKE & STRICK, RAINER (1994): Spiezeugfreier Kindergarten: Ein Projekt zur Suchtprävention für Kinder und mit Kindern. München: Aktion Jugendschutz.

SENGE, PETER ET AL. (1996): Das Fieldbook zur Fünften Disziplin. Stuttgart: Klett-Cotta.

SEUBERT, THOMAS (1995): Und wann gehst du arbeiten? Erzieher – ein Job für ‚richtige' Männer? Welt des Kindes, 1/95. 12-17.

SHAH, IDRIS (1978): A perfumed scorpion. London: Octagon Press.

SIELERT, UWE (1989): Jungenarbeit. Praxishandbuch für die Jugendarbeit. Weinheim & München: Juventa.

SOMMERFELD, VERENA (1991): Krieg und Frieden im Kinderzimmer. Über Aggressionen und Action-Spielzeug. Reinbek: Rowohlt.

SOMMERFELD, VERENA (1996): Umgang mit Aggressionen. Ein Arbeitsbuch für Erzieherinnen, Lehrer und Eltern. Neuwied & Berlin: Luchterhand.

STEIN, ARND (1993, 61995): Wenn Kinder aggressiv sind. Wie wir verstehen und helfen können. München: Kösel.

STERN, DANIEL N. (1992): Die Lebenserfahrung des Säuglings. Stuttgart: Klett-Cotta.

STUDIENSCHWERPUNKT „Frauenforschung" am Institut für Sozialpädagogik der TU Berlin (Hg.) (1989): Mittäterschaft und Entdeckungslust. Berlin: Orlanda Frauenverlag.

SUTTON-SMITH, BRIAN (1983): Die Idealisierung des Spiels. In: Grupe, O.; Gabler, H. & Göhner, U. (Hg.): Spiel – Spiele – Spielen. Schorndorf. S. 60-75.

TANNEN, DEBORAH (1991): ‚Du kannst mich einfach nicht verstehen'. Warum Männer und Frauen aneinander vorbeireden. Hamburg: Kabel (TB 1993)

TANNEN, DEBORAH (1997): Andere Worte, andere Welten. Kommunikation zwischen Frauen und Männern. Frankfurt: Campus.

THIERSCH, RENATE (1992): Jungenerziehung aus weiblicher Sicht. Unveröffentlichtes Manuskript.

THOMA, PETER; BAUMGÄRTEL, Werner & Rohrmann, Tim (1996): „Manns-Bilder" – Jungen in Kindertagesstätten. Abschlußbericht des AGIP-Forschungsprojekts. Wolfenbüttel: Fachhochschule Braunschweig/Wolfenbüttel.

TRAUTNER, HANNS MARTIN; ELBING, NICOLE; SAHM, WINFRIED B. & LOHAUS; ARNOLD (1988): Unkenntnis – Rigidität – Flexibilität: Ein Entwicklungsmodell der Geschlechtsrollentypisierung. Zeitschrift für Entwicklungspsychologie und Pädagogische Psychologie, 20, 105-120.

TRESCHER, HANS-GEORG (1985): Theorie und Praxis der psychoanalytischen Pädagogik. Frankfurt: Campus.

UEFFING, CLAUDIA (1995): Batman oder bad man? Ein Erfahrungsbericht zum situativen Umgang mit Medien im Freispiel. In: Deutsches Jugendinstitut (Hg.) (1995): Handbuch Medienerziehung im Kindergarten. Teil 2: Praktische Handreichungen. Opladen: Leske & Budrich. 118-129.

ULLIAN, DOROTHY Z. (1981): The child's construction of gender: anatomy as destiny. In: Shapiro, Edna K. & Weber, Evelyn (Eds.): Cognitive and affective growth: developmental interaction. Hillsdale, N.J.: Lawrence Erlbaum Associates. 171-185.

VERLINDEN, MARTIN (^{2}1995): Mädchen und Jungen im Kindergarten. 2. überarbeitete und ergänzte Auflage. Köln: Sozialpädagogisches Institut.

VOPEL, KLAUS (1989): Kinder ohne Streß. Fünf Bände. Salzhausen: iskopress. Bd. 1: Bewegung im Schneckentempo. Bd. 2: Im Wunderland der Phantasie. Bd. 3: Reise mit dem Atem. Bd. 4: Zauberhände. Bd. 5: Ausflüge im Lotussitz.

WEGENER-SPÖHRING, GISELA (1993): Aggressivität im kindlichen Spiel. Grundlegung in den Theorien des Spiels und Erforschung ihrer Erscheinungsformen. Weinheim: Deutscher Studienverlag.

WEGNER, LOTHAR (1995). Wer sagt, Jungenarbeit sei einfach? Blick auf aktuelle Ansätze geschlechtsbezogener Arbeit mit Jungen. Widersprüche 56/57, Offenbach/M. 161-180.

WELT DES KINDES (1995): Schwerpunktthema Jungen. Welt des Kindes, 1/95.

WILDT, GRETEL (1993): Mütter und Erzieherinnen: Von der Rivalität zur Solidarität. tps, 1/93, 14-15.

WILLIAMS, JOHN, BEST, DEBORAH, L. ET AL. (1981): Traits associated with Men and Women. Journal of Cross-Cultural Psychology, 12, 327-346.

WINNER, ANNA (1996): Der Spielzeugfreie Kindergarten. Begleitstudie zur Suchtprävention. München: Aktion Jugendschutz. Bezug: Aktion Jugendschutz, Landesarbeitsstelle Bayern, Fasanenstraße 17, 80636 München.

WINTER, REINHARD & WILLEMS, HORST (HG.) (1991): Was fehlt, sind Männer! Ansätze praktischer Jungen- und Männerarbeit. Schwäb. Gmünd: Neuling.

WINTER, REINHARD (1996): Jungenarbeit – ein Perspektivenwechsel. In: Brandes, Holger & Bullinger, Hermann (Hg.): Handbuch Männerarbeit. Weinheim: Psychologie Verlags Union. 378-389.

WOLFRAM, WOLF-WEDIGO (1994): Jungen und Mädchen im Kindergarten. Wie festgelegt sind unsere Rollenbilder? Kindergarten heute, 1-2/94.

WOLFRAM, WOLF-WEDIGO (1995): Präventive Kindergartenpädagogik. Grundlagen und Praxishilfen für die Arbeit mit auffälligen Kindern. Weinheim: Juventa.

ZELTNER, EVA (1996): Weder Macho noch Muttersöhnchen. Denkanstöße zum Umgang mit Jungen. Bern: Zytglogge.

ZIMMER, RENATE (1993): Handbuch der Bewegungserziehung. Freiburg: Herder.

TIM ROHRMANN, geb. 1963. Diplom-Psychologe, freiberuflich in Erwachsenenbildung, Fortbildung und Forschung zu Jungen- und Männerthemen tätig.

PETER THOMA, geb. 1943. Soziologe, Dr. phil., Professor am Fachbereich Sozialwesen der Fachhochschule Braunschweig/Wolfenbüttel

Ylva Ellneby
Die Entwicklung der Sinne
Wahrnehmungsförderung
im Kindergarten
1997, 164 Seiten,
mit Illustrationen, kart.lam.,
DM 32,–/öS 234,–/sFr 30,50
ISBN 3-7841-0936-5

Um sich zu entwickeln, brauchen kleine Kinder vielfältige Sinneserfahrungen. Sie riechen, schmecken, tasten, sehen und hören, um ihre Umwelt und sich selbst besser kennenzulernen. Nicht allen Kindern gelingt es auf Anhieb gleich gut, ihre Entwicklungsschritte zu steuern. Manche haben Mühe, brauchen mehr Zeit oder besondere Unterstützung.

Das Buch von Ylva Ellneby hilft zu verhindern, daß aus Kindern mit beeinträchtigter Wahrnehmung verhaltensauffällige Kinder werden. Es bietet einen leicht verständlichen Überblick über die kindliche Entwicklung und die Entfaltung der einzelnen Sinnesbereiche.

Mit einfachen, kindgerechten Übungen können Erzieherinnen im Kindergartenalltag und Eltern zuhause die kindliche Entwicklung unterstützen. Auffälligkeiten und Störungen wird damit wirksam vorgebeugt. Ausgewählte Bewegungs- und Fingerspiele, Lieder und Anregungen für den Umgang mit verschiedenen Materialien machen den Kindern Spaß. Zugleich wird ihre Entwicklung durch Stimulation der verschiedenen Sinne spielerisch gefördert.

Ein interdisziplinär besetztes Team aus dem Bereich der Frühförderung hat den praktischen Teil überarbeitet und auf dem Hintergrund ihrer täglichen Arbeit mit Vorschulkindern erweitert.

Lambertus-Verlag GmbH, Postfach 1026, D-79010 Freiburg

Petra Maria Brandt
Das muß draußen herrlich sein
Wind- und Wetterspiele für
Kindergarten und Hort
1997, 156 Seiten,
mit Illustrationen, kart.lam.,
DM 26,–/öS 190,–/sFr 24,50
ISBN 3-7841-0935-7

Kinder erleben die Natur oft nicht mehr beim Spiel unter freiem Himmel. Bilderbücher über schöne Wiesen, Tiersendungen im Fernsehen oder ein Garten auf der Fensterbank müssen vielfach als Ersatz-Natur dienen. Dabei ist das Erleben der unterschiedlichen Jahreszeiten mit ihren verschiedenen Reizen wie Regen, Hagel, Sonnenschein und Schnee für die kindliche Entwicklung unverzichtbar.

Dieses Buch ermutigt Erzieherinnen in Kindergarten und Hort, Kinder einen nicht pädagogisierten Spiel-, Lern- und Erfahrungsraum erobern zu lassen. Nach dem Motto „Es gibt kein schlechtes Wetter, es gibt nur falsche Kleidung" bietet es eine Fülle spannender Ideen für das Spiel im Freien mit Feuer, Wasser, Erde und Luft. Über 300 Spiele, Experimente, Versuche, Bauanleitungen, Geschichten, Anregungen für Gespräche und Beobachtungen ermuntern dazu, mit Kindern bei jedem Wetter nach draußen zu gehen.

Lambertus-Verlag GmbH, Postfach 1026, D-79010 Freiburg